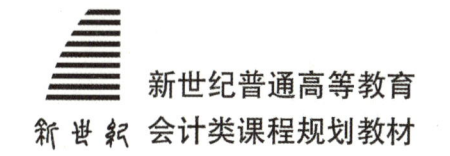

新世纪普通高等教育
会计类课程规划教材

Tax Administration Practice and Big Data Application

税收管理实务与大数据应用

主　编　黄晓虹

大连理工大学出版社

图书在版编目(CIP)数据

税收管理实务与大数据应用 / 黄晓虹主编. -- 大连：大连理工大学出版社，2024.11. -- ISBN 978-7-5685-5106-9(2024.11重印)

Ⅰ. F810.42

中国国家版本馆 CIP 数据核字第 2024DN2795 号

SHUISHOU GUANLI SHIWU YU DASHUJU YINGYONG

大连理工大学出版社出版

地址：大连市软件园路 80 号　邮政编码：116023
营销中心：0411-84708842　邮购及零售：0411-84706041
E-mail：dutp@dutp.cn　URL：https://www.dutp.cn

大连图腾彩色印刷有限公司印刷　大连理工大学出版社发行

幅面尺寸：185mm×260mm	印张：17.25	字数：441 千字
2024 年 11 月第 1 版		2024 年 11 月第 2 次印刷

责任编辑：邵　婉　王　洋　　　　　　　　责任校对：张　娜
封面设计：对岸书影

ISBN 978-7-5685-5106-9　　　　　　　　定　价：60.00 元

本书如有印装质量问题，请与我社营销中心联系更换。

前言

党的二十届三中全会强调了"深化税收征管改革"的重要性。税收不仅是国家财政支柱,也是调控经济和维护社会公平的重要工具。深化税收征管改革是深化财政体制改革的重要内容,也是充分发挥税收在国家治理中的基础性、支柱性、保障性作用的必然要求。随着大数据、人工智能等信息技术的迅猛发展,大数据战略成为数字经济时代提升国家竞争力的关键,同时也是推进国家治理体系和治理能力现代化的重要动能。2021年3月,中共中央办公厅、国务院办公厅印发了《关于进一步深化税收征管改革的意见》,明确了深化税收征管制度的改革方向,将建设以服务纳税人缴费人为中心、以发票电子化改革为突破口、以税收大数据为驱动力的智慧税务体系为核心改革目标。《税收管理实务与大数据应用》正是在这一背景下应运而生,旨在结合大数据技术发展的现状,深入探讨税收管理实务的内容,为高等院校财政学专业的学生提供一部前沿的教材。

税收管理,是指税务机关依据税收法律法规的规定,对税源管理、税款征收、税务稽查、税务行政处罚和救济等全过程进行组织、计划、协调、控制和监督的管理活动。而税收大数据管理,则是利用大数据技术对海量税收数据进行收集、分析、挖掘和应用,以提高税收管理的效率和质量。当前,税收大数据管理已经在全球范围内得到广泛应

用，成为税收管理现代化的重要标志。

本书作为财政学专业的必修课程教材，全书共分为10章，内容涵盖了税务管理与大数据应用概述、税收基础业务管理、纳税评估与纳税信用评价、税款征收方式与措施、税款征纳的法律责任、税务稽查、税务行政处罚、税务行政救济等税收管理实务的核心内容，同时还介绍了税收大数据管理的国际比较分析及涉税专业服务的相关知识。这些章节的编排，旨在构建一个全面、系统、前沿的知识体系，帮助读者深入理解税收管理的本质和规律，掌握大数据技术在税收管理中的应用方法。

编者自2016年以来，一直致力于税收管理、税务检查、税收大数据分析、税法案例分析等相关的教学科研工作，积累了丰富的教学经验和案例资源。2021年主持了厦门市社科调研课题青年项目题为《厦门市税务管理创新措施及"非接触式"办税常态化研究》的实践调研，与税务机关一线工作人员进行了深度交谈，并完成了税收大数据管理的主题报告。在教学科研及税收管理实践的基础上，编者结合大量近年来的真实案例，进行了系统的归纳和提炼，融合多年的教学经验与思考，完成了本教材的编写。本教材的特色主要体现在以下几个方面：

第一，紧密围绕国家深化税收征管改革的战略部署，不仅系统介绍了税收管理的本质和管理程序，还特别注重大数据技术在税收管理中的实际应用。为积极响应中共中央办公厅、国务院办公厅发布的《关于进一步深化税收征管改革的意见》，本教材基于全新的税收大数据视角，结合其应用原理，广泛汲取了国际、国内税收大数据分析应用的先进理念与科学方法，能够紧密贴合我国现行税制及税收现代化建设的实际需求。

第二，注重理论与实践的结合。本教材参考了大量近年来国内外税收管理的创新措施和大数据应用的学术论文、研究报告，精选了多个税收管理的真实案例，用于知识点的理解和应用。由此，读者能够更好地将理论知识与实践相结合，提高解决实际问题的能力。

第三，结构安排既全面又实用。每章均包含引入案例、理论知识阐述、案例分析、阅读链接与思考以及课后练习题等部分。读者学习理论知识的同时，便于随时进行自我检测和深入思考。因此，本书不仅适合高等院校财政学专业的学生使用，也可以作为关注新时代背景下税收管理创新措施改革的广大教师教学过程的参考用书。

由于编者的理论水平和实践经验有限,本教材编写中难免存在一些不足之处。在此,诚挚地欢迎广大读者提出宝贵的意见和建议,以便在今后的修订中不断完善和改进。

黄晓虹

2024 年 11 月

所有意见和建议请发往:dutpbk@163.com

欢迎访问教材服务网站:https://www.dutp.cn/hep/

联系电话:0411-84708445　84707019

目录 Contents

第一章 税收管理与大数据应用概述 ... 1
- 第一节 税收管理概述 ... 2
- 第二节 税收管理的重要性 ... 4
- 第三节 大数据在税收管理中的作用 ... 5
- 第四节 税收管理的原则 ... 9
- 第五节 税收管理的组织体系 ... 14
- 第六节 征纳双方的权利与义务 ... 19
- 课后练习题 ... 24

第二章 税收基础业务管理 ... 26
- 第一节 税务登记 ... 27
- 第二节 账簿、凭证管理 ... 47
- 第三节 发票管理 ... 53
- 第四节 纳税申报 ... 74
- 课后练习题 ... 85

第三章 纳税评估与纳税信用评价 ... 90
- 第一节 纳税评估 ... 91
- 第二节 纳税信用评价 ... 99
- 课后练习题 ... 105

第四章 税款征收方式与措施 ... 107
- 第一节 税款征收方式 ... 108
- 第二节 税款征收措施 ... 112
- 课后练习题 ... 131

第五章　税款征纳的法律责任 …… 138
第一节　纳税人违法行为及相应的法律责任 …… 139
第二节　扣缴义务人违法行为及相应的法律责任 …… 146
第三节　开户银行、税务代理人违法行为及相应的法律责任 …… 147
第四节　税务人员违法行为及相应的法律责任 …… 148
课后练习题 …… 149

第六章　税务稽查 …… 151
第一节　税务稽查概述 …… 152
第二节　税务检查的权限和相关要求 …… 153
第三节　税务稽查的方法 …… 158
第四节　税务稽查的基本程序 …… 161
第五节　税务稽查实务 …… 178
第六节　数字化税务稽查 …… 198
课后练习题 …… 199

第七章　税务行政处罚 …… 202
第一节　税务行政处罚概述 …… 203
第二节　税务行政处罚的程序 …… 208
第三节　税务行政处罚的执行 …… 212
课后练习题 …… 215

第八章　税务行政救济 …… 217
第一节　税务行政复议 …… 218
第二节　税务行政诉讼 …… 230
第三节　税务行政赔偿 …… 235
课后练习题 …… 238

第九章　税收大数据管理的国际比较分析 …… 242
第一节　国际税收基础管理的大数据应用 …… 243
第二节　国际税款征收的大数据应用 …… 246
第三节　国际税务检查的大数据应用 …… 247
第四节　国际纳税服务的大数据应用 …… 248

第五节　国际税务管理的大数据应用……………………………………… 250
课后练习题……………………………………………………………………… 252

第十章　涉税专业服务 255

第一节　涉税专业服务的有关概念……………………………………………… 256
第二节　涉税专业服务的意义…………………………………………………… 259
第三节　涉税专业服务的原则…………………………………………………… 261
第四节　涉税专业服务的业务范围……………………………………………… 261
第五节　涉税专业服务的法律责任……………………………………………… 262
课后练习题……………………………………………………………………… 263

参考文献 …………………………………………………………………………… 265

第一章

税收管理与大数据应用概述

主要内容

本章主要介绍了税务管理与大数据应用的基本概念、发展历程以及相互关系。首先,对税务管理进行了概述,包括税务管理的定义、目标以及税务管理在现代社会经济发展中的重要作用。接着,引入了大数据的概念,阐述了大数据在税务领域的应用价值和应用场景,探讨了税务管理与大数据应用的融合发展,分析了大数据在税务管理创新中的潜力与挑战。在此基础上分析了新时代背景下税务管理的原则、征管组织体系的变化以及明确征纳双方的权利与义务。

学习重难点

1. 理解税务管理的基本内涵和重要性,理解并掌握税务管理确定的基本原则。
2. 熟悉税务管理组织机构体系的基本框架,改革原因、过程以及现状。
3. 明确征纳双方的权利与义务,理解征纳关系在税收管理过程中的平衡与制约。
4. 明确大数据技术在税收管理中应用的重要性与紧迫性及其在税收管理领域的应用及效果。

思政元素

法治精神:有法可依,有法必依,执法必严,违法必究的依法治税理念是税收管理的基本原则之一。通过强调税收管理的法治原则,培养学生的法治思维和法律意识,维护税收的权威性和公信力。

公平正义: 公平原则是税收管理的基本原则之一,通过公平原则的介绍,引导学生树立公平正义的价值观,认识到税收作为社会财富再分配的重要作用。

社会责任: 学习征纳双方各自对应的权利与义务,培养学生的社会责任感,明确依法纳税是每个公民应尽的光荣义务。

第一节 税收管理概述

引入案例

中共中央办公厅、国务院办公厅于2021年3月24日印发了《关于进一步深化税收征管改革的意见》,提到了主要目标:到2025年,深化税收征管制度改革取得显著成效,基本建成功能强大的智慧税务,形成国内一流的智能化行政应用系统,全方位提高税务执法、服务、监管能力。

思考: 在《关于进一步深化税收征管改革的意见》提出的目标进程中,税收征管数字化转型有何意义?

分析: 在当今世界,数字经济已成为重组全球要素资源、重塑全球经济结构、改变全球竞争格局的关键因素,这给全球税收治理带来了巨大挑战,成为时代课题。在此背景下,税收征管数字化转型势在必行。

一、税收

税收是国家为实现其公共管理职能,依照法律规定,凭借行政手段,无偿参与国民收入分配和再分配的活动。税收的实施通常通过法定的税收制度和税收政策,涉及多个层面的经济主体,包括个人、企业和其他组织。税收是国家财政收入的主要来源,通过征收税款,政府能够筹措到必要的财政资金,用于支持国家的日常运作、公共服务、基础设施建设和社会福利等方面。政府可以通过灵活运用税收政策,对经济进行调控。通过提高或降低税率以及实施其他激励或遏制措施,政府能够影响投资、消费和生产,达到促进经济增长、控制通货膨胀等宏观经济目标。不同的社会制度、不同的生产力发展水平、不同的经济运行模式,以及人们对税收作用的主观认识,都会影响税收作用的发挥,造成税收的具体作用在广度和深度上存在差异。

税收在现代国家经济体系中扮演着不可或缺的角色,通过其多重作用,政府得以履行职责,社会得以运转,并推动着国家的繁荣与发展。

二、税收遵从

纳税人应当遵守国家和地方的税收法规,按照规定的程序和标准报告纳税信息,完成相应的纳税义务,有助于维护税收制度的合法性和公正性,即税收遵从。

税收遵从是税收管理中的一个重要概念,具有以下几个方面的含义和重要性:

(一)诚实申报涉税信息

税收遵从要求纳税人对其财务状况和交易进行真实、准确的申报。通过如实报告财务信息,税务机关能够更准确地评估纳税人应纳税款,确保税收的公正征收。

(二)及时履行纳税义务

纳税人应在规定的时间内缴纳应纳税款,履行相关的税收义务,以防止滞纳金或其他处罚的产生。

(三)合理利用税收政策

纳税人在税收遵从的基础上,可以通过合理合法的方式利用税收政策。合理利用税收政策可以帮助纳税人最大限度地合法减轻税收负担,推动企业发展,同时也是税收遵从的一部分。

(四)履行纳税人的社会责任

税收遵从体现了个人和企业对社会责任的承担。通过依法纳税,个人和企业为国家提供了财政支持,这对于社会的公共事业、基础设施建设等方面具有积极的社会责任意义。

可见,税收遵从对于税收体系的健康发展和国家的财政稳定至关重要。它不仅有助于确保国家有足够的财政收入,还有助于减少逃税和偷漏税的现象,维护税收秩序,促进经济的良性循环。

然而,事实上,税收不遵从普遍存在。一些纳税人可能会采取各种手段,试图规避或逃避纳税责任。引起税收不遵从的原因有很多,如个体的经济动机,法规复杂性导致的理解困难,社会心理因素,或对税收制度的不满等。税收不遵从的存在最终导致财政收入减少,税制的公平性受到质疑,社会秩序动摇,因此引入有效的税收管理尤为关键。

思考:请问如何有效地提高税收遵从度?

分析:提高税收遵从度是税收管理的根本目标,纳税主体的觉醒将在极大程度上提高税收征管效率,降低征税成本。提高税收遵从度需要政府、纳税人和社会各界共同努力,共同推动税收遵从度的提升。

1. 加强宣传教育

通过各种渠道提高纳税人税收意识,开展税法培训和咨询活动,增强纳税人自觉缴纳税款的意愿。

2. 利用大数据技术推进税收征管的信息化建设

利用现代信息技术手段,建立税收征管信息系统,实现税收数据的实时采集、分析和监控。广泛利用大数据技术手段,能够在很大程度上提高税收征管的精准性和有效性,降低征管成本。

3. 加强跨部门协作和社会共治

加强与相关部门的沟通协调，形成税收征管的合力。同时，鼓励社会各界参与税收征管工作，发挥社会监督的作用，共同营造诚信纳税的良好氛围。

4. 简化税收程序，实现服务型政府职能的转变

优化税收征管流程，减少不必要的环节和手续，提高办税效率，降低纳税人的税收负担，增强其纳税的积极性和满意度。

三、税收管理的定义和目标

税收管理与税收相伴而生。税收管理是现代国家财政体系中的核心组成部分，是政府实现财政稳定、资源合理配置和社会公平的关键手段。具体而言，税收管理是指政府通过制定、执行和监督税收政策，收取和管理纳税人的税款，以确保国家获得足够的财政收入，并实现社会经济发展的一系列活动。

(一)税收管理的定义

税收管理是指税收征收管理机关为了贯彻、执行国家税收法律制度而开展的活动。税收管理是税收征收管理的重要内容，是税款征收的前提和基础性工作。税收管理主要包括税务登记、账簿和凭证管理、纳税申报、税务稽查、税务行政处罚与救济等内容。

1. 主体

税收管理的主体是税收征收管理机关，也就是税务机关。在具体实践中，也有关税等个别税种由海关等相关机关依法征收。除此之外，任何单位和个人非经法律规定不得进行税款征收活动。

2. 客体

税收管理的客体是指税收征管活动所涉及的具体对象和范围，包括涉税事务的具体对象或行为。在税收征管活动中，纳税人是税务管理的核心对象，根据法律规定，纳税人既要履行相应的义务，也享有相应的权利。

(二)税收管理的目标

税收管理在整个国家经济管理中占有重要地位，是确保税收职能作用得以充分发挥的关键环节。税收管理的本质在于实现财政平衡、促进经济增长和社会公平。通过合理的税收政策，税收管理能够在维护国家财政稳定的同时，通过税收调节经济结构，达到资源优化配置和社会公平的目标。

第二节　税收管理的重要性

税收管理对国家经济和社会的发展至关重要。它不仅是政府获取财政收入的主要手段，也是引导社会资源配置的有效工具。良好的税收管理有助于实现政府财政收支平衡，维护社会公平正义，推动国家可持续发展。

一、实现税收职能

科学有效的税收管理能够确保政府及时足额收取纳税人的税款,从而形成财政收入,以此实现税收职能。首先,税收是国家主要的财政收入来源之一,通过税收管理,政府可以筹集到资金,用于支持公共服务、基础设施建设、社会福利等方面的开支。其次,税收管理通过调整税收政策,实现对经济的调控。最后,税收管理有助于实现社会公平与正义的目标。差别化的税收政策可以调节财富分配,减轻低收入群体的负担,促进社会平等。

税收管理是现代国家财政体系不可或缺的组成部分,通过合理、高效的管理,确保了税收体系的正常运转,为国家的经济、社会发展提供了可靠的财政支持。

二、促进经济发展

税收管理在促进经济发展方面发挥着至关重要的作用。政府通过采取合理的税收政策激励企业进行投资和创新。例如,减免税收可以鼓励企业增加研发投入,推动科技进步。通过差别化的税收政策,引导企业朝着政府希望的方向发展,促进产业结构的优化和升级。通过税收优惠政策,政府可以鼓励企业扩大规模,创造更多的就业机会,促进就业稳定和社会经济发展。优化税收环境还有助于吸引国内外企业在国内投资,增加国内生产总值,提升整体经济水平。税收管理在促进经济发展方面充分发挥着引导、调控和激励的作用,为国家经济的可持续增长奠定基础。

三、协调征纳关系

通过透明、公正的税收管理,政府能够建立起与纳税人之间的信任关系,这有助于纳税人更加自觉地履行税收义务,形成积极的征纳关系。税收管理通过设立明确的法规和政策,规范征纳行为,遏制逃避和规避纳税现象,维护税收秩序。有效的税收管理有助于提高征纳效率,简化征纳程序,减轻纳税人负担,促进征纳的顺畅进行。可见,良好的税收管理有利于协调税收分配中政府、企业和个人之间的利益关系。

第三节 大数据在税收管理中的作用

一、大数据的基本特征

(一)大体量

大数据的显著特征之一是其庞大的体量。这包括各种来源的大量数据,从结构化数据

(如数据库中的表格数据)到非结构化数据(如社交媒体中的评论、图片和视频等)。

(二)多样性

大数据不仅包括多量的数据,还包括多样性的数据类型。这些数据可以是文本、图像、音频、视频等多种形式,而且数据来源可以是传感器、社交媒体、日志文件等。

(三)速度快

大数据是以极快的速度产生和传递的。实时数据产生和实时处理变得越来越重要,如金融交易、社交媒体互动等需要即时响应。

(四)挖掘价值

大数据的价值在于其能够从中提取出有意义的信息。通过有效的分析,大数据可以帮助决策者做出决策、预测趋势、发现模式,从而创造经济价值。

二、大数据对税收管理的影响

大数据在税收管理中的应用使得税收体系更加智能、高效、精准。这不仅有助于提高税收征管水平,减少逃税风险,还为纳税人提供更便捷、个性化的服务,推动税收管理的现代化和智能化发展。具体表现为以下几个方面:

(一)提高管理效率

大数据的分析能力可以帮助税务机关更迅速、精准地做出决策。通过实时监控和分析数据,税务管理者能够更好地了解税收环境,及时调整政策和策略。例如,通过"金税四期"的全面推广,税务部门实现了各部门之间信息互联互通,提高了对纳税人风险监管的准确性和全面性,明显提高了税务管理的效率。

(二)加强风险管理

大数据分析有助于更准确地识别潜在风险和问题。通过对大量数据的监测,税务机关可以迅速发现异常模式,提前采取措施,降低风险发生的可能性。大数据可以让税务机关第一时间掌握企业从开具、传递、入账、抵扣到归档的发票全生命周期信息链条,倒逼企业提高合规遵从度。

(三)优化资源分配

大数据技术可以帮助税务机关更有效地分配人力和物力资源。通过分析数据,确定税收管理的重点领域,从而更合理地配置资源,提高管理效益。税务部门利用大数据,对虚开发票、偷逃税等涉税违法犯罪行为能够重拳出击、严惩不贷,有效维护税收秩序。

(四)提升服务水平

大数据应用使得税收管理更加智能化,能够提供更个性化、精准的服务。纳税人可以更方便地获取税收信息,享受更高效的服务体验。

通过大数据的应用,税收管理得以在效率、精准性和服务水平等方面迎来显著提升,进而向现代化和智能化发展。

三、税收大数据管理思维转变

在大数据技术迅猛发展的背景下，税收管理的思维模式应融合大数据技术的应用，建立起具有时代特色的税收大数据思维。

(一)从经验管理向数据管理思维转变

传统的税收管理往往依赖于经验和直觉，在面对复杂多变的税收环境时，往往显得力不从心。而利用大数据技术，税务机关可以获取海量的税收数据，通过对大量涉税数据的深度分析和挖掘，发现税收活动的内在规律和趋势，从而做出更为科学、精准的管理决策。通过构建完善的税收数据收集、存储、处理和分析体系，实现对税收数据的全面掌控和有效利用。

(二)从数据容错向数据精准思维转变

在传统的税收管理模式中，由于信息技术的局限性，所收集到的涉税数据以及对数据关联性的考虑，往往存在一定误差。然而，在大数据时代，数据的精准性能够非常有效地提高税收管理的质量和效益。税收机关充分利用大数据技术，树立起以数据精准治理税收的思维，通过优化数据收集和处理流程，提高数据质量。在此基础上，利用先进的数据清洗和校验技术，消除数据中的噪声和异常值。同时可以通过加强数据监控和预警机制，及时发现和纠正数据中的错误和偏差。

(三)从"以票控税"向"以数治税"思维转变

"以票控税"是传统税收管理的重要手段之一，主要依赖于发票等纸质凭证来监控税收活动。然而，在信息化、数字化的今天，"以票控税"的管理模式已经难以适应新时代税收管理的需要。大数据技术的应用为税收管理提供了更为便捷、高效的方式，而且管理思维也从控制向治理转变。"以数治税"思维强调通过数据分析来揭示税收活动的内在规律和趋势，进而实现精准管理和有效监管。具体来说，就是要利用大数据技术构建税收数据分析模型，对税收数据进行深度挖掘和分析；通过实时监测税收数据的变化，及时发现税收异常和风险点；利用数据预测和预警机制，提前制定应对策略和措施；同时，通过数据共享和协同管理，加强与其他部门的合作与联动，形成税收管理的合力。

四、大数据在税收管理中的应用

大数据在税收管理中的应用已经成为现代税务体系中的关键因素。利用大数据技术税收机关能够实时收集、整合并分析海量的税收数据，为税收政策的制定提供科学依据。在此基础上，通过大数据技术的运用，税务机关还能更加智能、高效地处理庞大的纳税信息，提高征管水平，实现更精准、及时的税收管理。此外，大数据技术还能够优化纳税服务，为纳税人提供更加便捷、个性化的税务服务体验，提升纳税人的满意度和遵从度。以下是大数据在税收管理中的主要应用方面：

(一)税款征收过程

大数据在税收管理中的应用可以优化征收流程，提高征管效率。自动化的流程和数据处理有助于减少人工错误，加速数据分析过程，使税收机关更迅速地作出决策。大数据技术的应用促进了税收信息的跨部门共享，不同机构间信息的整合和交流可以形成更全面、准确的纳税人信息数据库,提高对纳税人行为的整体监管水平。

(二)发票电子化

发票电子化是"金税四期"推广的核心内容,全面数字化的电子发票(简称"数电票")已在全国多地试点并逐步推广,相比传统纸质发票,数电票覆盖了企业经营管理的"账、票、款"全生命周期,具有领票流程简单、开票用票便捷、入账归档一体化等优势。同时,线上开具的数电票无须使用税控设备,这省去了打印、盖章、邮寄等流程,极大节约了企业的财务成本。以数电票为基本内容,逐步替代纸质发票,打通供应链在订单管理、清分对账、发票开具、发票流转和结算管理等多个方面的堵点。

(三)纳税人风险评估

大数据分析可以帮助税收机关对纳税人的风险进行更全面、深入的评估。税务机关通过整合来自不同渠道的数据,包括企业自行整理、申报的各类涉税数据,如收入、成本、费用等常规数据以及固定资产折旧、无形资产摊销等容易被忽视的数据,分析纳税人的历史记录、财务状况和交易模式,以识别潜在的风险因素。通过税控系统实时监测和分析数据,识别潜在的逃税、规避税款的行为模式,提前预测可能存在的风险。"金税四期"工程中,企业的入账信息与电子发票服务平台会同步更新,这将倒逼企业提高合规遵从度。

(四)税收征管预测

利用大数据技术,税务机关可以对税收收入进行更准确的预测。税务部门依靠大数据监测,监控企业大量的交易和财务数据,可以完整掌握企业从开具、传递、入账、抵扣到归档的发票全生命周期信息链条,更加系统性地分析历史数据、经济指标和行业趋势,可以更好地规划和调整税收政策。

(五)纳税服务的智能化

大数据技术可以为纳税人提供个性化的税务咨询服务。通过分析个体的财务状况和税收历史,系统可以为纳税人提供更精准、实时的税收建议。利用大数据分析,税收机关可以更全面地了解每个纳税人的财务状况和交易历史,使得纳税服务更具有个性化,为纳税人提供精准的税收咨询和指导,提高服务质量和效率。

大数据技术能够在优化纳税服务的个性化体验的同时,提高纳税人对于税款征纳过程的满意度。新兴信息技术在提升税收管理水平、优化纳税服务方面具有巨大的潜力。随着技术的不断进步和应用场景的拓展,未来大数据将在税收管理中发挥更加重要的作用。例如,2024年3月2日,厦门税务元宇宙体验厅首次启用,这是一项创新性的技术应用,它结合了元宇宙的虚拟现实技术与税务管理的实际需求,为纳税人提供了一个沉浸式的税收知识学习和税务业务办理体验环境,是一种全新的税收征管方式。在这个体验厅中,纳税人可以通过虚拟角色与税务人员进行互动交流,了解税收政策的最新动态,模拟完成税务申报、缴税等业务流程,从而更加直观地了解税收管理的各个环节。

阅读思考1-1

"金税四期"全面铺开 税企征纳成本有望明显降低(节选)

自十八届三中全会首次提出"国家治理"这一概念以来,税收治理也在围绕和服务国家治理体系和治理能力现代化这一总目标而持续不断深化。

根据中共中央办公厅、国务院办公厅印发的《关于进一步深化税收征管改革的意见》(以下简称《意见》)要求,2023年前是税收征管改革取得重大转变的阶段,同时这一阶段也是向"以数治税"分类精准监管转变的重要时间节点。

进入2024年,伴随全面数字化的电子发票在全国推广,"数据"在税务工作中的应用越来越普遍,尤其是在"金税四期"背景下,各部门之间信息互联互通的推进,使得税务部门对纳税人的风险监管更加准确和全面。

"从实践经验看,相较于前三期,'金税四期'不仅关注企业的税务申报数据,还可以利用全方位的数据进行深度分析和监控,因此,我们建议企业的财务人员不仅要做到合规,还要在透明度和准确性上提高遵从度。"一名税务咨询机构的人员建议。

作为我国税务系统的重要组成部分,在"金税四期"监管下,数据正在成为税务人员工作内容的"主角"。"金税四期"是全国统一的税收征管系统,为适应税收现代化建设需要,国家税务总局于2019年提出升级完善"金税四期"的设想,并于2020年向国家发展和改革委员会申报了"十四五"规划重点工程项目,2020年底国家税务总局网站刊出"金税四期"的招标公告。

简单说,"金税四期"是国家税务总局用来监管企业的智慧税务系统,该系统可以实现税费全数据、全业务、全流程的打通,这为税务部门的智慧监管提供了条件。

(资料来源:中国经营报,2024-01-26)

思考: 在"金税四期"背景下,如何有效利用大数据实现税收治理的现代化和精准化?

阅读思考1-1答案

第四节 税收管理的原则

税收管理的原则是为了确保税收制度的公平、合理、透明和高效运行。主要可以归纳为三个方面:税收法定原则、税收公平原则和税收效率原则。这三个原则相辅相成,构建了一个有序、公正、高效的税收管理体系。税收法定确保了税制的合法性和透明性,税收公平保障了社会的公正分配,税收效率则促进了经济的健康发展。这三个原则的平衡和协调是一个健康税收体系的关键。

一、税收法定原则

《中华人民共和国宪法》(以下简称《宪法》)第五十六条规定:"中华人民共和国公民有依照法律纳税的义务。"税收管理必须遵循法律法规,确保征收过程的合法性和合规性。税收法定原则是税收管理的基础。税收法定原则要求税法和相关法规必须清晰、透明,以确保纳税人能够理解并遵守税收法规,也有助于确保税收征管的公正性和合法性,体现税收征收管理的法律透明性。

(一)税法的体系

税法体系是指一个国家各类税收法律规范有机联系所构成的协调统一的整体。一般来说,我国税法体系包括以下三个部分。

1. 税收基本法

税收基本法是有关税收权力分配的法律规范,在税法体系中居于基础和主导地位。税收基本法作为税法体系的主体和核心,发挥着税收母法的重要作用。它是构建整个税收法律制度的基石,为其他单行税收法规提供基本的指导原则和立法依据。税收基本法的制定和实施,有助于保障国家税收的公平、合理和有效征收,维护纳税人的合法权益,促进税收法治化进程。不同的国家机关制定的法律法规,如宪法、法律、行政法规、部门规章、地方性法规等,其法律效力是不同的。

2. 税收实体法

税收实体法是规定征纳双方权利义务的法律规范,在税法体系中居于主体地位。包括各类税种征收管理的基本设定。解决的是对谁征税、对什么征税、征多少税的问题,如《中华人民共和国企业所得税法》《中华人民共和国个人所得税法》。

3. 税收程序法

税收程序法作为规定税收征管程序及相关主体程序权利与义务的法律规范,在税收体系中居于保障地位。解决的是规定国家征税权行使程序和纳税人纳税义务履行程序的法律规范。

(二)现行税收法定情况

1. 我国税收基本法的立法现状

目前我国尚未制定统一的税收基本法。虽然税收基本法曾被列入多届全国人民代表大会及其常务委员会的立法规划,并开展了大量起草、研究和论证工作,但至今仍未正式出台。这表明我国在税收法治建设方面仍需继续努力,加快完善税收法律制度体系。近年来,我国税收立法和税制改革工作取得了显著进展,税收法治建设取得了历史性成就。然而,对照党中央关于税收工作的重大决策部署,我国税收法律制度体系的系统性、规范性和科学性仍有待提升。

2. 关于税收实体法的法定情况

截至 2023 年底,我国共有 18 个税种。十八届三中全会以后,税收法定原则加快落实。我国目前已有 12 个税种立法,具体包括个人所得税、企业所得税、车船税、环境保护税、烟叶税、船舶吨税、车辆购置税、耕地占用税、城市维护建设税、资源税、契税、印花税;未立法税种有增值税、消费税、关税、房产税、城镇土地使用税、土地增值税。

12 个已经立法的税种及相应税法施行的时间整理如下:

①《中华人民共和国个人所得税法》(自 1980 年 9 月 10 日起施行)。

②《中华人民共和国企业所得税法》(自 2008 年 1 月 1 日起施行)。

③《中华人民共和国车船税法》(自 2012 年 1 月 1 日起施行)。

④《中华人民共和国环境保护税法》(自 2018 年 1 月 1 日起施行)。

⑤《中华人民共和国烟叶税法》(自 2018 年 7 月 1 日起施行)。

⑥《中华人民共和国船舶吨税法》(自 2018 年 7 月 1 日起施行)。

⑦《中华人民共和国车辆购置税法》(自2019年7月1日起施行)。
⑧《中华人民共和国耕地占用税法》(自2019年9月1日起施行)。
⑨《中华人民共和国资源税法》(自2020年9月1日起施行)。
⑩《中华人民共和国城市维护建设税法》(自2021年9月1日起施行)。
⑪《中华人民共和国契税法》(自2021年9月1日起施行)。
⑫《中华人民共和国印花税法》(自2022年7月1日起施行)。

3. 现行征税中的税收程序法

现行征税中的税收程序法主要有《中华人民共和国税收征收管理法》(以下简称《税收征管法》)以及与之配套《中华人民共和国税收征收管理法实施细则》(以下简称《税收征管法实施细则》)(主要的法律依据)和《中华人民共和国行政处罚法》《中华人民共和国税务行政处罚实施办法》《中华人民共和国税务行政复议规则》等。

二、税收公平原则

税收公平原则包含三方面含义:税收立法公平、税收执法公平、税收司法公平。

(一)税收立法公平:平等保护

税收立法公平是税收制度的核心,体现在不同收入群体之间的税负分配上。其基本含义是国家征税应该使各个纳税人的税收负担与其负担能力相适应,并且使纳税人之间的负担水平保持平衡,高收入者多纳税,低收入者少纳税。税收的立法公平应该实现横向公平和纵向公平。横向公平为纳税能力相同的纳税人应当缴纳相当的税款;纵向公平为纳税能力较高的纳税人应该缴纳更多的税款,纳税能力较低的纳税人应该少缴纳税款甚至无须缴纳税款。税收应当有助于财富的合理分配,通过平衡纳税人的负担,实现社会经济的公平公正,以此实现相似的经济活动受到相应的税收对待,以确保税收的公平性。这里的纳税能力一般以收入作为衡量指标。

(二)税收执法公平:平等对待

税收执法公平是税务管理的核心原则之一,是税收管理的重要基础,对于维护社会公平正义、促进税收征管的有效实施具有重要意义。税务机关在进行税收执法时,应当严格遵守法律法规,做到公平对待每一个纳税人,不偏不倚地依法行事。

1. 利用平等的税收征收标准

税务机关应当根据法律规定的统一标准,对所有纳税人实施相同的税收征收标准,不因纳税人的身份、地域或其他因素而歧视。

2. 依据公正的税务检查程序

在税收执法过程中,税务机关应当依法进行查处,并且保障纳税人的合法权益。对于涉嫌违法行为的纳税人,应当依法依规进行调查和处理,确保程序的公正和透明。

3. 建立平等的执法监督机制

建立健全的税收执法监督机制,确保税务机关行使权力的合法性和公正性。通过对税务执法活动的监督和审查,及时纠正违法行为,维护税收执法的公平和公正。

4. 公平保障纳税人的合法权益

税务机关应当保障纳税人的合法权益,尊重纳税人的诉求和申诉,并提供必要的法律援助和服务,确保纳税人在税收征管过程中享有公正和平等的权利。

(三)税收司法公平:平等制裁

税收司法公平原则同样是税务管理的重要组成部分。税务机关在执行税收司法时,应当依法依规进行处理,严格按照法定程序和标准对违法行为进行制裁,做到税收司法的公正和公平。税务机关对涉嫌税收违法行为的当事人,应当依法依规给予相应的处罚或制裁措施,不偏不倚地进行裁决。任何纳税人都应当在税收司法处理中受到平等对待。

> **阅读思考1-2**
>
> **上海设立全国首家专门税务审判庭**
>
> 近年来,我国税务领域"放管服"改革持续推进,为提升营商环境国际影响力作出了积极贡献。根据2023年世界银行营商环境新的评估标准,"税收指标"尤其关注税务争议解决的独立性和专业性问题。上海铁路运输法院税务审判庭成立后,集中管辖原由上海市基层人民法院管辖的以税务部门为被告的一审行政案件;在上海市第三中级人民法院行政审判庭加挂税务审判庭牌子,集中管辖原由上海市相关中级人民法院管辖的以税务部门为被告的一审行政案件和以税务部门为被上诉人或上诉人的二审行政案件。
>
> 税务审判庭的成立标志着税务审判向专业化迈出坚实第一步,对于进一步加强税收司法保障、推动税务精确执法具有重要意义。上海市税务局政策法规处处长认为,随着税收征管体制改革持续深化,涉税费业务范围更广、行政相对人诉求更趋多元,设立专门的税务审判庭将有助于税务部门和司法部门充分发挥各自的专业优势,进一步明晰涉税司法裁判标准,提升税务执法的公信力,拓展税收共治格局。
>
> 上海铁路运输法院党组书记、院长表示,税务审判机制的完善,一方面,是建立便利当事人诉讼、便于法院审理的诉讼便利和公正审理机制;另一方面,是建立税务审判实质解纷机制,包括加强与行政复议机关的有效衔接,推动税务争议在行政复议阶段的化解,强化诉源治理。
>
> 国家税务总局上海市税务局党委书记、局长表示,上海市设立全国第一个税务审判庭,实现税务行政案件的集中管辖,既是高标准优化税收营商环境的重要制度安排,也是高效能维护税收秩序的有力保障举措。全市各级税务部门将进一步严格规范公正文明执法,支持人民法院依法受理和审理税务行政案件,助力上海持续打造市场化、法治化、国际化的一流营商环境,持续为服务高质量发展、推进中国式现代化贡献税务力量。
>
> (资料来源:上海设立全国首家专门税务审判庭.高晗.中国税务报,2024-02-27)
>
> **思考:** 设立税务领域专门的审判庭是践行何种税收管理原则?

阅读思考1-2答案

三、税收效率原则

(一)税收经济效率

税收应当有助于提高生产率、激发创新,使得资源得到更有效的利用。税收经济效率原则强调通过税收工具来引导资源的合理配置,促进经济的健康发展。

1. 税收制度应对经济发展具有促进作用

合理的税收制度能够为社会提供稳定的财政收入,为政府实施宏观经济调控提供有力支持。通过调整税收政策,政府可以引导资金流向,优化产业结构,促进经济转型升级。同时,税收制度的设计还可以调节收入分配,缩小贫富差距,增强社会稳定性,为经济发展创造良好的社会环境。

2. 税收制度应能够优化资源的配置

税收作为政府调控经济的重要工具,可以通过对不同行业、不同产品、不同要素进行课税,影响市场价格和供求关系,进而引导资源的合理配置。例如,我国增值税由生产型增值税转变为消费型增值税的改革,使得企业购进机器设备等固定资产的进项税额可以抵扣,降低了企业税负,从而鼓励了企业加大设备投资,提高了生产率和技术水平,促进了产业升级和经济结构调整;再如,2018年开征的环境保护税主要应对了环境污染的问题,对污染排放进行征税,使得污染成本内部化,促使企业减少污染物的排放,转而采用更环保的生产方式。这不仅有助于改善环境质量,还推动了绿色产业的发展,实现了经济和环境的双赢。此外,对创新型企业的税收优惠政策、对个人所得税综合与分类相结合的实质性改革也反映出税收征收和管理的经济效率。

(二)税收行政效率

税务行政效率是指税务部门在税收征收和管理过程中,通过科学、合理、高效的工作流程和资源配置,实现税收征收的及时、准确和便捷。提高税务行政效率,对于保障税收收入、优化税收环境、促进经济发展具有重要意义。

一方面,税收管理应当简化税收程序,降低税收的征收成本。简便的税收程序有助于提高纳税人的遵从意愿,减少逃避和规避现象。税务部门通过优化征收流程、加强信息化建设,确保税收征收工作的及时开展,减少税收征收的滞后性。同时,通过完善税收征管制度、加强税收征管力度,提高税收征收的准确性,防止税收的流失和滥用。另一方面,税务行政效率的提升还体现在税务管理的规范化和现代化上。税务部门通过建立健全税务管理制度、加强内部监督和风险管理,规范税收征管行为,确保税收征管的公正性和合法性。借助现代科技手段,推进税务管理信息化、智能化,提高税务管理的效率和水平,为纳税人提供更加便捷、高效的服务。

阅读思考1-3

税务总局更新发布"非接触式"办税缴费事项清单

为贯彻《关于进一步深化税收征管改革的意见》精神,税务部门不断拓展"非接触式""不见面"办税缴费服务,扩大跨省经营企业全国通办涉税涉费事项范围,持续改进办税缴费方式,切实减轻办税缴费负担,更好服务经营主体发展,并根据最新政策及业务调整情况,及时更新《"非接触式"办税缴费事项清单》。现将更新后可在网上办理的233项"非接触式"办税缴费事项予以公布。

在此基础上,税务部门还将进一步依托电子税务局、手机App、邮寄、传真、电子邮件等方式,不断拓宽"非接触式"办税缴费渠道,对部分复杂事项通过线上线下结合办理的方式,更好地为纳税人、缴费人服务。

(资料来源：国家税务总局网站，2023-11-15)

思考： 在税务部门不断拓展"非接触式"办税缴费服务的过程中，如何体现税务管理的行政效率原则？在未来税收征管改革中，税务部门应如何利用大数据技术进一步优化行政流程、提高行政效率？

阅读思考1-3答案

第五节 税收管理的组织体系

一、国地税合并的历程介绍

(一)分税制改革

1. 1994年：分税制改革的开端

1992年，我国正式确立经济体制改革目标为建设社会主义市场经济体制，这标志着中国经济改革进入了新的发展阶段。为适应市场经济发展的需要，1994年的税制改革被视为历史上规模空前、具有里程碑意义的重大转折点。1994年1月1日，《国务院关于实行分税制财政管理体制的决定》正式施行，标志着地方财政包干体制退出历史舞台，各级地方政府开始实行分税制财政管理体制。分税制的实施在调整中央与地方财政关系、调动地方积极性、合理调节财力分配、促进国家财政收入增长等方面发挥了重要作用。

2. 分税制改革的初衷和使命

分税制改革分税制的初衷是按照中央与地方政府的事权划分，合理确定各级财政支出范围，建立中央税收和地方税收体系，并建立合理的财政返还和转移支付制度，硬化各级预算约束，以实现财政管理的科学化和规范化。具体内容包括中央与地方事权和支出划分、收入划分、中央财政对地方税收返还额的确定等。

3. 分税制改革的推进与反思

分税制改革初期，分税制有效调动了地方政府的积极性，但也导致了一些问题，如地方政府通过土地征收等手段聚集财力，形成了"二元财政"格局。随着时间推移，分税制面临着经济下行压力和制度惯性的挑战，原有的税收分配格局未见明显改善，减税措施仅在局部实行。

对分税制的反思是目前财税领域的重要议题，有人期待新一轮财税改革的启动，但同时也指出，财税改革需要中央部门的强力支持，不能独立推进。

在社会主义市场经济体制下，财税体制的不断优化和完善是我国经济发展的必然要求，需要进一步深化税制改革，推动财政管理体制的现代化和规范化，以适应经济社会发展的需要，为实现经济持续健康发展提供更加有力的制度保障。

(二)国税地税系统

随着分税制改革，中国税收管理分为国家税务总局和地方税务局两个系统，各自负责不同范围的税收征管和管理。中央政府设立国家税务总局,省及省以下税务管理机构分设国家税务局和地方税务局两个系统。此时的税收管理组织体系如图 1-1 所示。

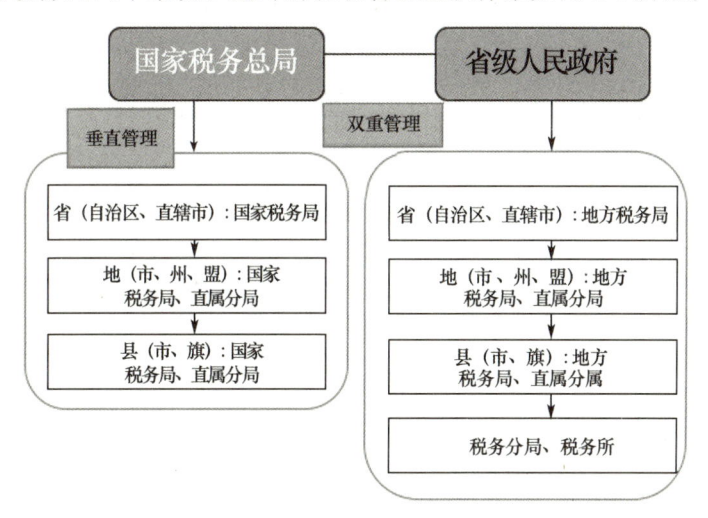

图 1-1 分税制改革后的税收管理组织体系

1. 国税系统

国家税务总局(以下简称国税局)是国税系统的核心机构,负责制定和执行中央政府的税收政策,管理国家范围内的税收征管工作。国税系统主要征收与中央相关的税种,如消费税、车辆购置税等。这些税种的征收与管理由国税局和其下属的各级税务局负责。

2. 地税系统

地方各级税务局是地税系统的组成部分,按照中央的税收政策和地方实际情况,负责地方范围内的税收征管工作。地税系统主要征收与地方相关的税种,如房产税、土地使用税、城镇土地使用税、车船税等。这些税种的征收与管理由地方税务局(以下简称地税局)和其下属的各级税务局负责。

3. 税种划分

国税系统和地税系统根据税种划分,各自负责不同范围税种的征收与管理工作,具体见表 1-1。例如,增值税、企业所得税由国税系统管理,而房产税、土地使用税由地税系统管理。

表 1-1　中央税、地方税以及中央、地方共享税的各自税种及比例

税种	分类	细分	占比/% 中央	占比/% 地方
增值税	中央、地方共享税	进口环节由海关代征的部分	100	
		其他部分	50	50
消费税	中央税		100	
车辆购置税	中央税		100	
关税	中央税		100	
船舶吨税	中央税		100	
城镇土地使用税	地方税			100
房产税	地方税			100

(续表)

税种	分类	细分	占比/% 中央	占比/% 地方
车船税	地方税			100
土地增值税	地方税			100
耕地占用税	地方税			100
契税	地方税			100
烟叶税	地方税			100
环境保护税	地方税			100
企业所得税	中央、地方共享税	中央企业、地方银行和外资银行、非银行金融企业、铁道部门、银行总行及保险总公司等缴纳的部分	100	
		其他部分	60	40
个人所得税	中央、地方共享税		60	40
资源税	中央、地方共享税	海洋石油企业	100	
		其他非海洋石油企业		100
		水资源税	10	90
城市维护建设税	中央、地方共享税	铁道部门、银行总行、保险总公司集中缴纳的部分	100	
		其他企业		100
印花税	中央、地方共享税	证券交易印花税	100	
		其他部分		100

4. 体制分隔

国税系统和地税系统在体制上相对独立,各自有独立的组织结构、管理体系和征收管理流程。

5. 管理难题

国税系统和地税系统分立导致了一些管理上的难题,如企业跨地区经营时需向国税系统和地税系统分别申报税款,存在一定的重复劳动和管理成本。具体来看,国税系统和地税系统分开存在的问题主要表现在以下几个方面:

(1)重复办税

纳税人需要分别到国税局和地税局两个部门办理税务业务,导致了重复提交材料、多头办理手续的情况。这不仅增加了纳税人的时间成本和精力成本,也降低了纳税人的办税效率。

(2)执法不统一

国税局和地税局作为两个独立的行政执法主体,在税收征管方面存在着一定的差异,导致了同一涉税事项可能会得到不同的处理结果,增加了纳税人的法律风险和不确定性。

(3)资源浪费

国税系统和地税系统分开存在导致了税收征管资源的重复配置和浪费。两个部门在人员、设备、场地等方面都需要进行重复投入,造成了资源的低效利用和浪费。

(4)管理不便

国税系统和地税系统分开存在,税务管理的整体协调性和一致性较差,难以统一税收政策的执行和监管,增加了税务管理的难度和成本。

(5)纳税人权益保障不足

由于国税系统和地税系统分开存在,纳税人在涉税事项处理过程中往往面临着信息不对称、权益保障不足等问题,容易造成纳税人的合法权益受损。

(三)国地税机构合并改革

2018年初,党的十九届三中全会审议通过的《深化党和国家机构改革方案》明确提出:"改革国税地税征管体制,将省级和省级以下国税地税机构合并。"6月15日,全国36个省(自治区、直辖市)级以及计划单列市的新税务机构统一挂牌;7月5日,全国535个市级新税务机构集中统一挂牌;7月20日,全国县乡国税地税机构正式合并。经过36天的努力,国税地税征管体制改革第一场攻坚战圆满收官。

整个国税系统和地税系统合并的过程可以整理为以下几个方面的改革:

1. 机构整合

为实现国税系统和地税系统合并,原国家税务总局和地方税务局两大机构进行了整合。

2. 法规调整

针对税收体制的整合,政府进行了法规和政策的调整,确保新组建的国家税务总局能够更好地履行全面税收征管职责。

3. 人员调整

对原国家税务总局和地方税务局的工作人员进行了人员调整,包括岗位的调整、人员培训,逐步实现工作的无缝衔接。

4. 信息系统整合

对原国家税务总局和地方税务局的信息系统进行整合,确保数据的互通互联,提高税收信息的管理和分析效率。

5. 业务整合

统一纳税人登记、涉税事项受理、征纳结合等业务,简化税收征收程序,提高效率。

2018年7月20日《国税地税征管体制改革方案》对税务部门领导管理体制做了规定,明确国税地税机构合并后实行以国家税务总局为主、与省(自治区、直辖市)政府双重领导的管理体制。同时,将基本养老保险费、基本医疗保险费、失业保险费等各项社会保险费交由税务部门统一征收。

思考: 国税地税组织机构合并的原因及意义?

分析: 国税地税组织机构的合并具有重要意义,可以总结为以下几个方面:

1. 强化中央与地方财政关系

国税地税合并有助于强化中央与地方财政的关系,提高财政资源配置的效率,实现更加统一和协调的财政管理。

2. 简化税收管理

合并后的税收管理体系能够减少税收征管层级,简化管理程序,提高行政效能,使税收征管更加高效、透明。

3. 减少税收负担

通过合并,可以避免重复的税收管理成本,减轻企业负担,推动经济发展。

4. 统一税收政策

合并有助于形成更为统一的税收政策,减少地方性的税收优惠,提升税收的公平性。

5.强化税收征管

合并后的国家税务总局在全国范围内具备更强大的征管能力,有助于更好地应对跨地区、跨行业的税收管理需求。

6.促进国家治理体系现代化

国税地税合并是国家治理体系现代化的一部分,有助于构建更为高效、协同的国家治理结构,提高政府服务水平。

二、现行税收管理组织体系

国家税务总局是国务院的税务主管部门,是主管全国税务的最高职能机构。现行的税收管理组织体系为以国家税务总局为主、与省区市党委和政府双重领导的管理体制。现行税收管理组织体系如图1-2所示。

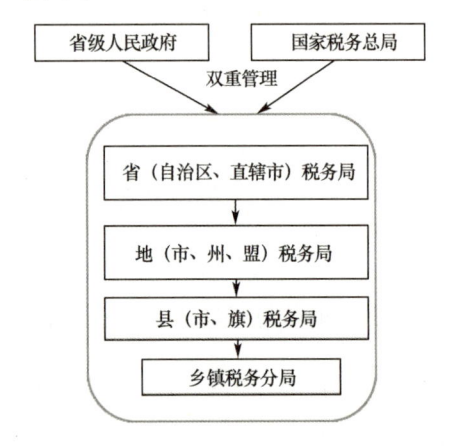

图1-2　2018年国地税机构合并后的税收征收管理组织体系

国家税务总局的主要职责:

(1)具体起草税收法律法规草案及实施细则并提出税收政策建议,与财政部共同上报和下发,制定贯彻落实的措施。负责对税收法律法规执行过程中的征管和一般性税收问题进行解释,事后向财政部备案。

(2)承担组织实施税收及社会保险费、有关非税收入的征收管理责任,力争税费应收尽收。

(3)参与研究宏观经济政策、中央与地方的税权划分并提出完善分税制的建议,研究税负总水平并提出运用税收手段进行宏观调控的建议。

(4)负责组织实施税收征收管理体制改革,起草税收征收管理法律法规草案并制定实施细则,制定和监督执行税收业务、征收管理的规章制度,监督检查税收法律法规、政策的贯彻执行。

(5)负责规划和组织实施纳税服务体系建设,制定纳税服务管理制度,规范纳税服务行为,制定和监督执行纳税人权益保障制度,保护纳税人合法权益,履行提供便捷、优质、高效纳税服务的义务,组织实施税收宣传,拟定税务师管理政策并监督实施。

(6)组织实施对纳税人进行分类管理和专业化服务,组织实施对大型企业的纳税服务和税源管理。

（7）负责编报税收收入中长期规划和年度计划，开展税源调查，加强税收收入的分析预测，组织办理税收减免等具体事项。

（8）负责制定税收管理信息化制度，拟订税收管理信息化建设中长期规划，组织实施金税工程建设。

（9）开展税收领域的国际交流与合作，参加国家（地区）间税收关系谈判，草签和执行有关协议、协定。

（10）办理进出口商品的税收及出口退税业务。

（11）以税务总局为主、与省区市党委和政府对全国税务系统实行双重领导。

（12）承办党中央、国务院交办的其他事项。

国家税务总局负责制订全国税务系统信息化建设的总体规划、技术标准、技术方案与实施办法；各级税务机关应当按照国家税务总局的总体规划、技术标准、技术方案与实施办法，做好本地区税务系统信息化建设的具体工作。

地方各级人民政府应当积极支持税务系统信息化建设，并组织有关部门实现相关信息的共享。

第六节 征纳双方的权利与义务

权利和义务是现代法律体系中的核心概念，权利和义务不是绝对的，是相互依存的，有权利必有义务。权利的实现，需要义务的履行；履行了相应的义务，才能更好地享有相应的权利。征纳双方的权利义务是税收管理中的重要内容。税务机关与纳税人有对应的权利和义务。税务机关享有依法征税、实施税收管理、监督纳税人履行纳税义务等权利，同时负有提供税收服务、保障纳税人合法权益、确保税收公平和效率等义务。纳税人享有依法纳税、享受税收优惠政策、获得税收服务等权利，同时负有按时足额缴纳税款、配合税务机关进行税收管理等义务。明确税务机关的权利和义务，是依法执法的基础；纳税人明晰自己的权利和义务，是依法履行纳税义务的基本前提。

一、税务机关的权利

（一）税务管理权

税务机关有权对纳税人的税务登记、账簿设置、发票管理、纳税申报等进行监督和管理，确保纳税人依法履行税务义务。

（二）税款征收权

税务机关有权按照税法规定，向纳税人征收应纳税款，确保税款及时足额缴入国库。

（三）委托代征权

税务机关在必要时，可以依法委托有关单位或个人代征税款，以扩大税款征收的覆盖面，提高征收效率。

(四)税收保全

在纳税期内,当纳税人存在逃避纳税义务的行为时,税务机关有权采取税收保全措施,如通知银行暂停支付款项的措施,扣押查封价值相当于应纳税款的商品、货物或其他财产的措施,以此确保税款的安全。

(五)税收强制执行权

在纳税人未履行纳税义务的情况下,税务机关有权依法采取强制执行措施,如直接扣缴税款缴入国库,或查封扣押同时拍卖变卖纳税人的商品货物或其他财产来抵缴税款,以强制征收税款。

(六)批准减、免、退税和准予延期缴纳税款权

税务机关有权根据税法规定和纳税人实际情况,批准纳税人享受减税、免税、退税等优惠政策,或准予纳税人延期缴纳税款。

(七)税务检查权

税务机关有权对纳税人的生产经营活动、财务状况和纳税情况进行检查,以核实纳税人是否依法履行税务义务。

(八)行政裁量权

在税收征收管理过程中,税务机关需要根据实际情况进行判断和决策,如确定纳税期限、核定应纳税额等,这些都需要行使行政裁量权。

例如,根据《税收征管法》第六十条第一款第四项:"纳税人有下列行为之一的,由税务机关责令限期改正,可以处二千元以下的罚款;情节严重的,处二千元以上一万元以下的罚款:(四)未按照规定将全部银行账号向税务机关报告的。"

这里体现的税务行政裁量权在于二千元以下的罚款应该是多少,什么情况是属于情节严重的判断。根据2024年4月1日起施行的税务行政处罚裁量基准,处罚标准在于:

轻微:在一个自然年度内首次违反且危害后果轻微,在税务机关发现前主动改正或者在税务机关责令限期改正的期限内改正的,不予处罚。

较轻:在税务机关发现前主动改正或者在税务机关责令限期改正的期限内改正,且不属于轻微情节的,对个人(含个体工商户)处20元的罚款,对企业或者其他组织处50元的罚款。

较重:超过税务机关责令限期改正的期限改正,且不属于严重情节的,对个人(含个体工商户)处100元的罚款,对企业或者其他组织处200元的罚款。

严重:造成较大负面社会影响或者有其他恶劣情节的,对个人(含个体工商户)处2 000元以上5 000元以下的罚款,对企业或者其他组织处2 000元以上1万元以下的罚款。

(九)行政处罚权

对于违反税收法律法规的纳税人,税务机关有权依法进行行政处罚,如罚款、没收违法所得等,以维护税收征收的秩序和公正性。

(十)税务行政复议权和应诉权

当纳税人对税务机关的行政行为有异议时,可以向税务机关提出行政复议申请。同时,税务机关也有权在行政诉讼中作为被告应诉,维护自身合法权益。

(十一)代位权和撤销权

代位权,指税务机关对欠缴税款的纳税人怠于行使到期债权而对国家税收债权造成损

害时,税务机关可以以自己的名义代替纳税人行使债权,直接向人民法院起诉,以债务人为被告提起民事诉讼,从而实现债权。撤销权,指在债务人作出无偿处分或以明显低价处分财产给第三人而有害于债权人的行为时,债权人有请求人民法院予以撤销的权利。

(十二)税法解释权

税法解释权包括立法解释、司法解释和行政解释。在我国,税收立法解释权主要由全国人民代表大会及其常务委员会行使,但国务院也依法行使部分税收立法权,多数税法解释由国务院以文件形式公布。税收立法解释权对于确保税法的准确性、灵活性及有效性具有重要意义,是税务机关征税和纳税人据以纳税的法律依据。税收司法解释权是指在税务纠纷案件中,法院或仲裁机构对税法问题的解释,体现在判决书、裁定书等法律文书中。税收行政解释权是指在实际税收征管过程中,税务机关对税法具体运用的解释,一般体现在规章制度、通知、公告中。

案例分析1-1

甲公司欠税30万元,一直无力偿付,现丙公司欠甲公司20万元,已经到期,但甲公司明示放弃对丙的债权。

思考:根据相关法律制度的规定,对甲公司的行为,税务机关可以采取什么措施?

分析:甲公司具有欠税行为,同时又拥有第三方(丙公司)的债权,但甲公司明示放弃了对第三方债权的追求,所以属于主动放弃债权的行为,税务机关可以请求人民法院撤销甲放弃债权的行为,行使撤销权。

阅读链接1-1

二、税务机关的义务

(1)宣传税收法律法规的义务。税务机关通过举办税收宣传月活动、发布税收法律法规和政策解读、在办税服务厅设置宣传栏等方式,积极向纳税人宣传税收法律法规,确保纳税人了解并遵守税法规定。

(2)保密义务。税务机关在处理纳税人信息时,严格遵守保密规定,确保纳税人的商业秘密和个人隐私不被泄露。例如,税务机关在办理税务登记、纳税申报等事项时,对纳税人提供的信息进行保密处理,不得随意向外界透露。

(3)为纳税人办理税务登记。纳税人依法向税务机关提出税务登记申请时,税务机关应当及时受理并办理相关手续,为纳税人提供方便快捷的税务登记服务。

(4)受理减、免、退税及延期缴纳税款申请的义务。当纳税人因特定情况需要申请减税、免税、退税或延期缴纳税款时,税务机关负责受理并审核这些申请,根据法律法规和政策规定,对符合条件的申请给予批准。

(5)对纳税人欠缴税款情况进行定期公告的义务。税务机关会定期对纳税人欠缴税款的情况进行公告,以督促纳税人及时履行纳税义务,维护税收秩序。

(6)退回多征税款的义务。税务机关在发现多征税款时,应当及时通知纳税人并办理退税手续,确保纳税人的合法权益不受损害。

(7)受理行政复议的义务。当纳税人对税务机关的行政行为有异议时,可以向税务机关提出行政复议申请。税务机关负责受理并处理这些复议申请,依法进行复议决定。

(8)举行听证会的义务。在涉及纳税人重大权益的税务案件中,税务机关会依法举行听证会,听取纳税人的陈述和申辩,确保税务行政决策的公正性和透明度。

(9)受理行政赔偿申请的义务。当税务机关的行政行为侵犯纳税人合法权益并造成损害时,纳税人可以向税务机关提出行政赔偿申请。税务机关负责受理并处理这些赔偿申请,依法进行赔偿决定。

(10)保护纳税人合法权益的义务。税务机关在履行职责时,始终坚持以纳税人为中心,尊重并保护纳税人的合法权益。对于侵犯纳税人权益的行为,税务机关会依法进行纠正和处理。

(11)国家规定的其他义务。除了上述具体义务外,税务机关还要遵守国家法律法规规定的其他义务。

三、纳税人的权利

纳税人权利保障是世界各国税法的重要内容,不少国家颁布了专门规定纳税人权利的法案。我国《税收征管法》明确规定了纳税人的基本权利如下:

(1)知情权。知情权指的是纳税人有了解征税依据和征税程序的权利。纳税人的知情权对应的是税务机关提供纳税服务的义务,当纳税人咨询相关纳税事宜时,税务机关应当积极地、无偿地履行告知义务。税务机关也应该在日常工作中积极做好税法宣传,普及税法知识,通过多渠道拓宽纳税人行使知情权的渠道。

(2)保密权。纳税人的纳税信息属于纳税人的个人隐私和商业机密,纳税人享有的隐私权要求税务机关必须对这些信息保密,没有法律规范的明确规定或者纳税人的同意,税务机关绝对不能擅自向其他人透露这些信息。

(3)税务监督权。纳税人有权检举税务人员的违法行为,也有权检举其他纳税人的税收违法行为。

(4)纳税申报方式选择权。纳税人有权选择直接申报、邮寄申报、数据电文申报等方式进行纳税申报。

(5)申请延期申报权。纳税人不能按期纳税申报的,经核准后可以延期申报。

(6)申请延期缴纳税款权。纳税人因特殊困难,不能按期缴税的,经批准后可以延期缴纳税款。

(7)申请退还多缴纳税款权。对纳税人超过应纳税额缴纳的税款,税务机关发现后,应自发现之日起10日内办理退还手续;如纳税人自结算缴纳税款之日起三年内发现的,可以向税务机关要求退还多缴的税款并加算银行同期存款利息。

(8)依法享受税收优惠权。纳税人有权依法承担最低的税负,可依法享有减税、免税等税收优惠。

(9)委托税务代理权。纳税人有权委托税务代理。

(10)陈述与申辩权。纳税人对税务机关作出的决定,享有陈述和申辩权。

(11)纳税人对未出示税务检查证和税务检查通知书的税务人员,有权拒绝检查。

(12)税收法律救济权。纳税人对税务机关的决定,依法享有申请行政复议、提起行政诉讼、请求税务赔偿等权利。

(13)依法要求听证的权利。对税务机关给予的行政处罚,纳税人有权要求举行听证。

(14)索取有关税收凭证的权利。纳税人缴纳税款后,有权要求开具完税凭证。

四、纳税人的义务

纳税人依法履行纳税义务是国家财政收入得以实现的主要保障。纳税人在享有权利的同时还负有以下义务:

(1)依法进行税务登记的义务。纳税人应按照税法的规定,在设立、变更或终止经营活动时,及时向税务机关办理税务登记手续。税务登记是纳税人合法经营的前提,也是税务机关实施税收管理的基础。纳税人完成税务登记,税务机关可以第一时间掌握纳税人的基本情况,保障税收征收的准确性和及时性。

(2)依法设置账簿、保管账簿和有关会计资料以及开具、使用、取得和保管发票的义务。纳税人应依法设置和保管账簿,记录生产经营活动的收支情况,以便税务机关进行核查。在生产经营过程中,纳税人应依法开具、使用和取得发票,并妥善保管相关会计资料。

(3)遵守财务会计制度和会计核算软件备案的义务。纳税人应遵守国家财务会计制度的规定,做到会计核算的准确性和规范性。对于使用会计核算软件的纳税人,还需将软件的相关情况向税务机关备案,以便税务机关进行监管和核查。

(4)按照规定安装、使用税控装置的义务。为了加强税收征收管理,防止税收流失,税务机关有权要求纳税人按照规定安装、使用税控装置。纳税人应积极配合,保证税控装置的正常运行和数据的准确性。

(5)按时、如实申报的义务。纳税人应按照税法规定的时间,向税务机关如实申报应纳税款。申报内容应真实、准确、完整,不得隐瞒或虚报。

(6)按时缴纳税款的义务。这是纳税人最重要的义务。如果纳税人没有依法履行缴纳税款的义务,国家税收的职能就无法实现。因此,纳税人应在法律规定的时间,及时足额地向税务机关缴纳税款。

(7)代扣、代收税款的义务。在进行某些零散的交易行为时,法律规定扣缴义务人具有代扣或代收相关税款的义务,如个人工资薪金支付时由单位代扣代缴个人所得税,委托加工应税消费品时由受托方代收代缴消费税等。

(8)依法接受检查的义务。税务机关有权依法对纳税人的生产经营活动、财务状况和纳税情况进行检查。纳税人应积极配合税务机关的检查工作,提供必要的资料和协助,让税务检查能够有序进行。

(9)及时提供信息的义务。因为信息不对称的天然存在,纳税人的信息只有自己最清楚,为了税款的及时足额缴入国库,纳税人应当在税源基础管理时就向税务机关提供必要的涉税信息。

(10)报告其他涉税信息的义务。其他涉税信息包括关联企业的业务往来,企业合并、分立的情况,全部的银行账号,处分大额财产的行为等。

课后练习题

一、单选题

1. 税收管理的主体是( )。
   A. 地方人民政府 B. 人民代表大会及其常务委员会
   C. 税务机关 D. 财政局

2. 税务票证管理是属于( )的主要内容。
   A. 税务法制管理 B. 税务业务管理 C. 税务行政管理 D. 其他税务管理

3. 事权是财权的前提,财权是事权的保证( )。
   A. 对 B. 错

4. 下列关于代位权的说法,正确的是( )。
   A. 税务机关在纳税人正常缴纳税款时,可以代替纳税人行使债权。
   B. 税务机关在纳税人怠于行使到期债权且对国家税收债权造成损害时,无权提起民事诉讼。
   C. 税务机关在行使代位权时,必须以纳税人的名义起诉债务人。
   D. 税务机关在纳税人怠于行使到期债权并对国家税收债权造成损害时,可以以自己的名义直接向人民法院起诉债务人。

5. 我国现行税务管理的组织体系是( )。
   A. 以财政局为主体进行垂直管理,与人民政府进行双重管理
   B. 国家税务总局为主体进行垂直管理,与人民代表大会进行双重管理
   C. 国家税务总局为主体,与省人民政府双重管理
   D. 省人民政府为主体的领导

6. 税收执法的主体是( )。
   A. 税务机关 B. 人民政府 C. 检察院 D. 财政局

7. 税收司法的主体是( )。
   A. 税务机关 B. 人民法院 C. 财政局 D. 审计局

8. 税收管理的法律依据是( )。
   A. 税收行政管理法 B. 税收征管法及其实施细则
   C. 行政处罚法 D. 税法

二、多选题

1. 税收管理的必要性主要是源于( )。
   A. 原生性税收遵从 B. 自私性税收不遵从
   C. 对抗性税收不遵从 D. 隐蔽性税收不遵从

2. 下列属于税收管理基本原则的有( )。
   A. 公平原则 B. 效率原则 C. 法治原则 D. 简便原则
   E. 透明原则

3. 税务机关在税收征收管理过程中应履行的职责包括( )。
   A. 依法征税 B. 提供税收咨询服务

C. 保护纳税人隐私　　　　　　　D. 自行决定税收政策
E. 监督纳税人遵守税法
4. 纳税人在税收管理中享有的权利包括(　　)。
A. 依法纳税权　　B. 税收监督权　　C. 税收知情权　　D. 税收减免申请权
E. 税收执法权

三、填空题

1. 为保障我国依法治税原则,我国于 2020 年步入税收法定的关键冲刺期,目前共(　　)个税种中已经立法的有(　　)个。
2. 税收作为一种分配制度,必须体现公平原则,包括(　　)、(　　)和(　　)。
3. (　　)主管全国税收征收管理工作。

四、简答题

1. 简述税收管理的主要原则,并解释这些原则在税收管理实践中的具体体现。
2. 结合实际案例,分析在税收管理中如何平衡公平原则与效率原则?
3. 列举纳税人在税收管理中的基本权利,并说明税务机关应如何保障这些权利的实现。
4. 思考在大数据背景下,征纳双方的权利与义务是否发生了变化?如果有,请举例说明这些变化,并探讨税务机关应如何应对这些变化。

第二章

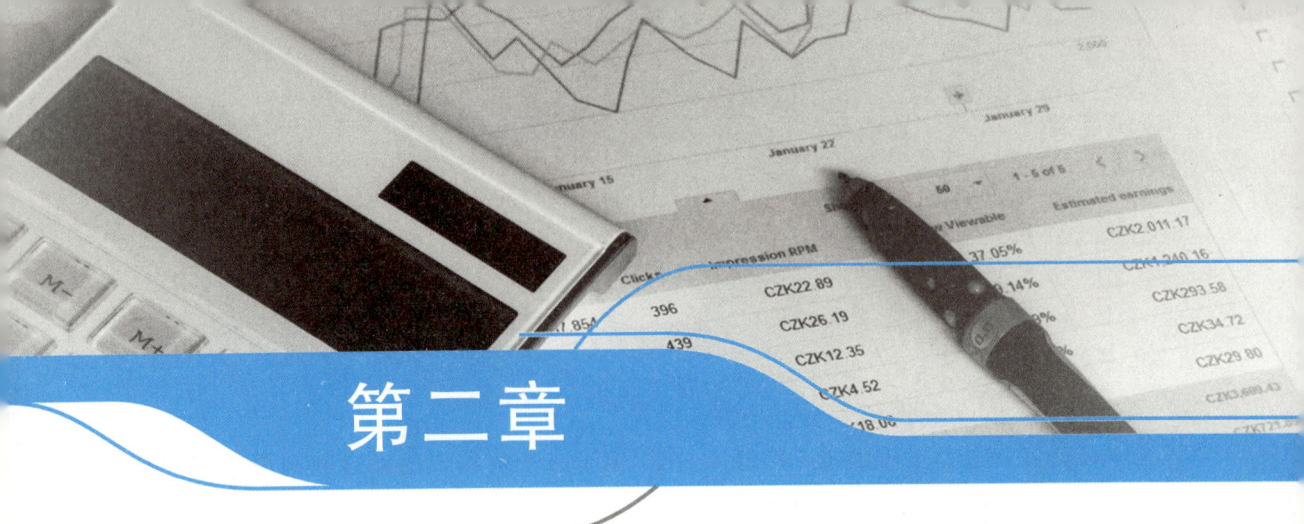

税收基础业务管理

主要内容

本章主要围绕税务登记、账簿设置管理、发票管理以及纳税申报等方面展开。首先，详细介绍了税务登记的种类，包括开业登记、变更登记、注销登记、停业复业登记、跨区域涉税事项报验登记、非正常户认定等。其次，对账簿设置的适用范围进行了说明，包括哪些纳税人需要设置账簿，以及账簿的管理要求，同时阐述了违反账簿凭证管理的法律责任。最后，介绍了我国从"以票控税"到"以数治税"的税收管理思维方式的转变，并从纸质发票和电子发票各自的特点以及管理要求分别说明。在纳税申报方面，本章重点介绍了纳税申报的内容、期限以及方式。

学习重难点

1. 掌握税务登记的种类和内容，各自适用的范围以及规范流程。
2. 掌握账簿凭证登记的基本管理规定以及对应的法律责任。
3. 理解发票管理的重要性以及发票管理的改革情况。
4. 掌握发票领用、开具与使用的基本要求以及对应的法律责任。
5. 掌握纳税申报的内容、期限及方式，理解纳税申报是纳税人履行纳税义务的重要环节。

思政元素

1. 税收管理中法治精神的弘扬。在本章学习内容中，多次强调了税收是国家治理体系和治理能力现代化的重要支撑，税务登记、纳税申报等制度的实施不仅体现了国家对税收征管的严格要求,也体现了对纳税人权益的保护。通过学习,学生应认识到依法纳税是每个公民应尽的义务,同时也是对国家建设和社会发展的贡献。

2.提高诚信意识。发票管理、纳税申报等内容的学习,有助于培养学生的诚信意识和法治观念。发票管理要求纳税人按照法律法规的规定,按照正常生产经营活动如实开具与使用发票,纳税申报的管理要求同样需要纳税人提供具有及时性、正确性、完整性的会计核算资料,对纳税人诚信纳税有较高的要求。

第一节 税务登记

引入案例

陈某听说国家出台了新规定,下岗职工从事个体经营可以免税,于是失业多时的他筹钱开了家酒店,他去办理了工商营业执照,开始正式挂牌营业。经营半年后,税务局人员找上门来,给了他一张1 000元的罚款单,并责令其补缴税款及滞纳金,限期办理税务登记。陈某大为不满,他认为自己可以享受国家免税照顾,不用办理税务登记。

思考:
(1)税务登记的意义是什么?
(2)工商营业执照可否作为纳税身份的证明?

分析:
(1)通过税务登记才能确立征纳双方的税收法律关系,保障征纳双方的权益。纳税人通过办理税务登记,依法申报其经营的内容和范围,从而使征税对象得到了明确,也确认了纳税人依法享有税务登记证件所规定范围内的生产经营活动权、申请税收优惠权、申请减免税权,同时负有依法纳税、接受税务机关监督与管理的义务。税务登记在税收征管过程中发挥着重要的作用。它可以作为征税的抽象通知书,即纳税人领取了税务登记证就获得了按期纳税的信息。同时,税务登记有利于税务机关了解纳税人的基本情况和掌握税源,加强征收与管理,防止漏管漏征,建立税务机关与纳税人之间正常的工作联系,强化税收政策和法规的宣传,增强纳税意识等。

(2)关于工商营业执照是否可以作为纳税身份的证明,这通常取决于具体的税务规定和当地的法律法规。一般来说,工商营业执照是企业合法经营的证明,而税务登记证则是纳税人纳税身份和纳税义务的证明。在某些情况下,工商营业执照的信息可能与税务登记信息相关联,但并不直接等同于税务登记证明。但是在简政放权背景下,机构的扁平化处理,可以将信息进行归整,既便于税务机关整合涉税数据与信息,也有便于纳税人办税缴费。

一、税务登记的概念

税务登记,是指纳税人或相关主体按照税收法规的要求,向税务机关提供其涉及税收的基本信息、财务信息等登记的过程,包括对开业、变更、歇业以及生产、经营等交易活动或事项进行登记管理。税务登记相当于给纳税人颁发"身份证",是整个税务征管流程中的首要环节。税务机关通过税务登记,对纳税人的开业、变动、停业以及生产经营范围实行法定登记,进行管理,便于及时全面地了解纳税人的基本情况,实现税收征管的有效监管。这不仅是纳税人依法履行纳税义务的前提,也是纳税人合法经营的标志以及得到税务机关管理和服务的基础。

(一)税务登记的机关

县以上(含本级)税务局(分局)是税务登记的主管税务机关,负责税务登记的设立登记、变更登记、注销登记和税务登记证验证、换证以及非正常户处理、报验登记等有关事项。

县以上税务局(分局)按照国务院规定的税收征收管理范围,实施属地管理。有条件的城市,可以按照"各区分散受理、全市集中处理"的原则办理税务登记。

(二)税务登记的对象

企业在外地设立的分支机构和从事生产、经营的场所,个体工商户和从事生产、经营的事业单位,均应当按照《税收征管法》及《实施细则》和《税务登记管理办法》的规定办理税务登记。

前款规定以外的纳税人,除国家机关、个人和无固定生产、经营场所的流动性农村小商贩外,也应当按照《税收征管法》及《实施细则》和《税务登记管理办法》的规定办理税务登记。

根据税收法律、行政法规的规定负有扣缴税款义务的扣缴义务人(国家机关除外),应当按照《税收征管法》及《实施细则》和《税务登记管理办法》的规定办理扣缴税款登记。

二、税务登记的意义

(一)确立征纳双方的税收法律关系

税务登记是纳税人与税务机关之间建立税收法律关系的首要步骤。通过登记,纳税人确认了其纳税人身份和纳税义务,税务机关也确定了相应的征税主体。以此确立征纳双方在税收征管中的法律地位和权利义务,为后续的税收征管提供了法律依据。

(二)税务机关可以据此掌握税源情况,防止漏管漏征

税务登记是税务机关掌握税源情况、了解纳税人经济活动的基本途径。通过登记,税务机关可以准确掌握纳税人的基本情况、经营范围、财务状况等信息,从而及时发现潜在的税收漏洞和逃税行为,防止漏管漏征现象的发生,可以对税收尽可能全面地征收。

(三)是税收征管过程中不可替代的环节

税务登记制度是税收征管流程中不可或缺的环节。它为税务机关提供了重要的信息基础,为纳税人提供了必要的法律依据和权利保障,同时也为税收征管的后续工作提供了重要支持。税务登记制度的建立和健全,对于保障税收征管的顺利进行具有不可替代的作用。

(四)加强税收征管效率,促进税收政策的落实

税务登记为税收政策的实施提供了数据支撑和操作基础。通过税务登记,税务机关可以建立完善的纳税人信息库,实现对纳税人的分类管理和精准监管,有助于提高税收征管的精准度和效率,减少资源浪费,提升税收征管水平,同时有针对性地促进税收政策的实施和落实。

(五)增强税收征管的公平性和透明度

税务登记制度的建立有助于加强税收征管的公平性和透明度。纳税人根据公开透明的登记程序和登记信息而享有平等的登记权利和受益权利,提升税收征管的公正性和透明度。

三、税务登记的改革

(一)2015年10月1日实行"三证合一,一照一码"

2015年10月起,实行"三证合一,一照一码"登记制度改革,企业、农民专业合作社及其分支机构统一由工商行政机关办理"三证合一,一照一码"营业执照,领取加载18位统一社会信用代码的营业执照,无须办理税务登记,不再发放税务登记证件。个体工商户暂不实施此项改革。

"三证"是指工商营业执照、组织机构代码证与税务登记证。

统一社会信用代码是一组长度为18位的用于法人和其他组织身份识别的代码。国家标准化管理委员会发布了强制性国家标准《法人和其他组织统一社会信用代码编码规则》,该标准于2015年10月1日实施。我国以统一社会信用代码和相关基本信息作为法人和其他组织的"数字身份证",成为管理和经营过程中法人和其他组织身份识别的手段。从唯一、统一、共享、便民和低成本转换等角度综合考虑,统一社会信用代码设计为18位(图2-1),由登记管理部门代码、机构类别代码、登记管理机关行政区划码、主体标识码(组织机构代码)、校验码五个部分组成。为便于行业管理和社会识别,统一社会信用代码的第一、二、三部分体现了登记管理部门、机构类别和登记管理机关行政区划,兼容了之前各登记管理部门行之有效的有含义代码功能。为保证唯一性和稳定性,第四部分设计为主体标识码(组织机构代码),充分体现了以组织机构代码为基础建立法人和其他组织统一社会信用代码制度的要求。为防止出现错误,第五部分设计为校验码。

第一部分(第1位):登记管理部门代码,使用阿拉伯数字或英文字母表示。例如,机构编制、民政、工商三个登记管理部门分别使用1、5、9表示,其他登记管理部门可使用相应阿拉伯数字或英文字母表示。

第二部分(第2位):机构类别代码,使用阿拉伯数字或英文字母表示。登记管理部门根据管理职能,确定在本部门登记的机构类别编码。例如,机构编制部门可用1表示机关单位,2表示事业单位,3表示由中央机构编制委员会办公室(简称"中央编办")直接管理机构编制的群众团体;民政部门可用1表示社会团体,2表示民办非企业单位,3表示基金会;工商部门可用1表示企业,2表示个体工商户,3表示农民专业合作社。

第三部分(第3~8位):登记管理机关行政区划码,使用阿拉伯数字表示。例如,国家用100000,北京用110000,注册登记时由系统自动生成,体现法人和其他组织注册登记及其登

记管理机关所在地,既满足登记管理部门按地区管理需求,也便于社会对注册登记主体所在区域进行识别(参照《中华人民共和国行政区划代码》〔GB/T 2260—2007〕)。

第四部分(第9～17位):主体标识码(组织机构代码),使用阿拉伯数字或英文字母表示(参照《全国组织机构代码编制规则》〔GB 11714—1997〕)。

第五部分(第18位):校验码,使用阿拉伯数字或英文字母表示。

代码序号	1	2	3	4	5	6	7	8	9	10	11	12	13	14	15	16	17	18
代码	×	×	×	×	×	×	×	×	×	×	×	×	×	×	×	×	×	×
说明	登记管理部门代码	机构类别代码	登记管理机关行政区划码						主体标识码(组织机构代码)									校验码
			纳税人识别码															

图2-1　法人和其他组织统一社会信用代码构成

(二)2016年10月1日实行"五证合一,一照一码"

2016年10月1日起在全国范围推行"五证合一"改革。在"三证合一、一照一码"的基础上全面实行"五证合一、一照一码"登记模式,整合"三证"与社会保险登记证、统计登记证。

"五证"是指工商营业执照、组织机构代码证、税务登记证、社会保险登记证和统计登记证。

取消社会保险登记证和统计登记证的定期验证和换证制度,原有验证和换证要求企业报送的事项经整合后纳入企业年度报告内容,由企业自行向工商部门报送年度报告并向社会公示。"五证合一"的过渡期为2016年10月1日至2018年1月1日。2018年1月1日前,原发证照继续有效,过渡期结束后一律使用加载统一代码的营业执照,未换发的证照不再有效。

在"三证合一"与"五证合一"登记制度改革中,税务登记并没有取消,税务登记的法律地位仍然存在,只是政府在简政放权的大背景下,将税务登记的环节改为由工商行政管理部门统一受理,由工商行政管理部门对企业核发一个加载法人和其他组织统一社会信用代码的营业执照,这个营业执照具备税务登记证的法律地位和作用。

(三)"两证整合"

2016年8月29日,《关于实施个体工商户营业执照和税务登记证"两证整合"的意见》要求进一步深化商事制度改革,加快推进"三证合一"登记制度改革向个体工商户延伸,从2016年12月1日起,全国正式实施个体工商户营业执照和税务登记证"两证整合",黑龙江、上海、福建、湖北四个省(市)10月1日起先行试点。

通过"一窗受理、互联互通、信息共享",由工商行政管理部门核发加载统一社会信用代码的营业执照,该营业执照具有原营业执照和税务登记证的功能,税务部门不再发放税务登记证。工商行政管理部门赋码后,将统一社会信用代码和相关信息按规定期限回传统一代码数据库,全面实行个体工商户"两证整合"登记模式。

税务部门与民政部门之间能够建立省级统一的信用信息共享交换平台、政务信息平台、部门间数据接口并实现登记信息实时传递的,已取得统一社会信用代码的社会组织纳税人(社会团体、基金会、民办非企业单位)完成一照一码户信息确认后,税务机关对标注统一社会信用代码的社会组织法人登记证赋予税务登记证的全部功能,不再另行发放税务登记证件。

思考:"一照一码"后税务登记还有意义吗?

分析:"一照一码"改革后,税务登记的法律地位仍然存在,但其具体形式和操作方式有所改变。原本由多个部门分别核发的证照,整合为由工商行政管理部门统一核发加载法人和其他组织统一社会信用代码的营业执照。在"一照一码"制度下,企业领取营业执照后,无须再到税务部门单独办理税务登记证。这并不意味着税务登记失去了意义,而是简化了流程,提高了效率。税务部门仍然需要采集和管理纳税人的税务信息,以确保税收征管的准确性和有效性。具体来说,"一照一码"后,税务部门可以通过统一社会信用代码及时核对纳税人信息,避免了重复采集工商登记已采集的信息。但是,对于其他必要的涉税基础信息,如企业财务负责人、办税人员、票种核定等,仍需要在企业办理有关涉税事宜时及时采集和补齐。此外,"一照一码"的实施也有助于加强部门间的信息共享和监管协同。通过统一社会信用代码,税务部门可以与其他政府部门进行数据共享和比对,从而实现对纳税人的全方位监管。

四、税务登记的种类及管理

税务登记包括对开业、变更、歇业以及生产、经营等交易活动或事项进行登记管理。税务登记的种类包含设立登记、变更登记、停业和复业登记、注销登记、跨区域涉税事项管理登记及非正常户认定和解除。

(一)设立登记

设立登记,是指企业、单位和个人经国家工商行政管理部门或有关部门批准设立后所需办理的税务登记。

企业、企业在外地设立的分支机构和从事生产、经营的场所,个体工商户和从事生产、经营的事业单位(以下统称从事生产、经营的纳税人),向生产、经营所在地税务机关申报办理税务登记。

1. 设立登记的适用范围

除国家机关、个人和无固定生产、经营场所的流动性农村小商贩外,其他纳税人均办理税务登记,主要包括单位纳税人、个体经营纳税人、临时经营纳税人、扣缴义务人等。

2. 设立登记的流程及注意事项

(1)设立登记的流程

纳税人采用新办纳税人"套餐式"服务(税务机关为了简化新办纳税人的办税流程,将多个相关税务事项整合成一个套餐式的服务)的,可一并办理以下涉税事项:电子税务局开户、登记信息确认、财务会计制度及核算软件备案、纳税人存款账户账号报告、增值税一般纳税人登记、发票票种核定、增值税专用发票最高开票限额审批、实名办税、增值税税控系统专用设备初始发行、发票领用。

新设立登记的企业、农民专业合作社完成一照一码户登记信息确认后,其加载统一社会信用代码的营业执照可代替税务登记证使用,不再另行发放税务登记证件。

税务部门与民政部门之间能够建立省级统一的信用信息共享交换平台、政务信息平台、部门间数据接口并实现登记信息实时传递的,已取得统一社会信用代码的社会组织纳税人(社会团体、基金会、民办非企业单位)完成一照一码户登记信息确认后,税务机关对标注统一社会信用代码的社会组织法人登记证赋予税务登记证的全部功能,不再另行发放税务登记证件,具体如图 2-2 所示。

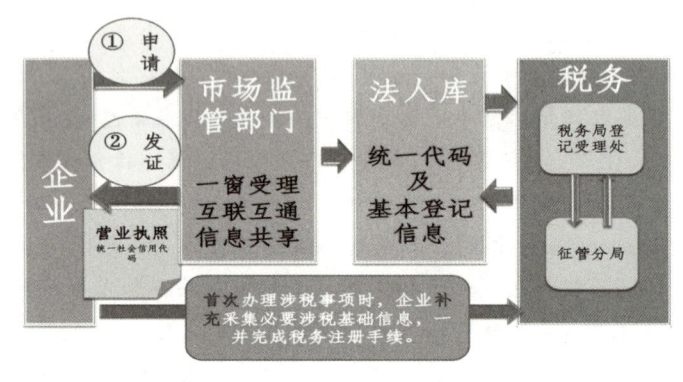

图 2-2 税务登记的流程

(2)注意事项

纳税人使用符合电子签名法规定条件的电子签名,与手写签名或者盖章具有同等法律效力。

纳税人应按照税收法律、行政法规规定和税务机关确定的申报期限、申报内容按期进行相关税种的纳税申报。

纳税人可通过与税务机关、开户银行签订银税三方(委托)划缴协议,开通委托划缴税款业务,实现税款的快速划缴、高效对账和跟踪查询。

纳税人适用《国家税务总局关于进一步简化企业开办涉税事项办理程序压缩办理时间的通知》(税总发〔2019〕126 号)的,实行一套资料、一次提交、一次采集、一次办结。

①纳税人新办企业时根据自身不同情况依申请办理的涉税事项包括信息确认、发票票种核定、增值税一般纳税人登记、增值税专用发票最高开票限额审批、增值税税控系统专用设备初始发行(含税务 UKey 发放)、发票领用等六个事项。

②对开办首次申领发票涉及的相关事项,纳税人可通过一次填报和确认《新办纳税人涉税事项综合申请表》办理。

③企业现场办理开办涉税事项,若暂时无法提供企业印章,符合以下条件的,税务机关予以容缺办理:由其法定代表人办理时,已实名采集认证并承诺后续补齐的;由办税人员办理时,办税人员已实名采集认证,经法定代表人线上实名采集认证,授予办税人员办税权限的,或者提供法定代表人授权委托书的。企业 30 日内未补充提供印章的,税务机关将其行为纳入信用记录,对其实施风险管理并严格办理发票领用。

④纳税人采用新办纳税人"套餐式"服务的,可在"套餐式"服务内一并办理财务会计制

度及核算软件备案报告、存款账户账号报告、银税三方(委托)划缴协议等后续事项。图 2-3 为新办纳税人涉税事项综合申请表。

新办纳税人涉税事项综合申请表

基本信息	纳税人名称		统一社会信用代码	
	经办人		身份证件类型	
	证件号码		联系电话	
增值税一般纳税人资格登记	是否登记为增值税一般纳税人:是□;否□(无须填写以下一般纳税人资格登记信息)			
	纳税人类别:	企业□ 个体工商户□ 农民合作社□ 其他□		
		(请选择一个项目并在□内打"√")		
	主营业务类别:	工业□ 商业□ 服务业□ 其他□		
		(请选择一个项目并在□内打"√")		
	会计核算健全:	是□ (请选择一个项目并在□内打"√")		
	一般纳税人资格生效之日:		当月1日□ 次月1日□	
			(请选择一个项目并在□内打"√")	
首次办税申领发票	发票种类名称	单份发票最高开票限额	每月最高领票数量	领票方式
	领票人	联系电话	身份证件类型	身份证件号码
	税务行政许可申请事项:	增值税专用发票(增值税税控系统)最高开票限额审批		
	增值税专用发票(增值税税控系统)最高开票限额申请	一千元□ 一万元□ 十万元□		
		(请选择一个项目并在□内打"√")		
	发票邮寄地址、收件人及联系方式:			
纳税人声明:能够提供准确税务资料,上述各项内容真实、可靠、完整。如有虚假,愿意承担相关法律责任。				
经办人: 代理人: 纳税人(印章):				
				年 月 日

【填表说明】:

1. 本表适用于新办企业,新办个体工商户、农民合作社可参照适用;
2. 表单一式一份,由税务机关留存。

图 2-3 新办纳税人涉税事项综合申请表

(二)变更登记

变更登记,是指纳税人办理设立登记后,因登记内容发生了变化,需要对原登记内容进行更改而申报办理的税务登记。一照一码户市场监管等部门登记信息发生变更的,向市场监管等部门申报办理变更登记。

1.变更登记的适用范围

税务变更登记适用的范围包括以下主要内容:

(1)改变纳税人名称;

(2)改变法人代表;

(3)改变经济性质或企业类型;

(4)增设或撤销分支机构;

(5)改变住所、经营地点(不含改变主管税务机关的);

(6)改变经营范围、经营方式;

(7)改变产权关系;

(8)增减注册资金;

(9)改变生产经营期限;

(10)改变或增减银行账号;

(11)改变生产经营权属;

(12)其他税务登记内容。

2.变更登记的流程及注意事项

(1)流程

"一照一码"纳税人《纳税人首次办税补充信息表》和生产经营地、财务负责人、核算方式等非市场监管等部门登记信息发生变化时,向主管税务机关申请变更。主管税务机关应将变更后的生产经营地、财务负责人、核算方式等信息即时共享至信息交换平台。

(2)注意事项

两证整合个体工商户信息发生变化的,应向市场监督管理部门申报信息变更,税务机关接收市场监督管理部门变更信息,经纳税人确认后更新系统内的对应信息;自2023年4月1日起,纳税人在市场监管部门依法办理变更登记后,无须向税务机关报告登记变更信息;税务机关根据市场监管部门共享的变更登记信息自动同步变更登记信息。

处于非正常、非正常户注销等状态的纳税人变更登记信息的,在其恢复正常状态时自动变更。

个体工商户申请变更经营者的,申请人可以向税务登记机关申请办理经营者变更登记,也可以通过"先注销、再设立"的方式实现经营者变更。个体工商户变更经营者,应当结清依法应缴纳的税款等。

被调查企业在税务机关实施特别纳税调查调整期间,申请变更经营地址的,税务机关在调查结案前原则上不予办理变更手续。

企业由法人转变为个人独资企业、合伙企业等非法人组织,或将登记注册地转移至中华人民共和国境外(包括港澳台地区),应视同企业进行清算、分配,股东重新投资成立新企业。

(三)停业和复业登记

1.停业

实行定期定额征收方式的个体工商户需要停业的,应当在停业前向税务机关申报办理停业登记。

(1)适用范围

根据《个体工商户税收定期定额征收管理办法》(国家税务总局令第16号公布,国家税务总局令第44号修改)第二十条、第二十五条规定,实行定期定额征收的个体工商户或比照定期定额户进行管理的个人独资企业发生停业的,应当在停业前向税务机关书面提出停业报告。纳税人在申报办理停业登记时,应如实填写停业复业报告书,说明停业理由、停业期限、停业前的纳税情况和发票的领、用、存情况,并结清应纳税款、滞纳金、罚款。

(2)时限要求

纳税人停业期限不得超过1年。纳税人停业期满不能及时恢复生产经营的,应当在停业期满前到主管税务机关申报办理延长停业登记,并如实填写《停业复业报告书》。不申请延长停业的,视为已恢复生产经营,被税务机关纳入正常管理,并按核定税额按期征收税款。

(3)注意事项

纳税人在停业期间发生纳税义务的,应当按照税收法律、行政法规的规定申报缴纳税款。

2.复业

(1)适用范围

纳税人按申报停业登记时的停业期限准期复业的,应当在停业到期前向主管税务机关申报办理复业登记。

(2)时限要求

纳税人提前复业的,应当在恢复生产经营之前向主管税务机关申报办理复业登记。

(3)注意事项

纳税人提前复业的,应当在恢复生产经营之前向主管税务机关申报办理复业登记。纳税人停业期满未按期复业又不申请延长停业的,视为已恢复生产经营,被税务机关纳入正常管理,并按核定税额按期征收税款。

(四)注销登记

注销登记,是指纳税人发生纳税义务终止或作为纳税主体资格消亡,或因其住所、经营地点变更而涉及改变税务机关情形时,依法向原税务机关申报办理的税务登记。

1.注销登记的适用范围

根据《税收征收管理法》第十六条、《实施细则》第十五条以及《税务登记管理办法》(国家税务总局令第7号公布,国家税务总局令第36号、第44号、第48号修改)第五章的要求,"一照一码""两证整合"以外的纳税人发生以下情形的,向主管税务机关办理注销税务登记:

(1)因解散、破产、撤销等情形,依法终止纳税义务的。

(2)按规定不需要在市场监督管理机关或者其他机关办理注销登记的,但经有关机关批准或者宣告终止的。

(3)被市场监督管理机关吊销营业执照或者被其他机关予以撤销登记的。

(4)境外企业在中华人民共和国境内承包建筑、安装、装配、勘探工程和提供劳务,项目完工、离开中国的。

(5)外国企业常驻代表机构驻在期届满、提前终止业务活动的。

(6)非境内注册居民企业经国家税务总局确认终止居民身份的。

2.注销登记的流程及注意事项

(1)普通注销登记的流程

普通注销登记的流程如图2-4所示。

首先,纳税人向税务部门申请办理注销时,税务部门进行税务注销预检,检查纳税人是否存在未办结事项。

①未办理过涉税事宜的纳税人,主动到税务部门办理清税的,税务部门可根据纳税人提

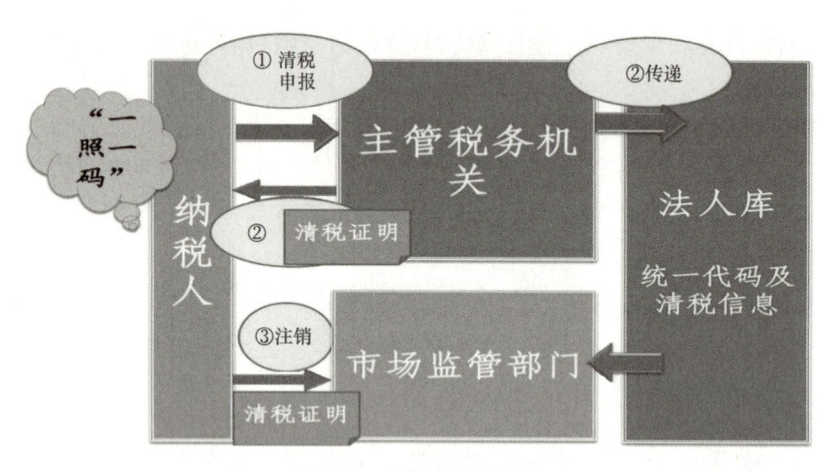

图 2-4 注销登记的流程

供的营业执照即时出具清税文书。

②符合容缺即时办理条件的纳税人,在办理税务注销时,资料齐全的,税务部门即时出具清税文书;若资料不齐,可在作出承诺后,税务部门即时出具清税文书。纳税人应按承诺的时限补齐资料并办结相关事项。具体容缺条件是:办理过涉税事宜但未领用发票(含代开发票)、无欠税(滞纳金)及罚款的纳税人,主动到税务部门办理清税的;未处于税务检查状态、无欠税(滞纳金)及罚款、已缴销增值税专用发票及税控设备,且符合下列情形之一的纳税人:

纳税信用级别为 A 级和 B 级的纳税人;控股母公司纳税信用级别为 A 级、M 级的纳税人;省级人民政府引进人才或经省级以上行业协会等机构认定的行业领军人才等创办的企业;未纳入纳税信用级别评价的定期定额个体工商户;未达到增值税纳税起征点的纳税人。

③不符合承诺制容缺即时办理条件的(或虽符合承诺制容缺即时办理条件但纳税人不愿意承诺的),税务部门向纳税人出具《税务事项通知书》(告知未结事项),纳税人先行办理完毕各项未结事项后,方可申请办理税务注销。

④经人民法院裁定宣告破产的企业,管理人持人民法院终结破产程序裁定书申请税务注销的,税务部门即时出具清税文书。

⑤纳税人办理税务注销前,无须向税务机关提出终止"委托扣款协议书"申请。税务机关办结税务注销后,委托扣款协议自动终止。

其次,申请注销企业登记。清算组向登记机关提交注销登记申请书、股东会决议、清算报告和清税证明等相关材料申请注销登记。登记机关和税务机关已共享企业清税信息的,企业无须提交纸质清税证明文书;领取了纸质营业执照正副本的,缴回营业执照正副本。国有独资公司申请注销登记,还应当提交国有资产监督管理机构的决定,其中国务院确定的重要的国有独资公司,还应当提交本级人民政府的批准文件。有分支机构的企业申请注销登记,还应当提交分支机构的注销登记证明。

最后,申请注销社会保险登记。企业应当自办理企业注销登记之日起 30 日内,向原社会保险登记机构提交注销社会保险登记申请和其他有关注销文件,办理注销社会保险登记手续。在办理注销社会保险登记前,应当清缴社会保险费欠费。

此外,申请办理海关报关单位备案注销。涉及海关报关相关业务的企业,可通过国际贸易"单一窗口""互联网＋海关"等方式向海关提交报关单位注销申请,也可通过市场监管部门与海关联网的注销"一网"服务平台提交注销申请。对于已在海关备案,存在欠税(含滞纳金)及罚款等其他未办结涉税事项的纳税人,应当在办结海关报关单位备案注销后,向市场监管部门申请注销企业登记。

图2-5为纳税人申请注销登记时需要填写的清税申请表,图2-6为注销税务登记申请审批表。

清税申报表

纳税人名称		统一社会信用代码	
注销原因			
附送资料			

纳税人

经办人：　　　　　　　　　法定代表人(负责人)：　　　　　　　　　纳税人(公章)
　年　月　日　　　　　　　　年　月　日　　　　　　　　　　　年　月　日

	以下由税务机关填写	
受理时间	经办人： 　年　月　日	负责人： 　年　月　日
清缴税款、滞纳金、罚款情况	经办人： 　年　月　日	负责人： 　年　月　日
缴销发票情况	经办人： 　年　月　日	负责人： 　年　月　日
税务检查意见	经办人： 　年　月　日	负责人： 　年　月　日
批准意见	部门负责人： 　年　月　日	税务机关(签章) 　年　月　日

填表说明：
1. 附送资料：填写附报的有关注销的文件和证明资料；
2. 清缴税款、滞纳金、罚款情况：填写纳税人应纳税款、滞纳金、罚款缴纳情况；
3. 缴销发票情况：纳税人发票领购簿及发票缴销情况；
4. 税务检查意见：检查人员对需要清查的纳税人,在纳税人缴清查补的税款、滞纳金、罚款后签署意见；
5. 本表一式三份,税务机关两份,纳税人一份。

图2-5　清税申报表

注销税务登记申请审批表

纳税人名称	厦门××××有限公司	纳税人识别号	91350205××××××××
注销原因			
附送资料	（请填写实际附报的有关注销文件和证明资料） 公　章		

纳税人

经办人：张××　　　　　　法定代表人（负责人）：李×　　　　　纳税人（签章）
20××年××月××日　　　　20××年××月××日　　　　　　　20××年××月××日

以下由税务机关填写

受理时间	经办人： 　　年　月　日	负责人： 　　年　月　日
清缴税款、 滞纳金、 罚款、社保费情况	经办人： 　　年　月　日	负责人： 　　年　月　日
缴销发票 情况	经办人： 　　年　月　日	负责人： 　　年　月　日
税务检查 意见	检查人员： 　　年　月　日	负责人： 　　年　月　日

收缴税务 证件情况	种类	税务登记证 正本	税务登记证 副本	临时税务 登记证正本	临时税务登记 证副本
	收缴 数量				
	经办人： 　　年　月　日		负责人： 　　年　月　日		

批准 意见	部门负责人： 　　年　月　日	税务机关（签章） 　　年　月　日

图2-6　注销税务登记申请审批表

(2)简易注销登记流程

①适用对象。未发生债权债务或已将债权债务清偿完结的市场主体(上市股份有限公司除外)。市场主体在申请简易注销登记时,不应存在未结清清偿费用、职工工资、社会保险费用、法定补偿金、应缴纳税款(滞纳金、罚款)等债权债务。

企业有下列情形之一的,不适用简易注销程序:涉及国家规定实施准入特别管理措施的外商投资企业;被列入企业经营异常名录或严重违法失信企业名单的;存在股权(投资权益)被冻结、出质或动产抵押等情形;有正在被立案调查或采取行政强制、司法协助、被予以行政处罚等情形的;企业所属的非法人分支机构未办理注销登记的;曾被终止简易注销程序的;法律、行政法规或者国务院决定规定在注销登记前需经批准的;不适用企业简易注销登记的其他情形。

企业存在"被列入企业经营异常名录""存在股权(投资权益)被冻结、出质或动产抵押等情形""企业所属的非法人分支机构未办注销登记的"等不适用简易注销登记程序的,无须撤销简易注销公示,待异常状态消失后可再次依程序公示申请简易注销登记。对于承诺书文字、形式填写不规范的,市场监管部门在市场主体补正后予以受理其简易注销申请,无须重新公示。

符合市场监管部门简易注销条件,未办理过涉税事宜,办理过涉税事宜但未领用发票(含代开发票)、无欠税(滞纳金)及罚款且没有其他未办结涉税事项的纳税人,免予到税务部门办理清税证明,可直接向市场监管部门申请简易注销。

②办理流程。符合适用条件的企业登录注销"一网"服务平台或国家企业信用信息公示系统《简易注销公告》专栏主动向社会公告拟申请简易注销登记及全体投资人承诺等信息,公示期为 20 日。公示期内,有关利害关系人及相关政府部门可以通过国家企业信用信息公示系统《简易注销公告》专栏"异议留言"功能提出异议并简要陈述理由。超过公示期,公示系统不再接受异议。税务部门通过信息共享获取市场监管部门推送的拟申请简易注销登记信息后,应按照规定的程序和要求,查询税务信息系统核实相关涉税情况,对税务信息系统显示为以下情形的纳税人,税务部门不提出异议:一是未办理过涉税事宜的纳税人;二是办理过涉税事宜但未领用发票(含代开发票)、无欠税(滞纳金)及罚款且没有其他未办结涉税事项的纳税人;三是查询时已办结缴销发票、结清应纳税款等清税手续的纳税人。公示期届满后,在公示期内无异议的,企业应当在公示期满之日起 20 日内向登记机关办理简易注销登记。公示期满未办理的,登记机关可根据实际情况予以延长时限,宽展期最长不超过 30 日。企业在公示后,不得从事与注销无关的生产经营活动。

③个体工商户简易注销。营业执照和税务登记证"两证整合"改革实施后设立登记的个体工商户通过简易程序办理注销登记的,无须提交承诺书,也无须公示。个体工商户在提交简易注销登记申请后,市场监管部门应当在 1 个工作日内将个体工商户拟申请简易注销登

记的相关信息通过省级统一的信用信息共享交换平台、政务信息平台、部门间的数据接口（统称信息共享交换平台）推送给同级税务等部门，税务等部门于10日内反馈是否同意简易注销。对于税务等部门无异议的，市场监管部门应当及时办理简易注销登记。具体请参照《市场监管总局 国家税务总局关于进一步完善简易注销登记便捷中小微企业市场退出的通知》(国市监注发〔2021〕45号)办理。

（3）注意事项

经过实名信息认证的办税人员，不再提供登记证件、身份证件复印件等资料。

纳税人可通过登录电子税务局，选择进入"清税注销税（费）申报及缴纳套餐"，根据纳税人类型，分别完成"企业所得税清算报备""增值税及附加税费申报""消费税及附加税费申报""企业所得税申报""其他申报""综合申报""财务报表报送"及"税费缴纳"等业务的办理。

纳税人申报办理注销税务登记，应结清应纳税款、多退（免）税款、滞纳金和罚款，缴销发票和其他税务证件，其中：

①企业所得税纳税人办理注销税务登记，就其清算所得向税务机关申报并依法缴纳企业所得税。

②纳税人未办理土地增值税清算手续的，应在办理注销税务登记前进行土地增值税清算。

③出口企业应在结清出口退（免）税款后，办理注销税务登记。

纳税人办理注销税务登记，无须向税务机关提出终止银税三方（委托）划缴协议。税务机关办结一照一码户清税申报后，银税三方（委托）划缴协议自动终止。

增值税一般纳税人税务注销10个工作日内办结；增值税小规模纳税人和其他纳税人税务注销5个工作日内办结。

处于非正常状态纳税人在办理注销税务登记前，需先解除非正常状态，补办申报纳税手续。

阅读链接2-1

被调查企业在税务机关实施特别纳税调查调整期间申请注销税务登记的，税务机关在调查结案前原则上不予办理注销手续。

税务机关在核查、检查过程中发现涉嫌偷、逃、骗、抗税或虚开发票的，或者需要进行纳税调整等情形的，办理时限中止。

（五）跨区域涉税事项管理登记

1. 办理跨区域涉税事项证明的意义

纳税人跨省临时从事生产经营活动的，应当在外出生产经营之前，向主管税务机关申请开具《外出经营活动税收管理证明》（简称《外管证》）。税务机关按照一地一证的原则，核发《外管证》，《外管证》的有效期限一般为30天，最长不得超过180天。纳税人在省税务机关管辖区域内跨县（市）经营的，是否开具《外管证》由省税务机关自行确定。

为使该项证明的表述更加规范且概括全面,自 2017 年 9 月 30 日起试运行将"外出经营活动税收管理"改为"跨区域涉税事项报验管理",于 2017 年 10 月 30 日起正式实施。在 2018 年国税地税系统合并后,为了适应征管体制改革需要,新税务机构挂牌后跨区域涉税事项报验管理同样作出了相应改革。《国家税务总局关于明确跨区域涉税事项报验管理相关问题的公告》明确规定,纳税人跨省(自治区、直辖市和计划单列市)临时从事生产经营活动的,向机构所在地的税务机关填报《跨区域涉税事项报告表》。跨区域报验管理事项的报告、报验、延期、反馈等信息,通过信息系统在机构所在地和经营地的税务机关之间传递,实时共享。纳税人首次在经营地办理涉税事宜时,向经营地的税务机关报验跨区域涉税事项。

2.跨区域涉税事项报验管理的办理流程及注意事项

(1)办理流程

纳税人跨区域经营合同延期的,可以向经营地或机构所在地的税务机关办理报验管理有效期限延期手续。

纳税人跨区域经营活动结束后,应当结清经营地税务机关的应纳税款以及其他涉税事项,向经营地的税务机关填报《经营地涉税事项反馈表》。经营地的税务机关核对《经营地涉税事项反馈表》后,及时将相关信息反馈给机构所在地的税务机关。纳税人不需要另行向机构所在地的税务机关反馈,如图 2-7 所示。

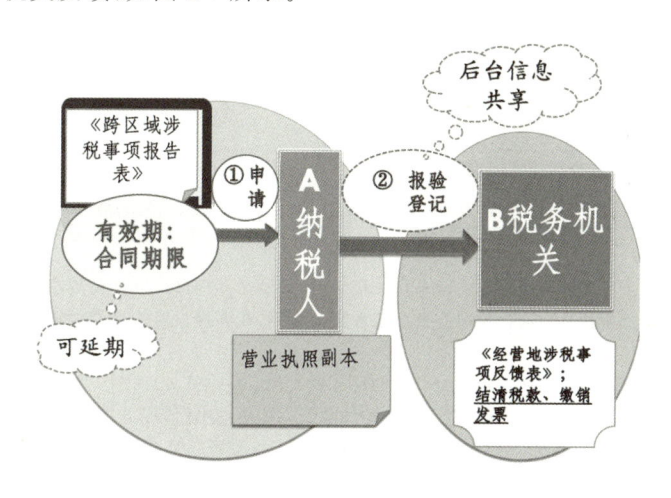

图 2-7 跨区域涉税事项报验管理的流程

(2)注意事项

纳税人对报送材料的真实性和合法性承担责任。

《跨区域涉税事项报告表》(图 2-8)、《跨区域涉税事项反馈表》(图 2-9)可在省(自治区、直辖市和计划单列市)税务局网站"下载中心"栏目查询下载或到办税服务厅领取。

跨区域涉税事项报告表

纳税人名称		纳税人识别号 (统一社会信用代码)	
经办人		座机	手机
跨区域涉税事项联系人		座机	手机
跨区域经营地址	_____省(自治区/市)_____市(地区/盟/自治州)_____县(自治县/旗/自治旗/市/区) _____乡(民族乡/镇/街道)_____村(路/社区)_____号			
经营方式	建筑安装□ 装饰修饰□ 修理修配□ 加工□ 批发□ 零售□ 批零兼营□ 零批兼营□ 其他□			
合同名称		合同编号		
合同金额		合同有效期限	年 月 日至 年 月 日	
合同相对方名称		合同相对方纳税人识别号 (统一社会信用代码)		
延长有效期	跨区域涉税事项报验管理编号		税跨报〔 〕号	
	最新有效期止		至 年 月 日	

纳税人声明:我承诺,上述填报内容是真实的、可靠的、完整的,并愿意承担相应法律责任。
　　　　　经办人:　　　　　　　　　纳税人(盖章)
　　　　　　　　　　　　　　　　　　年　月　日

税务机关事先告知:纳税人应当在跨区域涉税事项报验管理有效期内在经营地从事经营活动,若合同延期,可向经营地或机构所在地的税务机关办理报验管理有效期的延期手续。

以下由税务机关填写

跨区域涉税事项报验管理编号:　　　　　　　　　　　　税跨报〔 〕号
经办人:　　　　　负责人:
　　　　　　　　　　　　　税务机关(盖章)
　　　　　　　　　　　　　　年　月　日

税务机关联系电话:

跨区域涉税事项报验管理有效日期	自 年 月 日起至 年 月 日
延长后的跨区域涉税事项报验管理有效日期	自 年 月 日起至 年 月 日

填表说明:

1.本表由纳税人在跨区域经营活动前向税务机关报告时,以及在办理跨区域涉税事项报验管理有效期延期时填列。纳税人在跨区域经营活动前向机构所在地的税务机关填报,在办理报验管理有效期延期时向经营地或机构所在地的税务机关填报。

2.本表一式二份,纳税人、机构所在地或经营地的税务机关各留存一份。

3."纳税人识别号(统一社会信用代码)"栏,未换领加载统一社会信用代码营业执照的纳税人填写原15位纳税人识别号,已领用加载统一社会信用代码营业执照的纳税人填写18位统一社会信用代码。

4."经办人"栏填写办理《跨区域涉税事项报告表》的人员;"跨区域涉税事项联系人"栏填写负责办理跨区域经营活动具体涉税事宜的人员。"座机""手机"栏请务必准确填写,以方便联系沟通,尤其是方便税务机关及时反馈办理进程。

5."经营方式"栏,按照实际经营情况在对应选项"□"里打"√"。

6."合同名称"和"合同编号"栏,按照同一份合同的名称和编号填写。

7."合同相对方纳税人识别号(统一社会信用代码)"栏,根据合同相对方的实际情况填写,若合同相对方无纳税人识别号(统一社会信用代码),可不填写。

8."跨区域涉税事项报验管理编号""最新有效期止"栏,由办理报验管理有效期延期的纳税人填写。

9.纳税人因合同延期,需办理报验管理有效期延期的,重新使用本表,但只填写"纳税人名称""纳税人识别号(统一社会信用代码)"以及"延长有效期"栏等,并签章。

10.纳税人跨区域经营活动结束后,应当结清经营地税务机关的应纳税款以及其他涉税事项,向经营地税务机关填报《经营地涉税事项反馈表》。

图 2-8　跨区域涉税事项报告表

跨区域涉税事项反馈表

纳税人名称					
纳税人识别号（统一社会信用代码）		跨区域涉税事项报验管理编号		税跨报〔　〕号	
实际经营期间		自　年　月　日起至　年　月　日			
货物存放地点					
合同包含的项目名称	预缴税款征收率	已预缴税款金额	实际合同执行金额	开具发票金额（含自开和代开）	应补预缴税款金额
合计金额					

经办人：
纳税人（盖章）：
　　　　　　　年　月　日

税务机关意见：
经办人：
税务机关（盖章）：
　　　　　　　年　月　日

填表说明：
1. 本表由纳税人在跨区域经营活动结束时填写，向经营地的税务机关填报。税务机关受理后，纳税人可索取《税务事项通知书》（受理通知）。
2. 本表一式一份，经营地的税务机关留存。
3. "纳税人识别号（统一社会信用代码）"栏，未换领加载统一社会信用代码营业执照的纳税人填写原15位纳税人识别号，已领用加载统一社会信用代码营业执照的纳税人填写18位统一社会信用代码。
4. "跨区域涉税事项报验管理编号"栏填写原《跨区域涉税事项报告表》中注明的管理编号。
5. "实际经营期间"栏填写实际经营开始日期和经营结束日期。
6. "货物存放地点"栏填写跨区域经营货物的具体存放地点，要明确填到区、街及街道号。若无跨区经营货物，此栏不需要填写。
7. "预缴税款征收率"栏按预缴税款时适用的征收率填写。
8. "已预缴税款金额"栏填写已向经营地税务机关预缴的增值税款的累计金额（金额单位：元，下同）。
9. 纳税人结清经营地的税务机关应纳税款，以及办结其他涉税事项后，才能向经营地的税务机关填报本表。

图 2-9　跨区域涉税事项反馈表

税务机关提供"最多跑一次"服务。纳税人在资料完整且符合法定受理条件的前提下，最多只需要到税务机关跑一次。

纳税人在省（自治区、直辖市和计划单列市）内跨县（市）临时从事生产经营活动的，是否实施跨区域涉税事项报验管理，由各省（自治区、直辖市和计划单列市）税务机关自行确定。例如，厦门市税务局规定，纳税人到厦门市以外地区临时从事生产经营活动的，在外出生产经营前，向机构所在地的税务机关填报《跨区域涉税事项报告表》。纳税人在厦门市行政区域范围内跨区从事生产经营活动的，不再办理跨区域涉税事项报告。

异地不动产转让和租赁业务不适用跨区域涉税事项管理相关制度规定，需根据相关条款办理其他业务。

纳税人首次在经营地办理涉税事宜时，向经营地税务机关报验跨区域涉税事项。

3.跨省（市）迁移涉税事项报告

纳税人因住所、主要经营场所变化需要变更主管税务机关的且属于跨省（市）迁移的，向迁出地主管税务机关填报《跨省(市)迁移涉税事项报告表》(图2-10)。如同时符合下列条件,迁出地主管税务机关即时办结迁出手续:

(1)已在市场监管部门办结住所变更登记;
(2)未处于税务检查状态;
(3)已结清税(费)款、滞纳金及罚款;
(4)已缴销发票和税控设备;
(5)不存在其他未办结涉税事项。

国家税务总局厦门市××区税务局:
我单位(厦门×××××××有限公司)纳税人识别号(社会信用代码)(91350××××××××××)由于住所、主要经营场所变化,从厦门市(自治区/市)____(地区/盟/自治州)×××区(自治县/旗/自治旗/市/区)××区-××街道办事处(民族乡/镇/街道)厦门市××区×××路×××号,变更到××省(自治区/市)××市(地区/盟/自治州)××市(自治县/旗/自治旗/市/区)××市××街道(民族乡/镇/街道)××路××号,属于跨省(市)迁移,需要变更主管税务机关。
我单位声明:此涉税事项报告是真实、可靠、完整的,并且已在市场监管部门办结住所变更登记;未处于税务检查状态;已结清税(费)款、滞纳金及罚款;已缴销发票和税控设备;不存在其他未办结涉税事项。

办税人员:×××
证件号码:××××××××××
联系方式:×××××××××××

申请单位(签章)
2024年××月××日

图2-10 跨省(市)迁移涉税事项报告表

纳税人申请办理跨省(市)迁移涉税事项报告,若符合条件,迁出地主管税务机关在受理后出具《跨省(市)迁移税收征管信息确认表》,载明迁移纳税人可在迁入地承继、延续享受的相关资质及权益信息,同时提示纳税人应在规定时限内至迁入地履行纳税申报义务,《跨省(市)迁移税收征管信息确认表》经纳税人签字盖章确认无误后办理迁出,迁出地税务机关信息系统将迁移纳税人税收征管信息自动交换至迁入地税务机关信息系统。若不符合条件,迁出地税务机关出具《税务事项通知书》(补正通知),纳税人可一次性获知原因及需补正的内容。

纳税人跨省(市)迁移前,应根据实际情况办理下列事项:

(1)在增值税申报期内迁移的,纳税人需要在迁出地办结当期增值税申报。

(2)在企业所得税预缴申报期内迁移的,纳税人需要在迁出地办结当期预缴申报;在企业所得税汇算清缴期内迁移的,需在迁出地办结上一年度汇算清缴。涉及退(补)税的,向迁出地主管税务机关申请办理。

(3)在个人所得税申报期内迁移的,纳税人需在迁出地办结当期扣缴申报及经营所得预缴申报。在个人所得税经营所得汇算清缴期内迁移的,需在迁出地办结上一年度汇算清缴。涉及退(补)税的,向迁出地主管税务机关申请办理。

(4)出口企业申请跨省(市)迁移的,应按照出口退(免)税备案撤回的流程办理出口退(免)税清算。

(5)迁移纳税人尚未核销的跨区域涉税事项报告,须在迁移前完成跨区域涉税事项反馈。

纳税人跨省(市)迁移后,应根据实际情况办理下列事项:

(1)纳税人应在迁移当期纳税申报期限届满前,依法履行纳税申报义务,向迁入地主管税务机关报告存款账户账号,签订税银三方(委托)划缴协议。

(2)总、分机构发生跨省(市)迁移的,应在迁移后向迁入地主管税务机关申请变更企业所得税汇总纳税信息备案。

(3)纳税人在判断销售额是否超出小规模纳税人标准时,对迁移前后的销售额应连续计算。纳税人销售额超过小规模纳税人标准后,应向迁入地主管税务机关申请办理增值税一般纳税人登记。

（4）纳税人在迁出地尚未勾选抵扣的增值税专用发票、海关进口增值税专用缴款书尚未抵扣的信息可在迁入地勾选抵扣，纳税人在迁出地已开具但尚未申报的增值税发票信息应在迁入地申报。

（5）符合增值税留抵退税资格的迁移纳税人，按规定向迁入地主管税务机关申请办理。纳税人在迁出地已办理完毕的留抵退税业务，迁移后发生退回的，向迁入地主管税务机关申请办理。

（6）纳税人在迁入地办理迁移年度企业所得税、个人所得税经营所得汇算清缴时产生的退（补）税，向迁入地主管税务机关申请办理入库、退库。

（7）纳税人在迁出地已申报出口退（免）税的业务，迁移后申请办理退（补）税、追缴税款等事项的，向迁出地主管税务机关申请办理。纳税人在迁移前已发生的出口业务尚未申报办理出口退（免）税的，向迁入地主管税务机关申请办理。

迁出前已暂扣的出口退（免）税税款，后续需要解除的，纳税人向迁出地主管税务机关申请解除暂扣出口退（免）税税款，继续办理出口退（免）税核准和退库；已申报退税的出口报关单发生退运，纳税人向迁出地主管税务机关申请开具《出口货物退运已补税（未）退税证明》；纳税人在迁移前开具的出口退税证明，向迁出地主管税务机关申请办理出口退税证明作废和出口退税证明补打。

纳税人在迁入地首次申报出口退（免）税的，迁入地税务机关将按新备案出口企业进行管理，开展首次申报实地核查。

对于纳税人在迁出地已申报出口退（免）税的业务，涉及需要追回已出口退（免）税税款的，将由迁出地税务机关追回已出口退（免）税税款。

（8）除以上情形外，纳税人在迁出地已入库的税款，迁移后申请退税的，向迁出地主管税务机关申请办理退税退库。纳税人更正迁移前纳税申报涉及退（补）税的，向迁出地主管税务机关申请办理。

（9）纳税人按规定需要进行纳税信用补评、复评和修复的，向迁入地主管税务机关申请。

(六)非正常户认定和解除

1.非正常户的认定

已办理税务登记的纳税人未按照规定的期限申报纳税，在税务机关责令其限期改正后，逾期不改正的，税务机关应当派检查人员实地检查，查无下落并且无法强制其履行纳税义务的，由检查人员制作非正常户认定书，存入纳税人档案，税务机关暂停其税务登记证件、发票领购簿和发票的使用。

自2020年3月1日起，连续三个月所有税种均未申报，税收征管系统自动认定其为非正常户（国家税务总局《关于税收征管若干事项的公告》）。

认定为非正常户的后果：

（1）税务机关应当在非正常户认定的次月，在办税场所或者广播、电视、报纸、期刊、网络等媒体上予以公告。

（2）纳税人被列入非正常户超过三个月的，税务机关可以宣布其税务登记证件失效，其应纳税款的追征仍按《税收征收管理法》及《税收征收管理法实施细则》的规定执行；

（3）税务机关发现非正常户纳税人恢复正常生产经营的，应当及时处理，并督促其到税务机关办理相关手续；

（4）对没有欠税且没有未缴销发票的纳税人，认定为非正常户超过两年的，税务机关可以注销其税务登记证件。
2.非正常户的解除
已认定为非正常户的纳税人,就其逾期未申报行为接受处罚、缴纳罚款并补办纳税申报的,税收征管系统自动解除非正常状态,无须纳税人专门申请解除。非正常户的认定和解除流程如图 2-11 所示。

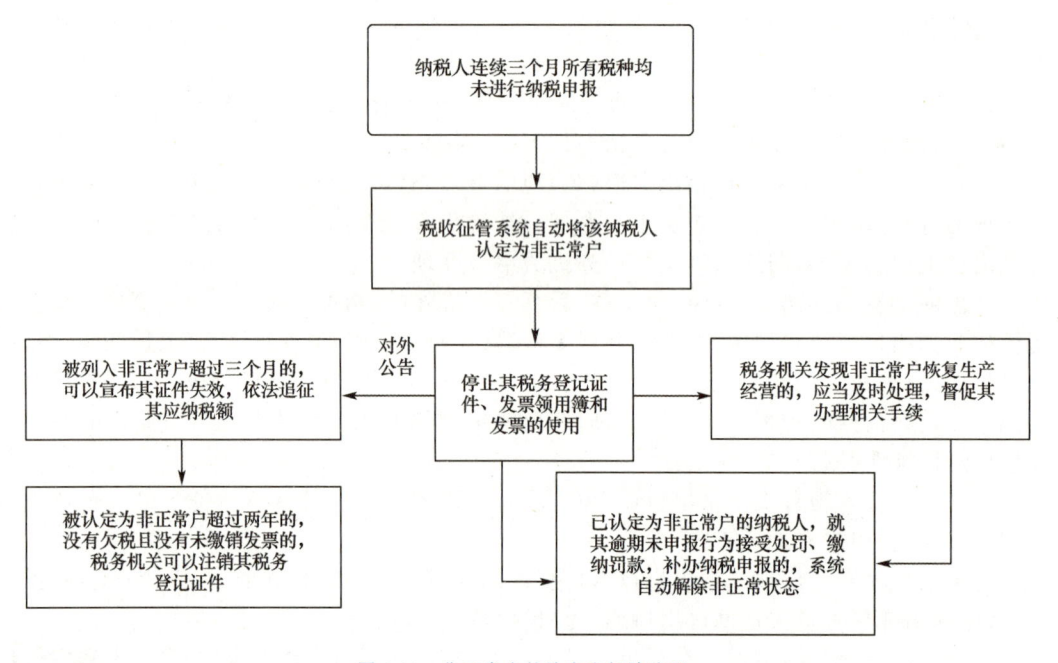

图 2-11　非正常户的认定和解除流程

五、大数据在涉税信息登记中的应用

大数据在涉税信息登记中的应用为税务管理带来了革命性变革。以下是大数据在涉税信息登记中的主要应用方面:

1.自动化数据录入
大数据技术可以通过自动化流程,将大量纳税人提供的信息进行快速而准确地录入,有助于提高效率,减少人工错误,确保登记信息的准确性。

2.数据共享与协同
大数据促进了税收信息的跨部门共享。随着大数据技术的迅猛发展,税收信息的跨部门共享具有强大的技术支撑,通过大数据的收集与应用,税务部门得以与各个相关部门建立起紧密的数据共享机制,实现税收信息的无缝对接和高效流通。跨部门之间的涉税信息共享不仅打破了传统数据孤岛的限制,更为税务机关提供了更广阔、更深入的数据视野。通过整合来自不同渠道、不同部门的数据资源,税务机关建立起一个全面、细致且准确的纳税人信息数据库。这个数据库不仅包含了纳税人的基本登记信息,还涵盖了其生产经营、财务状况、涉税行为等多方面数据。在经过专业分析和处理后,为税务机关提供了一个更为丰富、立体的纳税人画像,从而帮助税务部门更精准地把握纳税人的涉税情况。

3. 实时监测

大数据技术允许对涉税信息进行实时监测，确保信息的及时更新和准确性；允许对涉税信息进行趋势分析，帮助税务机关更好地理解纳税人的行为模式和变化趋势，税务机关可以更加迅速地发现可能存在的问题，降低纳税人逃税和规避行为的风险。

4. 个性化服务

大数据分析可以帮助税务机关更全面地了解每个纳税人的情况，使得税务服务可以更加个性化，根据不同纳税人的需求提供定制化的建议和支持。

大数据在涉税信息登记中的应用不仅提高了效率，还加强了对税收信息的全面监管，为税务管理提供了更科学、精准的手段。这有助于降低逃税风险，提高税收征管水平，同时为纳税人提供更便捷、个性化的服务。

六、税务登记的法律责任

纳税人未按照规定的期限申报办理税务登记、变更或者注销登记的，由税务机关责令限期改正，可以处二千元以下的罚款；情节严重的，处二千元以上一万元以下的罚款。

纳税人不办理税务登记的，由税务机关责令限期改正；逾期不改正的，经税务机关提请，由工商行政管理机关吊销其营业执照。

第二节 账簿、凭证管理

引入案例

> 年末税务机关选中大强公司进行全面检查。首先检查了大强公司账簿的设置和保管是否妥当，进而检查了公司对固定资产的折旧方法，在这个过程中发现大强公司并未将相关财务制度资料及时向税务机关备案，有关财务人员对这些制度的解释也不甚清楚。
>
> 最终，税务机关对大强公司没有备案的行为作出罚款 1 000 元的处罚，限期其提供有关财务会计制度资料向税务部门备案，并对该公司作出纳税调整，调整所得税 35 万元。

思考： 为何要将大强公司相关财务制度资料在税务系统中备案？该公司未备案的原因可能有哪些？

分析： 公司的相关财务资料体现的是纳税的真实性与准确性，税务机关要第一时间把握住第一手资料。税收征管法中明确规定，从事生产、经营的纳税人应当自领取税务登记证件之日起 15 日内，将其财务会计制度或处理办法、软件、使用说明书及有关资料，报送税务机关备案。

该公司未备案的原因，可能是公司内部管理制度不完善，未设立专门的税务管理岗位或人员,导致财务制度备案工作被忽视。财务和税务部门之间的沟通不畅,可能存在信息隔阂,导致财务部门不了解税务备案的要求和流程。公司对税务法规的理解不足,可能误以为某些制度无须备案,或者对备案的重要性认识不足。

一、账簿、凭证概念的界定

(一)账簿、凭证的概念

1.账簿

账簿又称会计账簿,是指以会计凭证为依据,由具有一定格式而又联结在一起的若干账页组成,用来记录各项经济业务的簿籍,是编制报表的依据,也是保存会计数据资料的重要工具。我国《税收征收管理法》中所指的账簿,是指总账、明细账、日记账以及其他辅助性账簿。

按照账簿的作用分为总账、明细账、日记账及其他辅助性账簿。总账、日记账应当采用订本式。

按照账簿的形式,可把账簿可以分为订本式账簿、活页式账簿和卡片式账簿。

账簿、凭证,特别是交易过程中开出和收到的,不仅是企业业务往来的记录,也是税务检查的主要对象,纳税人应该按规定设置,妥善保管。

2.凭证

凭证一般是指会计凭证,是用来记录经济业务,明确经济责任并据以登记账簿的书面证明。会计凭证分为原始凭证和记账凭证。

原始凭证是经济业务发生时取得或填制的凭证,是进行会计核算的原始资料和重要依据。例如,公司人员出差的住宿发票、双方交易往来的送货单等。

记账凭证是由会计人员根据审核无误的原始凭证,按其内容应用会计科目和复式记账方法编制的,载有会计分录的凭证,是登记会计账簿的直接依据。

(二)账簿、凭证的作用

(1)为企业的经营管理提供系统、全面的会计信息。设置和登记账簿,有利于全面、系统地记录和储存会计信息,将会计凭证所记录的经济业务记入有关账簿,能够全面反映会计主体在一定时期内所发生的各项资金运动,储存所需要的各项会计信息。此外,设置和登记账簿还可以检查和校正会计信息,有助于发现和处理错误的数据和信息。

(2)账簿记录为编制会计报表提供了依据,是考核企业经营成果、加强经济核算、分析经济活动的重要依据。通过账簿的设置和登记,可以分类、汇总会计信息,分门别类地反映各项会计信息,提供一定时期内经济活动的详细情况,并通过余额、发生额的计算,进行有关账簿之间的核对,据以编制会计报表,反映一定时期的经营成果以及一定日期的财务状况,向有关各方提供所需要的会计信息。

(3)是发挥会计监督职能的重要手段,可以借此随时掌握各个项目财务的增减变动及其结果,进行账实核对。从更宏观的角度来看,账簿是重要的档案,也是会计分析、会计检查的依据,为企业的财务分析和决策提供参考依据,同时也是管理者进行内部控制和决策的重要依据。

二、账簿、凭证管理的要求

(一)账簿设置

(1)从事生产、经营的纳税人应当自领取营业执照或者发生纳税义务之日起15日内,按照国家有关规定设置账簿。

(2)生产、经营规模小又确无建账能力的纳税人,可以聘请经批准从事会计代理记账业务的专业机构或者财会人员代为建账和办理账务。

聘请上述机构或者人员有实际困难的,经县以上税务机关批准,可以按照税务机关的规定,建立收支凭证粘贴簿、进货销货登记簿或者使用税控装置。

税控装置指由国家法定机关依法指定企业生产、安装、维修,由国家法定机关依法实施监管,具有税收监控功能和严格的物理、电子保护的计税装置。税控装置以税源监控为目的,是具有登记、计价、计税、发票打印、存储和数据备份等功能的专用器具及其管理系统,主要适用于对各项交易收入的控制管理。推广使用税控装置,可以大大降低税收征管成本,方便税源监控,保护消费者权益,打击偷逃税行为。例如,税控计价器(出租车税控计价器是集计价计程、发票打印、语音提示、计税、控管、存储、限期申报功能于一体的出租车税收控管器具)、税控加油机、税控收款机。

纳税人应当按照税务机关的要求安装、使用税控装置,并按照税务机关的规定报送有关数据和资料。

纳税人不得损毁或者擅自改动税控装置。

(3)扣缴义务人应当自税收法律、行政法规规定的扣缴义务发生之日起10日内,按照所代扣或者所代扣、代收的税种,分别设置代扣代缴、代收代缴税款账簿。

(4)纳税人、扣缴义务人会计制度健全,能够通过计算机正确、完整计算其收入和所得或者代扣代缴、代收代缴税款情况的,其计算机输出的完整的书面会计记录,可视同会计账簿。

阅读链接2-2

(5)纳税人、扣缴义务人会计制度不健全,不能通过计算机正确、完整计算其收入和所得或代扣代缴税款情况的,应当建立总账及与纳税或者代扣代缴、代收代缴税款有关的其他账簿。

(二)账簿、凭证的保管

从事生产、经营的纳税人、扣缴义务人必须按照国务院财政、税务主管部门规定的保管期限保管账簿、记账凭证、完税凭证及其他有关资料。

除法律、行政法规另有规定外,账簿、会计凭证、报表、完税凭证及其他有关纳税资料应当保存10年。

纳税人、扣缴义务人不得伪造、变造或擅自销毁账簿、记账凭证、完税凭证及其他有关资料。

三、财务会计制度管理

(1)从事生产、经营的纳税人应当自领取税务登记证之日起15日内,将其财务会计制度或处理办法、软件、使用说明书及有关资料,报送税务机关备案。

(2)纳税人使用计算机记账的,应当在使用前将会计电算化系统的会计核算软件、使用说明书及有关资料报送主管税务机关备案。

(3)纳税人建立的会计电算化系统应当符合国家有关规定,并能正确、完整地核算其收入或者所得。

(4)纳税人的账簿、会计凭证和报表,应当使用中文。民族自治区可以同时使用当地通用的一种民族文字。外商投资企业和外国企业可以同时使用一种外国文字。

(5)境外注册中资控股居民企业应当按照中国有关法律、法规和国务院财政、税务主管部门的规定,编制财务、会计报表,并在领取税务登记证件之日起15日内将企业的财务、会计制度或者财务会计、处理办法及有关资料报送主管税务机关备案。

(6)纳税人、扣缴义务人的财务、会计制度或者财务、会计处理办法与国务院或者国务院财政、税务主管部门有关税收的规定相抵触的,依照国务院或者国务院财政、税务主管部门有关税收的规定计算应纳税款、代扣代缴和代收代缴税款。

以上需填写的财务会计制度及核算软件备案报告书如图2-12所示。纳税人未准确填报适用的财务会计制度的,将影响财务会计报告报送等事项的办理。

财务会计制度及核算软件备案报告书

纳税人名称	厦门市××有限公司	纳税人识别号	91350205××××××××××
资　料	名　　称		备　注
1.财务、会计制度	小企业会计制度/企业会计制度等		
2.低值易耗品摊销方法	一次摊销法/分期摊销法/五五摊销法		
3.折旧方法	平均年限法/双倍余额递减法等		
4.成本核算方法	存货计价方法或产成品/半成品成本核算方法		
5.会计核算软件	(查看表单说明)		
6.会计报表	资产负债表		
	利润表		
	现金流量表		
	附表		

纳税人:李四

经办人:张三　负责人:王五　纳税人(签章)

报告日期:202×年××月××日

(公章)

税务机关:　　经办人:

负责人:

税务机关(签章)

受理日期:　年　月　日

(公章)

填表说明:

(1)低值易耗品摊销方法:一次摊销法、分期摊销法、五五摊销法;

(2)折旧方法:直线折旧法(平均年限法、工作量法)、加速折旧法(双倍余额递减法、年数总和法、盘算法、重置法、偿债基金法和年金法等);采用加速折旧法的,在备注栏注明批准的机关和附列资料;

(3)成本核算方法:纳税人根据财务会计制度规定采用的具体的存货计价方法或产成品、半成品成本核算方法;

(4)会计核算软件:采用电子计算机记账的,填写记账软件的名称和版本号,并在备注栏注明批准使用的机关和附列资料;

(5)会计报表:包括资产负债表、利润表、现金流量表及各种附表,在"名称"栏按会计报表种类依次填写;

(6)本表为A4竖式,一式二份,税务机关和纳税人各一份。

图2-12　财务会计制度及核算软件备案报告书

四、银行账户管理

纳税人采用新办纳税人"套餐式"服务的,可在"套餐式"服务内一并办理存款账户账号报告业务。

从事生产、经营的纳税人应当自开立基本存款账户或者其他存款账户之日起15日内,向主管税务机关书面报告其全部账号;发生变化的,应当自发生变化之日起15日内,向主管税务机关书面报告。图2-13为纳税人存款账户账号报告表。

重大税收违法失信案件当事人不适用容缺办理。相关当事人已履行相关法定义务,经实施检查的税务机关确认的,在公布期届满后可以适用容缺办理。超出补正时限未提交容缺办理补正资料的纳税人,不得再次适用容缺办理。

银行和其他金融机构应当在从事生产、经营的纳税人的账户中登录税务登记证件号码,并在税务登记证件中登录从事生产、经营的纳税人的账户账号。税务机关依法查询从事生产、经营的纳税人开立账户的情况时,有关银行和其他金融机构应当予以协助。

纳税人存款账户账号报告表

纳税人名称	厦门×××有限公司		纳税人识别号	91350206303160××××
经营地址		厦门市××区××路×号		
银行开户登记证号	J6666×××××××		发证日期	20××年×月××日
账户性质	开户银行	账号	开户时间	变更时间	注销时间	备注
基本户	××银行××支行	999999999×	20××年××月××日			

报告单位:经办人:王××
法定代表人(负责人):王××
报告单位(签章) 年 月 日

（公 章）

受理税务机关:经办人:
负责人:
税务机关(签章)
年 月 日

图2-13 纳税人存款账户账号报告表

五、银税三方(委托)划缴协议

《税收征管法实施细则》第四十条:"税务机关应当根据方便、快捷、安全的原则,积极推广使用支票、银行卡、电子结算方式缴纳税款。"

纳税人需要使用电子缴税系统缴纳税费的,可以与税务机关、开户银行签署委托银行代缴税款三方协议或委托划转税款协议,实现使用电子缴税系统缴纳税费、滞纳金和罚款。

六、账簿凭证管理的法律责任

(一)纳税人的法律责任

(1)纳税人有下列行为之一的,由税务机关责令限期改正,可以处 2 000 元以下的罚款;情节严重的,处 2 000 元以上 10 000 元以下的罚款:

①未按照规定设置、保管账簿或者保管记账凭证和有关资料的;

②未按照规定将财务、会计制度或者财务、会计处理办法和会计核算软件报送税务机关备查的;

③未按照规定将其全部银行账号向税务机关报告的;

④未按照规定安装、使用税控装置,或者损毁或者擅自改动税控装置的;

⑤外商投资企业、外国企业的会计记录不使用中文的。

(2)非法印制、转借、倒卖、变造或者伪造完税凭证的,由税务机关责令改正,处 2 000 元以上 10 000 元以下的罚款;情节严重的,处 10 000 元以上 50 000 元以下的罚款;构成犯罪的,依法追究刑事责任。

(3)纳税人伪造、变造、隐匿、擅自销毁账簿、记账凭证,或者在账簿上多列支出或者不列、少列收入,或者经税务机关通知申报而拒不申报,或者进行虚假的纳税申报,不缴或者少缴应纳税款的,是偷税。对纳税人偷税的,由税务机关追缴其不缴或者少缴的税款、滞纳金,并处不缴或者少缴的税款 50% 以上 5 倍以下的罚款;构成犯罪的,依法追究刑事责任。

(二)扣缴义务人的法律责任

(1)扣缴义务人未按照规定设置、保管代扣代缴、代收代缴税款账簿或者保管代扣代缴、代收代缴记账凭证及有关资料的,由税务机关责令限期改正,可以处 2 000 元以下的罚款;情节严重的,处 2 000 元以上 5 000 元以下的罚款。

(2)扣缴义务人采取前款所列手段(伪造、变造、隐匿、擅自销毁账簿、记账凭证,或者在账簿上多列支出或者不列、少列收入,或者经税务机关通知申报而拒不申报,或者进行虚假的纳税申报,不缴或者少缴应纳税款的),不缴或者少缴已扣、已收税款,由税务机关追缴其不缴或者少缴的税款、滞纳金,并处不缴或者少缴税款 50% 以上 5 倍以下的罚款;构成犯罪的,依法追究刑事责任。

(三)银行账户管理方面的法律责任

(1)银行和其他金融机构未依照《税收征管法》的规定在从事生产、经营的纳税人的账户中登录税务登记证件号码,或者未按照规定在《税务登记表》中登录从事生产、经营的纳税人的账户账号的,由税务机关责令其限期改正,处 2 000 元以上 20 000 元以下的罚款;情节严重的,处 20 000 元以上 50 000 元以下的罚款。

(2)为纳税人、扣缴义务人非法提供银行账户、发票、证明或者其他方便,导致未缴、少缴税款或者骗取国家出口退税款的,税务机关除没收其违法所得外,可以处未缴、少缴或者骗取税款的 1 倍以下的罚款。

案例分析2-1

根据《税收征管法》的需要，A县税务局在饮食行业中依法强制推广使用税控收款机。某个体餐馆在税务机关的监督下安装了税控收款机。当年7月，税务局发现该餐馆在6月初自行改动了税控装置。于是该县税务局发出责令限期改正通知书，在履行告知程序后，对其自行改动税控装置的行为处500元罚款。

思考： A县税务局的行政处罚决定是否有法律依据，简要说明理由。

分析： 有法律依据。《税收征管法》第六十条第一款五项规定，纳税人损毁或者擅自改动税控装置的，由税务机关责令限期改正，可以处2 000元以下的罚款。

案例分析2-2

7月16日，某区税务局稽查人员在对某加油站进行日常纳税检查时发现，该加油站于6月8日，根据城市规划的统一安排，由原经营地新华大街33号搬迁到马路对面新华大街38号经营。由于加油站的经营地址中只是门牌号稍有不同，该加油站的财务人员就将营业执照中的地址33号直接改为38号。稽查人员还发现，该加油站在搬迁中不慎致使加油机的税控装置部分损坏，还有部分账簿的账页毁损丢失。上述情况，该加油站均未报告税务机关。另外，稽查人员深入检查之后确定该加油站确有伪造完税凭证的行为（该加油站的违法行为均不属于情节严重）。

思考： 分别指出该加油站的违法行为，并针对该加油站的违法行为分别提出处理意见，并进行处罚。

分析：

(1) 该加油站未按照规定的期限申报办理变更税务登记；税务机关对此应限期改正，并处以2 000元以下的罚款；

(2) 该加油站损毁税控装置，应限期改正，并处以2 000元以下的罚款；

(3) 该加油站未按照规定保管账簿，应限期改正，并处以2 000元以下的罚款；

(4) 该加油站伪造完税凭证，应限期改正，并处以2 000~10 000元的罚款。

第三节　发票管理

引入案例

陈先生在饭店宴请客户后，要求饭店开具发票时，饭店只开具了一张收据。陈先生提出需要正式发票回公司报销，该店却提出，如果要正式发票，还必须加税钱。陈先生当即向税务机关投诉。税务机关接到投诉后，迅速赶到这家饭店，经调查核实后，对店主未按规定开具发票的行为给予批评，并处以罚款200元，同时责令该店给陈先生开具正式发票。

思考：你在生活中遇到过类似的情况吗？为什么我们在消费后有权要求商家依法开具发票？

分析：相信很多人在生活中都遇到过与陈先生类似的情况，特别是在一些小商店、餐馆或者其他消费场所。商家往往为了避税或节省成本，只愿意提供收据而非正式发票。这种情况在一些监管相对薄弱的地方尤为常见。

我们在消费后有权要求商家依法开具发票的原因主要有以下几点：

法定权益：根据相关法律法规，消费者在购物或接受服务后有权要求商家开具发票。这是消费者的基本权益，也是法律对消费者权益的保护。

消费者权益保障：发票是消费者维权的重要凭证。如果商品或服务存在问题，消费者可以凭借发票要求商家退换货或进行其他形式的维权。没有发票，消费者在维权时可能会面临困难。

税收监管：发票是国家税收监管的重要工具。通过开具发票，可以确保税收的合法性和准确性，防止税收流失。如果商家不开具发票，就可能存在逃税行为，损害国家税收利益。

规范市场秩序：消费者要求商家开具发票有助于规范市场秩序，打击不法商家的违法行为，维护公平竞争的市场环境。

因此，无论是从法律角度还是从个人权益角度，消费者在消费后有权要求商家依法开具发票。如果遇到商家拒绝开具发票的情况，消费者可以向税务机关投诉，维护自己的合法权益。同时，税务机关也应加强监管力度，对违法商家进行处罚，确保市场的公平和秩序。

一、发票的含义

发票是一种特殊的凭证，指在购销商品、提供或者接受服务以及从事其他经营活动中，开具、收取的收付款凭证。税务机关是发票主管机关。国家对发票的印制、领用、开具、保管、检查、违法处理等做了详细规定。

(一) 发票的概念

《中华人民共和国发票管理办法》第三条规定："发票，是指在购销商品、提供或者接受服务以及从事其他经营活动中，开具、收取的收付款凭证。"发票包括纸质发票和电子发票。电子发票与纸质发票具有同等法律效力。国家积极推广使用电子发票。

电子发票是指在购销商品、提供或者接受服务以及从事其他经营活动中，按照税务机关发票管理规定以数据电文形式开具、收取的收付款凭证。电子发票与纸质发票的法律效力相同，任何单位和个人不得拒收。

思考：商场的购货小票是否属于发票？

分析：商场的购货小票，虽然可能包含了商品名称、数量、价格等信息，但它主要是作为消费者购物的凭证，用于商场内部的结算和退换货等事宜。购货小票并不具备发票的完整性和法律效力，它不被税务机关认可为正式的收付款凭证，因此不能用于税务报销或作为纳税的依据。此外，商场的购货小票也可能不包含税务信息，如税率、税额等，这也是它与发票的一个重要区别。因此，虽然购货小票在消费者购物过程中起到了一定的凭证作用，但它并不属于发票的范畴。

(二)发票的意义

发票在我们日常生活中很常见,购物、吃饭、坐车等生活消费都有发票。看似不起眼的发票,在社会经济活动中所起的作用却往往难以估量。企业可以通过发票了解自己的经营状况,消费者可以通过发票维权,要求商家退换货等。养成索要发票的好习惯,不仅是对商家依法纳税的监督,也是我们保护自己合法权益的重要方法。发票管理对于企业和税收管理机构来说具有重要意义。

(1)正确组织会计核算,加强财务收支监管

发票是企业财务管理和会计核算的重要依据之一。通过合理管理和使用发票,企业能够准确记录经营活动中的收入和支出,实现财务数据的准确和完整,有助于加强财务收支监管,防止资金流失和滥用,提高企业财务活动的合规性和透明度。

(2)加强税务管理,确保国家税收收入

发票是税务管理的重要工具之一,是企业缴纳税款的凭证。税务机构通过发票管理,能够有效监控纳税人的经营活动,核实应纳税额,并加强对税款的征收和管理,有效遏制偷税漏税等违法行为,稳定国家的财政收入。

(3)保障合法经营,维护社会经济秩序

发票管理有助于保障企业的合法经营权益,维护市场经济秩序的公平和正义。合法发票作为交易的凭证,能够保障交易双方的合法权益,防止欺诈和侵权行为的发生。同时,发票管理也有助于打击假发票、虚开发票等违法行为,维护市场秩序的正常运行。

(4)促进经济发展,推动产业升级

发票管理不仅是一种财务和税收管理手段,也是企业营销和客户关系管理的重要工具。通过合理使用和管理发票,企业能够更好地了解客户需求,优化产品和服务,提升市场竞争力,推动产业升级和经济发展。

(5)提升社会信用和声誉

发票管理规范和透明度的提升有助于建立企业良好的社会形象和声誉。合法使用发票能够体现企业的诚信和责任,树立良好的社会信用,吸引更多的客户和合作伙伴,推动企业持续发展。

思考: 我国税务机关为什么要"以票控税"呢?在大数据技术发展背景下,税收征收管理的思维模式转变为什么呢?

分析: "以票控税"是我国税收管理的重要特色,主要原因与增值税的税法原理有关。在税收管理中,税务机关面对的是大量、反复的经济活动,而绝大部分税收资料掌握在税收管理相对人手中,这使得税务机关在税收信息掌握方面处于劣势。通过赋予开票方如实开具发票的义务,同时赋予受票方将发票作为企业主张企业所得税税前扣除和增值税进项税额抵扣的权利凭证,税务机关可以通过发票内容信息掌握具体的合同当事人和交易内容信息,从而有利于进行事后稽核。这种方式有效地提升了税收征管的效率和准确性,确保了税收的公平性和合法性。

在大数据技术发展背景下,税收征收管理的思维模式发生了显著转变,转变为"以数治税"的征收管理模式。首先,随着大数据系统和云计算平台的普及,数据作为一种重要的资源和资产,正逐渐取代传统的信息技术,成为税收征管工作的新驱动力。这种技术的升级换代推动了税收征管模式向"数据化"转型,包括征管制度由管户制向管数制的转变,征管手段

向大数据技术应用转变,以及征管规程由业务流程向信息流程的转变。其次,大数据的应用推动了业务流程向"数据化"流程演进。根据数据的生产、汇聚、分析、挖掘、应用等环节,税务部门可以重新设置业务节点,将工作任务分布到征管评查各部门,实现征管流程重组、职能重组、资源重整,从而达到流程创新的目的。最后,大数据还推动了税收征收管理的运行机制向"数据化"运行转变。借助大数据,税务部门可以对比验证纳税申报数据的准确性,解决征纳双方之间信息不对称的问题,提高税收征管的透明度和公正性。

二、发票的种类、联次与内容

发票包括纸质发票和电子发票。电子发票与纸质发票具有同等法律效力。国家积极推广使用电子发票。

国务院税务主管部门统一负责全国的发票管理工作。省、自治区、直辖市税务机关依据职责做好本行政区域内的发票管理工作。财政、审计、市场监督管理、公安等有关部门在各自的职责范围内,配合税务机关做好发票管理工作。

发票的种类、联次、内容、编码规则、数据标准、使用范围等具体管理办法由国务院税务主管部门规定。

对违反发票管理法规的行为,任何单位和个人都可以举报。税务机关应当为检举人保密,并酌情给予奖励。

税务机关建设电子发票服务平台,为用票单位和个人提供数字化等形态电子发票开具、交付、查验等服务。

税务机关应当按照法律、行政法规的规定,建立健全发票数据安全管理制度,保障发票数据安全。

单位和个人按照国家税务总局有关规定开展发票数据处理活动,依法承担发票数据安全保护义务,不得超过规定的数量存储发票数据,不得违反规定使用、非法出售或非法向他人提供发票数据。

(一)发票的基本分类与内容

发票的基本内容包括发票的名称、发票代码和号码、联次及用途、客户名称、开户银行及账号、商品名称或经营项目、计量单位、数量、单价、大小写金额、税率(征收率)、税额、开票人、开票日期、开票单位(个人)名称(章)等。

省以上税务机关可根据经济活动以及发票管理需要,确定发票的具体内容。

发票可以分为普通发票、增值税专用发票、专业发票、冠名发票等类型。

1. 普通发票

普通发票主要由增值税小规模纳税人开具和使用,在不能开具增值税专用发票的情况下的一般纳税人也开具使用普通发票。

纸质增值税普通发票的基本联次有存根联、发票联、记账联。

存根联由收款方或开票方留存备查;发票联由付款方或受票方留存作为付款原始凭证;记账联由收款方或开票方留存作为记账原始凭证。省以上税务机关可根据纸质发票管理情况以及纳税人经营业务需要,增减除发票联以外的其他联次,并确定其用途。

2.增值税专用发票

增值税专用发票是增值税一般纳税人销售货物或者提供应税劳务开具的发票,是购买方支付增值税税额可以按照增值税有关规定据以抵扣增值税进项税额的凭证。2020年2月1日起所有小规模纳税人可以自行开具增值税专用发票。

纸质版增值税专用发票基本联次有记账联、抵扣联、发票联。

记账联作为销售方的记账凭证,抵扣联作为购买方报送主管税务机关认证和留存备查的凭证,发票联作为购买方的记账凭证。

3.专业发票

专业发票主要有国有金融、保险企业的存货、汇兑、转账凭证、保险凭证;国有邮政、电信企业的邮票、邮单、话务、电报数据;国有铁路、民用航空企业和交通运输部门国有公路、水上运输企业的客票、货票等。承包经营、租赁给非国有单位和个人经营或采取国有民营形式所采用的发票。

专业发票的发票主体主要是铁路、航空、邮政、银行等特定行业和部门,这些大多为国有企业,管理相对比较规范。这些特定行业开具的票据可以等同于发票。

4.冠名发票

用票单位可以向税务机关申请使用印有本单位名称的纸质发票,税务机关确认印有该单位名称发票的种类和数量。

使用印有本单位名称发票的单位必须按照税务机关批准的式样和数量,到发票印制企业印制发票,印制费用由用票单位与发票印制企业直接结算,并按规定取得印制费用发票。

(二)电子发票的改革

自2015年12月1日起在全国范围内推行增值税电子普通发票。为进一步适应经济社会发展和税收现代化建设需要,国家税务总局在增值税发票系统升级版的基础上,组织开发了增值税电子发票系统,经过前期试点,系统运行平稳,具备了在全国推行的条件。

推行通过增值税电子发票系统开具的增值税电子普通发票,对降低纳税人经营成本,节约社会资源,方便消费者保存、使用发票,营造健康公平的税收环境有着重要作用。

增值税电子普通发票的开票方和受票方需要纸质发票的,可以自行打印增值税电子普通发票的版式文件,其法律效力、基本用途、基本使用规定等与税务机关监制的增值税普通发票相同。

增值税电子普通发票的发票代码为12位,编码规则:第1位为0,第2~5位代表省、自治区、直辖市和计划单列市,第6~7位代表年度,第8~10位代表批次,第11~12位代表票种(11代表增值税电子普通发票)。发票号码为8位,按年度、分批次编制。

除北京市、上海市、浙江省、深圳市外,其他地区已使用电子发票的增值税纳税人,应于2015年12月31日前完成相关系统对接技术改造,2016年1月1日起使用增值税电子发票系统开具增值税电子普通发票,其他开具电子发票的系统同时停止使用。

各地税务机关要做好纳税人的宣传组织工作,重点做好开票量较大的行业如电商、电信、快递、公用事业等行业增值税电子发票推行工作。

随后进行了增值税专用发票的电子化改革。自2020年12月21日起,在天津、河北、上海、江苏、浙江、安徽、广东、重庆、四川、宁波和深圳等11个地区的新办纳税人中实行增值税专用发票电子化,受票方范围为全国。其中,宁波、石家庄和杭州等3个地区已试点纳税人开具增值税电子专用发票的受票方范围扩展至全国。

自 2021 年 1 月 21 日起,在北京、山西、内蒙古、辽宁、吉林、黑龙江、福建、江西、山东、河南、湖北、湖南、广西、海南、贵州、云南、西藏、陕西、甘肃、青海、宁夏、新疆、大连、厦门和青岛等 25 个地区的新办纳税人中实行专票电子化,受票方范围为全国。

增值税电子专用发票由各省税务局监制,采用电子签名代替发票专用章,属于增值税专用发票,其法律效力、基本用途、基本使用规定等与增值税纸质专用发票相同。

自各地增值税专用发票电子化实行之日起,本地区需要开具增值税纸质普通发票、增值税电子普通发票、增值税纸质专用发票、增值税电子专用发票、纸质机动车销售统一发票和纸质二手车销售统一发票的新办纳税人,统一领取税务 UKey 开具发票。税务机关向新办纳税人免费发放税务 UKey,并依托增值税电子发票公共服务平台,为纳税人提供免费的增值税电子专用发票开具服务。

税务机关按照增值税电子专用发票和增值税纸质专用发票的合计数,为纳税人核定增值税专用发票领用数量。

电子专票和纸质专票的增值税专用发票(增值税税控系统)最高开票限额应当相同。纳税人开具增值税专用发票时,既可以开具电子专票,也可以开具纸质专票。受票方索取纸质专票的,开票方应当开具纸质专票。

阅读链接2-3

阅读思考2-1

"区块链电子发票"应用案例发布

2021 年 7 月 6 日,中国工程院"中国区块链发展战略研究"项目发布"发现 100 个中国区块链创新应用"栏目之"区块链电子发票"应用案例。

据了解,随着经济社会的发展,商事主体激增,商事活动频繁,发票需求量指数级增长,尤其在线上电商经济快速崛起、线下非现金支付基本全覆盖的情况下,传统发票服务体系面临严峻考验。于消费者而言,纸质发票索票难、保管难、查验难;于企业而言,需进行票种核定、防伪税控设备发行等环节,管理成本高,使用效率低;于税务局而言,纸质发票的印刷、审批、发售等环节耗费大量人力、物力,风险防控效率低。

基于此,2018 年 5 月,国家税务总局深圳市税务局与腾讯公司成立"智税创新实验室",于 2018 年 8 月成功推出了全国首个区块链电子发票系统,并受国家税务总局委托在深圳地区开展区块链电子发票试点工作,最终实现将"资金流、发票流"二流合一,将发票开具与线上支付相结合,打通了发票全流程。区块链电子发票以互联网产品的形态诞生,做到税务机关各环节可追溯、业务运行去中心化、纳税办理线上化、报销流转无纸化。

区块链电子发票采用区块链底层技术进行发票无纸化管理,以交易相关人为节点,将交易及发票相关信息实时上链,覆盖了注册、领购、开票、报销、纳税申报全流程,实现了全流程、立体化监管。

目前,区块链电子发票系统已上线税务人端、纳税人端和微信小程序,开票和收票的标准接口均已打通,与多家开票服务商及多个报销平台实现了对接,目前累计开票超 5 000 万张,日均开票超 12 万张,累计开票金额超 650 亿元,已覆盖批发零售、酒店餐饮、港口交通、房地产、互联网、医疗等百余行业,已经上线的企业包括沃尔玛、招商银行、银联、万科物业、深圳地铁等知名企业。

总体来看,区块链电子发票项目紧紧围绕"发票资产化、数据价值化"的核心理念,通过制度技术双革新,联合大数据平台、电子税务局打造发票全流程电子化的区块链发票体系,实现"按需开票不收费、过程监控无死角、数据服务无盲区",提升发票使用效率,为治好纳税人用票的痛点和提升税务机关征管能力服务。

(资料来源:新浪财经,2021-07-06)

思考:区块链电子发票区别于普通电子发票的特征是什么?

阅读思考2-1答案

三、纸质发票与电子发票的具体管理办法

(一)发票的印制

1. 发票的印制权限

增值税专用发票由国务院税务主管部门指定的企业印制。其他发票,按照国务院税务主管部门的规定,由省、自治区、直辖市税务机关确定的企业印制。禁止私自印制、伪造、变造发票。

2. 印制发票的企业应当具备的条件

(1)取得印刷经营许可证和营业执照。

(2)设备、技术水平能够满足印制发票的需要。

(3)有健全的财务制度和严格的质量监督、安全管理、保密制度。

税务机关应当按照政府采购有关规定确定印制发票的企业。

3. 对发票印制的规定

印制发票应当使用国务院税务主管部门确定的全国统一的发票防伪专用品。禁止非法制造发票防伪专用品。

发票应当套印全国统一发票监制章。全国统一发票监制章的式样和发票版面印刷的要求,由国务院税务主管部门规定。发票监制章由省、自治区、直辖市税务机关制作。禁止伪造发票监制章。

发票实行不定期换版制度。

印制发票的企业按照税务机关的统一规定,建立发票印制管理制度和保管措施。

发票监制章和发票防伪专用品的使用和管理实行专人负责制度。

印制发票的企业必须按照税务机关确定的式样和数量印制发票。

发票应当使用中文印制。民族自治地方的发票,可以加印当地一种通用的民族文字。有实际需要的,也可以同时使用中外两种文字印制。

各省、自治区、直辖市内的单位和个人使用的发票,除增值税专用发票外,应当在本省、自治区、直辖市内印制;确有必要到外省、自治区、直辖市印制的,应当由省、自治区、直辖市税务机关商印制地省、自治区、直辖市税务机关同意后确定印制发票的企业。

禁止在境外印制发票。

(二)发票的领用

需要领用发票的单位和个人,应当持设立登记证件或者税务登记证件,以及经办人身份

证明，向主管税务机关办理发票领用手续，填写《纳税人领用发票票种核定表》（图 2-14）。领用纸质发票的，还应当提供按照国务院税务主管部门规定式样制作的发票专用章的印模。主管税务机关根据领用单位和个人的经营范围、规模和风险等级，在 5 个工作日内确认领用发票的种类、数量以及领用方式。

纳税人领用发票票种核定表

纳税人识别号		91350205××××××××××					
纳税人名称		厦门××××××有限公司					
领票人		联系电话		身份证件类型		身份证件号码	
林某某		××××××××		身份证		350205××××××××××	
发票种类名称	发票票种核定操作类型	单位（数量）	每月最高领票数量	每次最高领票数量	持票最高数量	定额发票累计领票金额	领票方式
增值税普通发票	新增/变更/删除	份	20	20	20		验旧供新
增值税专用发票	新增/变更/删除	份	5	5	5		验旧供新

（公章）

纳税人（签章）

经办人：林某　法定代表人（业主、负责人）：李×　　填表日期：20××年 ×月×日

发票专用章印模：

图 2-14　纳税人领用发票票种核定表

1.普通发票核定及调整

普通发票核定：对需要领用发票的单位和个人，税务机关依据其经营范围和规模，确认领用发票的种类、数量以及领购方式。

普通发票核定调整：税务机关按照已办理普通发票核定的纳税人的申请，根据其生产经营变化情况，重新确认其使用的普通发票种类、数量和最高开票限额。

经过实名信息验证的办税人员，不再提供登记证件和身份证件复印件等资料。

税务机关向需使用增值税税控系统的每一名纳税人发放《增值税税控系统安装使用告知书》（以下简称《使用告知书》），告知纳税人有关政策规定和享有的权利。服务单位凭《使用告知书》向纳税人销售专用设备，提供售后服务，严禁向未持有《使用告知书》的纳税人发售专用设备。

2. 领用数量

纳税信用A级的纳税人可一次领取不超过3个月的增值税发票用量,纳税信用B级的纳税人可一次领取不超过2个月的增值税发票用量。对纳税信用评价为D级的纳税人,增值税专用发票领用按辅导期一般纳税人政策办理,普通发票的领用实行交(验)旧供新、严格限量供应。

新办纳税人首次申领增值税发票主要包括发票票种核定、增值税专用发票(增值税税控系统)最高开票限额审批、增值税税控系统专用设备初始发行、发票领用等涉税事项。

税务机关为符合条件的首次申领增值税发票的新办纳税人办理发票票种核定,增值税专用发票最高开票限额不超过10万元,每月最高领用数量不超过25份;增值税普通发票最高开票限额不超过10万元,每月最高领用数量不超过50份。各省税务机关可以在此范围内结合纳税人税收风险程度,自行确定新办纳税人首次申领增值税发票票种核定标准。

3. 领用方式

领用方式包括批量供应、交旧领新、验旧领新和额度确定等方式。批量供应主要适用于财务制度较为健全、有一定经营规模的企业。交旧领新、验旧领新主要适用于财务制度不太健全、经营规模不大、个体工商户等。发票遗失、损毁的,应向主管税务机关报告处理。

税务机关根据单位和个人的税收风险程度、纳税信用级别、实际经营情况确定或调整其领用发票的种类、数量、额度以及领用方式。其中"额度"通常是指的发票授信额度,是税务机关为纳税人确定的一个可以领用发票的金额上限额度,即"额度确定"领用发票方式。一般随着纳税人经营情况的变化,额度也会进行动态调整。

纳税人领用发票时,应当按照税务机关的规定报告发票使用情况,税务机关应当按照规定对已开具发票进行验旧。

取消增值税发票(包括增值税纸质专用发票、增值税纸质普通发票、增值税电子专用发票、增值税电子普通发票、机动车销售统一发票、二手车销售统一发票)的手工验旧,税务机关利用增值税发票管理系统等系统上传的发票数据,通过信息化手段实现增值税发票验旧工作。

使用增值税发票管理系统的纳税人,应联网上传发票开具信息,不具备联网条件的,可携带存储有申报所属月份开票信息的金税盘、税控盘、报税盘、税务UKey或其他存储介质到税务机关报送其发票开具信息,方便进行发票验旧。

4. 领用电子发票的规定

纳税人领用电子发票时需使用电子发票服务平台。电子发票服务平台应提供电子发票版式文件的生成、打印查询和交付等服务。自建和第三方建设的电子发票服务平台应报税务机关备案。

使用增值税发票管理系统的纳税人,非首次领用发票前,应联网上传发票开具信息,或到税务机关抄报增值税发票数据,方便进行发票验旧。

已经实现办税人员实名信息采集和验证的纳税人,可以自愿选择使用网上申领方式领用增值税发票。

单位和个人领用发票时,应当按照税务机关的规定报告发票使用情况,税务机关应当按照规定进行查验。

5. 其他情形

临时到本省、自治区、直辖市以外从事经营活动的单位或者个人,应当凭所在地税务机关的证明,向经营地税务机关领用经营地的发票。

临时在本省、自治区、直辖市以内跨市、县从事经营活动领用发票的办法,由省、自治区、直辖市税务机关规定。

(三)发票的开具与保管

1. 发票开具的一般情形

发票开具是发票使用的关键环节,直接决定着发票使用的合法性、正确性和真实性,税务机关必须严加管理。

销售商品、提供服务以及从事其他经营活动的单位和个人,对外发生经营业务收取款项,收款方应当向付款方开具发票;特殊情况下,由付款方向收款方开具发票。其中,特殊情况是指收购单位和扣缴义务人支付个人款项;国家税务总局认为其他需要由付款方向收款方开具发票的。

思考: 收购指的是哪些情况?为什么由付款方向收款方开具发票?

分析: 收购通常指的是收购农副产品,收购废旧物品的情况。在某些特定情况下,这些单位可能需要从个人或小型供应商那里进行采购。由于这些个人或小型供应商可能不具备开具发票的能力或资格,或者按照税收管理规定,由付款方(收购单位)开具发票更为适宜,因此规定在这种情况下由付款方向收款方开具发票。

一方面,从税收管理的角度看,对于个人或小型供应商来说,他们可能并不具备专业的财务和税务知识,因此难以准确开具符合税务规定的发票。由付款方(通常是更有经验和资源的收购单位)开具发票,可以确保发票的准确性和合规性,减少税务风险。

另一方面,从公平性的角度看,如果要求所有的收款方都必须具备开具发票的能力,那么对于一些个人或小型供应商来说可能是一种不公平的负担。允许付款方在特定情况下开具发票,可以平衡这一负担,确保税收征收的公平性和合理性。

此外,国家税务总局还可能根据具体情况,认定其他需要由付款方向收款方开具发票的情形。这主要是为了适应复杂的经济活动和市场环境,确保税收征收的准确性和有效性。

向消费者个人零售小额商品或者提供零星服务时的,是否可免予逐笔开具发票,由省税务局确定。

所有单位和从事生产、经营活动的个人在购买商品、接受服务以及从事其他经营活动支付款项时,应当向收款方索要发票。取得发票时,不得要求变更品名和金额(包括不得变更涉及金额计算的单价和数量)。

不符合规定的发票,不得作为财务报销凭证,任何单位和个人有权拒收。

单位和个人在开具发票时,应当填写项目齐全,内容真实。开具纸质发票应当按照发票号码顺序填开,字迹清楚,全部联次一次打印,内容完全一致,并在纸质版发票的发票联和抵扣联加盖发票专用章。

自2017年7月1日起,购买方为企业的,索取增值税普通发票时,应向销售方提供纳税人识别号或统一社会信用代码;销售方为其开具增值税普通发票时,应在"购买方纳税人识别号"栏填写购买方的纳税人识别号或统一社会信用代码。不符合规定的发票,不得作为税收凭证。企业指的是,公司、非公司制企业法人、企业分支机构、个人独资企业、合伙企业和其他企业。除企业之外的所有个人消费者、个体工商户以及行政机关、事业单位、社会团体等非企业性单位,索取发票时均无须提供税号。

任何单位和个人不得有下列虚开发票行为:
(1)为他人、为自己开具与实际经营业务情况不符的发票。
(2)让他人为自己开具与实际经营业务情况不符的发票。
(3)介绍他人开具与实际经营业务情况不符的发票。

为他人开具与实际经营业务情况不符的发票的情况:某公司A主要从事电子产品销售,为帮助另一家从事服装销售的公司B逃避纳税,A公司为其开具了服装销售的发票。这种情况下,A公司为他人开具了与实际经营业务不符的发票,属于虚开发票行为。

为自己开具与实际经营业务情况不符的发票的情况:某餐饮店为了增加营业收入的账面数字,自行开具了多张与实际经营业务不符的餐饮发票。这些发票上的金额和菜品都远超过实际销售情况。这种行为属于为自己开具与实际经营业务不符的发票,构成虚开发票。某付款方(如农产品加工企业)向农户或小型供应商收购农产品时,为了符合税务规定和方便操作,可能由付款方直接开具农产品收购发票。然而,如果付款方在开具这些发票时,并未真实反映实际收购情况,如虚增收购数量、金额或者收购的农产品种类与实际不符,这属于为自己开具与实际经营情况不符的发票的虚开行为。

让他人为自己开具与实际经营业务情况不符的发票的情况:一家公司实际上进行的是咨询服务,但却要求另一家公司为其开具材料采购的发票。这种行为中,这家公司请求并获得了与实际业务不符的发票,构成了虚开发票。

介绍他人开具与实际经营业务情况不符的发票的情况:甲公司和乙公司有业务往来,但出于某种目的,经介绍,有家开票公司向第三方公司开具发票,而第三方公司与甲公司的实际业务并不相关。这种情况下,介绍并促成与实际经营业务不符的发票开具,属于虚开发票行为。

阅读思考2-2

云南破获虚开增值税发票案:五千多名村民身份被冒用

云南丽江警方破获一起特大虚开发票案,抓获犯罪嫌疑人4名,仍有3名犯罪嫌疑人在逃。犯罪嫌疑人利用虚构的农产品交易,虚开3.6亿元农产品收购发票,再以农产品收购发票为进项,虚开增值税专用发票2.62亿元,通过抵扣税款的方式非法获利。

警方介绍,丽江市宁蒗县国税局在日常核查工作中发现本地的6家农特产品经营公司所开发票存在异常,这也引起了当地经侦民警的警觉。

由于涉案金额巨大,当地随后成立专案组立案侦查,并迅速锁定主要犯罪嫌疑人。2025年6月到10月,相继抓获犯罪嫌疑人刘某、陈某、张某等人,另有3名犯罪嫌疑人在逃。经查,2012年10月到2015年3月,犯罪嫌疑人张某、刘某等7人在宁蒗县注册了6家公司,经营范围为当归、三七等20多种中药材收购、销售及预包装食品、农副产品收购和销售。

警方侦查发现,这伙人一般寻找当地的中药材种植合作社,以签订中药材收购合同为由,要求合作社提供社员的身份证复印件。合作社提供了社员的身份证复印件以后,到了中药材收获的季节却再也联系不到他们了。其实这伙人根本就没有收购中药材的打算,他们以农户的名义虚开农产品收购发票,因为农产品免税,他们再以农产品收购发票为进项,分别为安徽、甘肃等地的12家医药公司虚开增值税专用发票2 729份,金额累计2.62亿元,非法抵扣税款累计4 142万余元。

警方在侦查中发现,为了利用农户的名义虚开农产品收购发票,这几年间这伙人骗取的农户身份证信息多达5 000多份。

根据《刑法》第二百零五条规定:虚开增值税专用发票或者虚开用于骗取出口退税、抵扣税款的其他发票的,视情节的严重程度,可处以轻则3年以下,重则远期徒刑的刑事处罚。警方提示,居民如果发现此类情况,应及时报警。同时,也要保管好自己的个人信息。

阅读思考2-2答案

(资料来源:作者根据视新闻客户端2016年03月22日资料整理)

思考: 该案件中的行为属于哪个类型的虚开发票行为。

安装税控装置的单位和个人,应当按照规定使用税控装置开具发票,并按期向主管税务机关报送开具发票的数据。

使用非税控电子器具开具发票的,应当将非税控电子器具使用的软件程序说明资料报主管税务机关备案,并按照规定保存、报送开具发票的数据。

单位和个人开发电子发票信息系统自用或者为他人提供电子发票服务的,应当遵守国务院税务主管部门的规定。

任何单位和个人应当按照发票管理规定使用发票,不得有下列行为:

(1)转借、转让、介绍他人转让发票、发票监制章和发票防伪专用品。

(2)知道或者应当知道是私自印制、伪造、变造、非法取得或者废止的发票而受让、开具、存放、携带、邮寄、运输。

(3)拆本使用发票。

(4)扩大发票使用范围。

(5)以其他凭证代替发票使用。

(6)窃取、截留、篡改、出售、泄露发票数据。

税务机关应当提供查询发票真伪的便捷渠道。

除国务院税务主管部门规定的特殊情形外,纸质发票限于领用单位和个人在本省、自治区、直辖市内开具。

省、自治区、直辖市税务机关可以规定跨市、县开具纸质发票的办法。

2. 发票的代开情形

需要临时使用发票的单位和个人,可以凭购销商品、提供或者接受服务以及从事其他经营活动的书面证明,经办人身份证明,直接向经营地税务机关申请代开发票。依照税收法律、行政法规规定应当缴纳税款的,税务机关应当先征收税款,再开具发票。税务机关根据发票管理的需要,可以按照国务院税务主管部门的规定委托其他单位代开发票。

根据《国家税务总局关于增值税发票管理等有关事项的公告》(国家税务总局公告2019年第33号)规定,增值税小规模纳税人(其他个人除外)发生增值税应税行为,需要开具增值税专用发票的,可以自愿使用增值税发票管理系统自行开具。选择自行开具增值税专用发票的小规模纳税人,税务机关不再为其代开增值税专用发票。

禁止非法代开发票。

3.发票的保管

除国务院税务主管部门规定的特殊情形外,任何单位和个人不得跨规定的使用区域携带、邮寄、运输空白发票。

禁止携带、邮寄或者运输空白发票出入境。

开具发票的单位和个人应当建立发票使用登记制度,配合税务机关进行身份验证,并定期向主管税务机关报告发票使用情况。

开具发票的单位和个人应当在办理变更或者注销税务登记的同时,办理发票的变更、缴销手续。

开具发票的单位和个人应当按照国家有关规定存放和保管发票,不得擅自损毁。已经开具的发票存根联,应当保存5年。

思考： 根据规定,发票的发票联要保存多久?

分析： 根据规定,开具发票的单位和个人应当按照国家有关规定存放和保管发票,不得擅自损毁。已经开具的发票存根联,应当保存5年。从事生产、经营的纳税人、扣缴义务人必须按照国务院财政、税务主管部门规定的保管期限保管账簿、记账凭证、完税凭证及其他有关资料。除法律、行政法规另有规定外,账簿、会计凭证、报表、完税凭证及其他有关纳税资料应当保存10年。因此,发票联属于原始凭证,应当保存10年。

(四)发票的检查

税务机关在发票检查中,可以对发票数据进行提取、调出、查阅、复制。

税务机关在发票管理中有权进行下列检查：

(1)检查印制、领用、开具、取得、保管和缴销发票的情况。

(2)调出发票查验。

(3)查阅、复制与发票有关的凭证、资料。

(4)向当事各方询问与发票有关的问题和情况。

(5)在查处发票案件时,对与案件有关的情况和资料,可以记录、录音、录像、拍照和复制。

印制、使用发票的单位和个人,必须接受税务机关依法检查,如实反映情况,提供有关资料,不得拒绝、隐瞒。税务人员进行检查时,应当出示税务检查证。

税务机关需要将已开具的发票调出查验时,应当向被查验的单位和个人开具发票换票证。发票换票证与所调出查验的发票有同等效力。被调出查验发票的单位和个人不得拒绝。税务机关需要将空白发票调出查验时,应当开具收据;经查无问题的,应当及时返还。

发票换票证仅限于在本县(市)范围内使用。需要调出外县(市)的发票查验时,应当提请该县(市)税务机关调取发票。

单位和个人从中国境外取得的与纳税有关的发票或者凭证,税务机关在纳税审查时有疑义的,可以要求其提供境外公证机构或者注册会计师的确认证明,经税务机关审核认可后,方可作为记账核算的凭证。

四、发票管理的法律责任

税务机关对违反发票管理法规的行为依法进行处罚的,由县以上税务机关决定;罚款额在2 000元以下的,可由税务所决定。

有下列情形之一的,由税务机关责令改正,可以处1万元以下的罚款;有违法所得的予以没收:

(1)应当开具而未开具发票,或者未按照规定的时限、顺序、栏目、全部联次一次性开具发票,或者未加盖发票专用章的。

(2)使用税控装置开具发票,未按期向主管税务机关报送开具发票的数据的。

(3)使用非税控电子器具开具发票,未将非税控电子器具使用的软件程序说明资料报主管税务机关备案,或者未按照规定保存、报送开具发票的数据的。

(4)拆本使用发票的。

(5)扩大发票使用范围的。

(6)以其他凭证代替发票使用的:包括应当开具发票而未开具发票,以其他凭证代替发票使用的;应当取得发票而未取得发票,以发票外的其他凭证或者自制凭证用于抵扣税款、出口退税、税前扣除和财务报销的;取得不符合规定的发票,用于抵扣税款、出口退税、税前扣除和财务报销的。

(7)跨规定区域开具发票的;

(8)未按照规定缴销发票的;

(9)未按照规定存放和保管发票的。

跨规定的使用区域携带、邮寄、运输空白发票,以及携带、邮寄或者运输空白发票出入境的,由税务机关责令改正,可以处一万元以下罚款;情节严重的,处一万元以上三万元以下罚款;有违法所得的予以没收。

丢失发票或者擅自损毁发票的,依照上述规定处罚。

违反规定虚开发票的,由税务机关没收违法所得;虚开金额在一万元以下的,可以并处五万元以下罚款;虚开金额超过一万元的,并处五万元以上五十万元以下罚款;构成犯罪的,依法追究刑事责任。

具有下列情形之一的,应当认定为《刑法》第二百零五条规定的"虚开增值税专用发票或者虚开用于骗取出口退税、抵扣税款的其他发票":①没有实际业务,开具增值税专用发票、用于骗取出口退税、抵扣税款的其他发票的;②有实际应抵扣业务,但开具超过实际应抵扣业务对应税款的增值税专用发票、用于骗取出口退税、抵扣税款的其他发票的;③对依法不能抵扣税款的业务,通过虚构交易主体开具增值税专用发票、用于骗取出口退税、抵扣税款的其他发票的;④非法篡改增值税专用发票或者用于骗取出口退税、抵扣税款的其他发票相关电子信息的;⑤违反规定以其他手段虚开的。

为虚增业绩、融资、贷款等不以骗抵税款为目的,没有因抵扣造成税款被骗损失的,不以本罪论处,构成其他犯罪的,依法以其他犯罪追究刑事责任。

虚开增值税专用发票、用于骗取出口退税、抵扣税款的其他发票,税款数额在十万元以上的,应当依照《刑法》第二百零五条的规定定罪处罚;虚开税款数额在五十万元以上、五百万元以上的,应当分别认定为《刑法》第二百零五条第一款规定的"数额较大""数额巨大"。

具有下列情形之一的,应当认定为《刑法》第二百零五条规定的"其他严重情节":①在提起公诉前,无法追回的税款数额达到三十万元以上的;②五年内因虚开发票受过刑事处罚或者二次以上行政处罚,又虚开增值税专用发票或者虚开用于骗取出口退税、抵扣税款的其他发票,虚开税款数额在三十万元以上的;③其他情节严重的情形。

具有下列情形之一的,应当认定为《刑法》第二百零五条规定的"其他特别严重情节":在提起公诉前,无法追回的税款数额达到三百万元以上的;五年内因虚开发票受过刑事处罚或者二次以上行政处罚,又虚开增值税专用发票或者虚开用于骗取出口退税、抵扣税款的其他发票,虚开税款数额在三百万元以上的;其他情节特别严重的情形。

以同一购销业务名义,既虚开增值税专用发票、用于骗取出口退税、抵扣进项税额的其他发票,又虚开增值税专用发票核算销项税额的,以其中较大的数额计算。

以伪造的增值税专用发票进行虚开,达到本条规定标准的,应当以虚开增值税专用发票罪追究刑事责任。

具有下列情形之一的,应当认定为《刑法》第二百零五条之一规定的"情节严重":虚开发票票面金额五十万元以上的;虚开发票一百份以上且票面金额三十万元以上的;五年内因虚开发票受过刑事处罚或者二次以上行政处罚,又虚开发票,票面金额达到上述规定的标准60%以上的。

具有下列情形之一的,应当认定为《刑法》第二百零五条之一规定的"情节特别严重":虚开发票票面金额二百五十万元以上的;虚开发票五百份以上且票面金额一百五十万元以上的;五年内因虚开发票受过刑事处罚或者二次以上行政处罚,又虚开发票,票面金额达到上述规定的标准60%以上的。

以伪造的发票进行虚开,达到虚开发票"情节严重"和"情节特别严重"的,应当以虚开发票罪追究刑事责任。

非法代开发票的,依照前款规定处罚。

私自印制、伪造、变造发票,非法制造发票防伪专用品,伪造发票监制章,窃取、截留、篡改、出售、泄露发票数据的,由税务机关没收违法所得,没收、销毁作案工具和非法物品,并处一万元以上五万元以下罚款;情节严重的,并处五万元以上五十万元以下罚款;构成犯罪的,依法追究刑事责任。

伪造或者出售伪造的增值税专用发票,具有下列情形之一的,应当依照《刑法》第二百零六条的规定定罪处罚(包含基本情形;数量较大或者其他严重情节的;数量巨大或者其他特别严重情节）：票面税额十万元以上的；伪造或者出售伪造的增值税专用发票十份以上且票面税额六万元以上的；违法所得一万元以上的。

伪造或者出售伪造的增值税专用发票票面税额五十万元以上的，或者五十份以上且票面税额三十万元以上的，应当认定为《刑法》第二百零六条第一款规定的"数量较大"。

五年内因伪造或者出售伪造的增值税专用发票受过刑事处罚或者二次以上行政处罚，又实施伪造或者出售伪造的增值税专用发票行为，份数十份且票面税额六万元的标准60%以上的，或者违法所得五万元以上的，应当认定为《刑法》第二百零六条第一款规定的"其他严重情节"。

伪造或者出售伪造的增值税专用发票票面税额五百万元以上的，或者五百份以上且票面税额三百万元以上的，应当认定为《刑法》第二百零六条第一款规定的"数量巨大"。

五年内因伪造或者出售伪造的增值税专用发票受过刑事处罚或者二次以上行政处罚，又实施伪造或者出售伪造的增值税专用发票行为，份数十份且票面税额六万元的标准60%以上的，或者违法所得五十万元以上的，应当认定为《刑法》第二百零六条第一款规定的"其他特别严重情节"。

伪造并出售同一增值税专用发票的，以伪造、出售伪造的增值税专用发票罪论处，数量不重复计算。

变造增值税专用发票的，按照伪造增值税专用发票论处。

有下列情形之一的，由税务机关处一万元以上五万元以下罚款；情节严重的，处五万元以上五十万元以下罚款；有违法所得的予以没收：转借、转让、介绍他人转让发票、发票监制章和发票防伪专用品的；知道或者应当知道是私自印制、伪造、变造、非法取得或者废止的发票而受让、开具、存放、携带、邮寄、运输的。

对违反发票管理规定2次以上或者情节严重的单位和个人，税务机关可以向社会公告。公告是指，税务机关应当在办税场所或者广播、电视、报纸、期刊、网络等新闻媒体上公告纳税人发票违法的情况。公告内容包括纳税人名称、统一社会信用代码或者纳税人识别号、经营地点、违反发票管理法规的具体情况。

违反发票管理法规，导致其他单位或者个人未缴、少缴或者骗取税款的，由税务机关没收违法所得，可以并处未缴、少缴或者骗取的税款1倍以下罚款。

阅读链接2-4

当事人对税务机关的处罚决定不服，可以依法申请行政复议或者向人民法院提起行政诉讼。

税务人员利用职权之便，故意刁难印制、使用发票的单位和个人，或者有违反发票管理法规行为的，依照国家有关规定给予处分；构成犯罪的，依法追究刑事责任。

五、增值税专用发票的使用管理

增值税专用发票（以下简称"专票"）是为加强增值税的征收管理，增值税一般纳税人销售货物或者提供应税劳务开具的发票，是购买方支付增值税额并可按照增值税有关规定据以抵扣增值税进项税额的凭证。国务院税务主管部门可以根据增值税专用发票管理的特殊需要,制定增值税专用发票的具体管理办法。

(一)专票的基本规定

1.电子专票的样式

电子专票由各省税务局监制,采用电子签名代替发票专用章,属于增值税专用发票,其法律效力、基本用途、基本使用规定等与增值税纸质专用发票(以下简称"纸质专票")相同。

电子专票的发票号码为12位,编码规则:第1位为0,第2~5位代表省、自治区、直辖市和计划单列市,第6~7位代表年度,第8~10位代表批次,第11~12位为13。发票号码为8位,按年度、分批次编制。电子专票的票样如图2-15所示。

电子专票样式

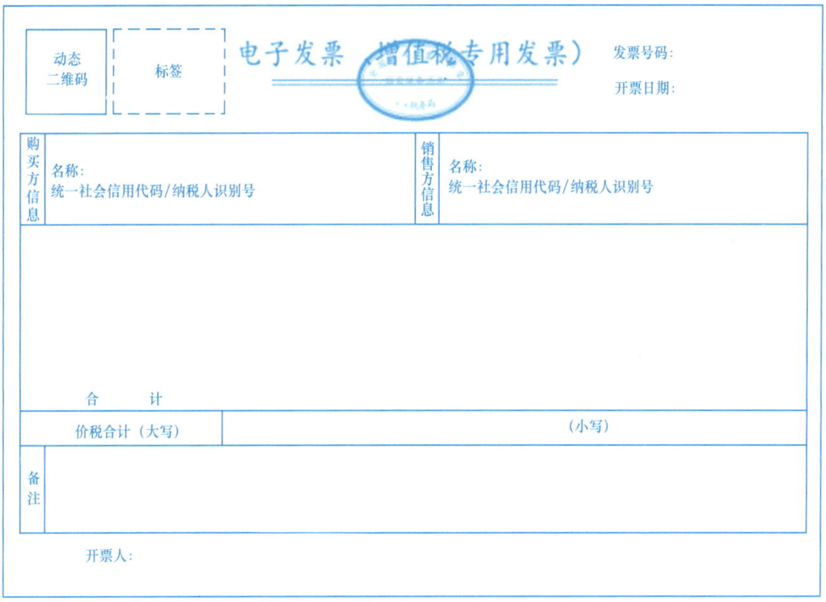

图 2-15 增值税电子专用发票(票样)

2.专票的领用数量

税务机关按照电子专票和纸质专票的合计数,为纳税人核定专票的领用数量。

3.专票的最高开票限额

电子专票和纸质专票的最高开票限额应当相同。《国务院对确需保留的行政审批项目设定行政许可的决定》附件第236项:纳税人在初次申请使用增值税专用发票以及变更增值税专用发票限额时,向主管税务机关申请办理增值税专用发票(增值税税控系统)最高开票限额审批。

最高开票限额,是指单份增值税专用发票或货物运输业增值税专用发票开具的销售额合计数不得达到的上限额度。最高开票限额由一般纳税人申请,填写增值税专用发票最高开票限额申请单(图2-16),税务机关依法审批。

增值税专用发票最高开票限额申请单

	纳税人名称			纳税人识别号	
	地　　址			联系电话	
	购票人信息				
申请事项（由纳税人填写）	申请增值税专用发票（增值税税控系统）最高开票限额	□初次　　□变更 （请选择一个项目并在□内打"√"） □一亿元　□一千万元　□一百万元 □十万元　□一万元　□一千元 （请选择一个项目并在□内打"√"）			
	申请货物运输业增值税专用发票（增值税税控系统）最高开票限额	□初次　　□变更 （请选择一个项目并在□内打"√"） □一亿元　□一千万元　□一百万元 □十万元　□一万元　□一千元 （请选择一个项目并在□内打"√"）			
	申请理由：				
	经办人（签字）： 　　年　月　日		纳税人（印章）： 　　年　月　日		
区县税务机关意见	发票种类			批准最高开票限额	
	增值税专用发票（增值税税控系统）				
	货物运输业增值税专用发票（增值税税控系统）				
	经办人（签字）： 　　年　月　日	批准人（签字）： 　　年　月　日		税务机关（印章）： 　　年　月　日	

注：本申请表一式两联；第一联由申请纳税人留存；第二联由区县税务机关留存。

图 2-16　增值税专用发票最高开票限额申请单

　　一般纳税人申请专用发票最高开票限额不超过十万元的，主管税务机关无须事前进行实地查验，自受理申请之日起 2 个工作日内办结。各省税务机关可在此基础上适当扩大事前实地查验的范围，实地查验的范围和方法由各省税务机关确定。纳税人首次办理增值税发票票种核定应进行法定代表人、办税人员的实名信息采集并验证，对于符合条件的，税务机关自受理申请之日起 1 个工作日内办结。申请最高开票限额超过十万元的，自受理申请之日起 10 个工作日内作出行政许可决定；在上述时限内不能办结的，经税务机关负责人批准，可以延长 5 个工作日。

4. 专票的开具和使用

　　增值税一般纳税人销售货物（包括视同销售货物在内）、提供应税劳务（服务）及根据《增值税暂行条例实施细则》规定应当征收增值税的非应税劳务，必须向购买方开具专用发票。

　　但是，下列情形不得开具专用发票：

　　(1)向消费者个人销售服务、无形资产或不动产。

　　(2)销售免税项目（除法律法规及国家税务总局另有规定的除外）。

　　(3)商业企业一般纳税人零售的烟、酒、食品、服装、鞋帽（不包括劳保专用部分）、化妆品等消费品不得开具专用发票。

(4)以下差额征税项目不能全额开具专用发票：

①试点纳税人提供旅游服务,可以选择以取得的全部价款和价外费用,扣除向旅游服务购买方收取并支付给其他单位或者个人的住宿费、餐饮费、交通费、签证费、门票费和支付给其他接团旅游企业的旅游费用后的余额为销售额。选择上述办法计算销售额的试点纳税人,向旅游服务购买方收取并支付的上述费用,不得开具增值税专用发票,可以开具普通发票。

②试点纳税人提供有形动产融资性售后回租服务,向承租方收取的有形动产价款本金,不得开具增值税专用发票,可以开具增值税普通发票。

③金融商品转让,按照卖出价扣除买入价后的差额为销售额,不得开具增值税专用发票。

④经纪代理服务,以取得的全部价款和价外费用,扣除向委托方收取并代为支付的政府性基金或者行政事业性收费后的余额为销售额。向委托方收取的政府性基金或者行政事业性收费,不得开具增值税专用发票。

纳税人开具增值税专用发票时,既可以开具电子专票,也可以开具纸质专票。受票方索取纸质专票的,开票方应当开具纸质专票。

纳税人开具电子专票后,发生销货退回、开票有误、应税服务中止、销售折让等情形,需要开具红字电子专票的,按照以下规定执行：

(1)购买方已将电子专票用于申报抵扣的,由购买方在增值税发票管理系统(以下简称"发票管理系统")中填开并上传《开具红字增值税专用发票信息表》(以下简称《信息表》),填开《信息表》时不填写相对应的蓝字电子专票信息。

购买方未将电子专票用于申报抵扣的,由销售方在发票管理系统中填开并上传《信息表》,填开《信息表》时应填写相对应的蓝字电子专票信息。

(2)税务机关通过网络接收纳税人上传的《信息表》,系统自动校验通过后,生成带有"红字发票信息表编号"的《信息表》,并将信息同步至纳税人端系统中。

(3)销售方凭税务机关系统校验通过的《信息表》开具红字电子专票,在发票管理系统中以销项负数开具。红字电子专票应与《信息表》一一对应。

(4)购买方已将电子专票用于申报抵扣的,应当暂依《信息表》所列增值税税额从当期进项税额中转出,待取得销售方开具的红字电子专票后,与《信息表》一并作为记账凭证。

受票方取得电子专票用于申报抵扣增值税进项税额或申请出口退税、代办退税的,应当登录增值税发票综合服务平台确认发票用途,登录地址由各省税务局确定并公布。

单位和个人可以通过全国增值税发票查验平台对电子专票信息进行查验;可以通过全国增值税发票查验平台下载增值税电子发票版式文件阅读器,查阅电子专票并验证电子签名有效性。

纳税人以电子发票(含电子专票和电子普票)报销入账归档的,按照《财政部国家档案局关于规范电子会计凭证报销入账归档的通知》(财会〔2020〕6号)的规定执行。

(二)增值税税控系统专用设备

《国家税务总局关于修订〈增值税专用发票使用规定〉的通知》(国税发〔2006〕156号)第

三条:"一般纳税人应通过增值税防伪税控系统(以下简称防伪税控系统)使用专用发票。使用,包括领购、开具、缴销、认证纸质专用发票及其相应的数据电文。本规定所称防伪税控系统,是指经国务院同意推行的,使用专用设备和通用设备、运用数字密码和电子存储技术管理专用发票的计算机管理系统。本规定所称专用设备,是指金税卡、IC 卡、读卡器和其他设备。本规定所称通用设备,是指计算机、打印机、扫描器具和其他设备。"

《国家税务总局关于在新办纳税人中实行增值税专用发票电子化有关事项的公告》(国家税务总局公告2020年第22号)第四条:"自各地专票电子化实行之日起,本地区需要开具增值税纸质普通发票、增值税电子普通发票(以下简称电子普票)、纸质专票、电子专票、纸质机动车销售统一发票和纸质二手车销售统一发票的新办纳税人,统一领取税务 UKey 开具发票。税务机关向新办纳税人免费发放税务 UKey,并依托增值税电子发票公共服务平台,为纳税人提供免费的电子专票开具服务。"

1. 初始发行

纳税人在初次使用或重新领购增值税税控系统专用设备开具发票之前,需要税务机关对增值税税控系统专用设备进行初始化发行,将开票所需的各种信息载入增值税税控系统专用设备。

税务机关提供"最多跑一次"服务。纳税人在资料完整且符合法定受理条件的前提下,最多只需要到税务机关跑一次。纳税人使用符合电子签名法规定条件的电子签名,与手写签名或者盖章具有同等法律效力。

增值税税控系统专用设备信息中涉及发票票种、票量、最高开票限额调整的,需进行发票票种调整及增值税专用发票(增值税税控系统)最高开票限额审批。

2. 变更发行

纳税人增值税税控系统专用设备载入信息发生变更的,税务机关对增值税税控系统专用设备及数据库中的信息做相应变更。

使用金税盘(税控盘)的纳税人需要增加(减少)分开票机的,必须对原有的主开票机专用设备进行变更。

变更的内容包括纳税人名称变更;纳税人除名称外其他税务登记基本信息变更;纳税人发行授权信息变更;因纳税人金税盘、税控盘、报税盘损坏,而对其金税盘、税控盘、报税盘进行变更;因纳税人开票机数量变化而进行发行变更;增值税发票管理新系统离线开票时限和离线开票总金额变更;购票人员姓名、密码发生变更等。

3. 注销发行

纳税人发生清税等涉及增值税税控系统专用设备需注销发行的,税务机关在增值税税控系统中注销纳税人发行信息档案。需收缴设备的,收缴纳税人增值税税控系统专用设备。注销发行前,应事前办理空白发票的退回或缴销以及采集已开具增值税发票数据。

纳税人有下列情形之一的,需要上缴增值税税控系统专用设备:

(1)依法清税注销、终止纳税义务;

(2)减少分开票机;

(3)根据国家税务总局的统一部署,需更换新型号防伪税控设备的,其旧型号防伪税控设备需办理注销发行。

纳税人当前使用的增值税税控系统专用设备发生损毁或盗失等情况,若继续使用的,按更换金税设备处理,不再继续使用的,报税务机关备案并办理注销发行。

增值税纳税人使用的税控盘、金税盘、报税盘、税务UKey等税控专用设备丢失、被盗的,应及时向主管税务机关报告。

(三)认证与税额抵扣

认证是税务机关通过防伪税控系统对专用发票所列数据的识别、确认。

《国家税务总局关于纳税信用A级纳税人取消增值税发票认证有关问题的公告》(国家税务总局公告2016年第7号)规定,自2016年3月1日起,纳税人取得销售方使用增值税发票系统升级版开具的增值税发票(包括增值税专用发票、货物运输业增值税专用发票、机动车销售统一发票,下同),可以不再进行扫描认证,通过增值税发票税控开票软件登录本省增值税发票查验平台,查询、选择用于申报抵扣或者出口退税的增值税发票信息。

《国家税务总局关于全面推开营业税改征增值税试点有关税收征收管理事项的公告》(国家税务总局公告2016年第23号)规定,扩大取消增值税发票认证的纳税人范围,自2016年5月1日起纳税信用B级增值税一般纳税人取得销售方使用新系统开具的增值税发票,可以不再进行扫描认证,登录本省增值税发票查验平台(图2-17),查询、选择用于申报抵扣或者出口退税的增值税发票信息,未查询到对应发票信息的,仍可进行扫描认证。

图2-17　全国增值税发票查验平台网页界面

《国家税务总局关于按照纳税信用等级对增值税发票使用实行分类管理有关事项的公告》(国家税务总局公告2016年第71号)规定,自2016年12月1日起,将取消增值税发票认证的纳税人范围由纳税信用A级、B级的增值税一般纳税人扩大到纳税信用C级的增值税一般纳税人。

阅读链接2-5

第四节　纳税申报

引入案例

最近大强公司祸不单行：限电又有台风，几个月没有做成一笔生意，公司惨淡经营，一直处于亏损状态。大强心想："让我做几笔生意吧！有点税缴也好，过去觉得缴税吃亏，现在几个月没税可缴反倒心里发慌了。"说曹操，曹操到，税务机关人员到门口："大强，好久没有去税务机关纳税申报了！""我想缴税都没有机会，公司亏得一塌糊涂，我过几天就要关门了还申报什么税？""有没有税缴和有没有去纳税申报是两码事。"

思考：为什么缴税与纳税申报是两件事？

分析：纳税申报是提交申报的资料，缴纳税款是直接将税款缴入国库。这属于两个动作。

一、纳税申报的概念

纳税申报是指纳税人在发生纳税义务后，按照税法规定的期限和内容向主管税务机关提交有关纳税书面报告的法律行为，是界定纳税人法律责任的主要依据，是税收征收管理制度的重要组成部分。

税务机关应当建立、健全纳税人自行申报纳税制度。纳税人应当积极履行纳税申报的义务，是主动承担法律责任的主要依据，是税务机关获取税收管理信息的主要来源，也是加强税务管理的重要基础。

阅读链接2-6

二、纳税申报的意义

纳税人积极纳税申报对于税务机关来说可以以更低的成本加强税源管理，确定应纳税额。同时，纳税人主动纳税申报本质上也是给予纳税人程序参与的权利。实行纳税申报制度，对于明确税收法律责任，加强税收征管、确保国家税收收入，具有十分重要的意义。

（1）有利于增强纳税人的纳税观念，提高其纳税自觉性

纳税申报有助于加强纳税人的纳税观念，促使他们认识到履行纳税义务的重要性，从而增强遵守税法的自觉性和主动性。与此同时，纳税申报有助于保护纳税人的合法利益，如在发生争议时，税务机关可以将纳税申报记录作为判断依据。

（2）有利于加强税收征管，提高征管效率

通过定期编制和报送纳税申报表，纳税人能够更准确地反映自己的经营情况和应纳税

款,这有助于税务机关核实应征税款,保证税收管理的准确性。通过及时准确的纳税申报,可以增加国家的税收,维护国家财政秩序的健康稳定。

三、办理纳税申报的对象

办理纳税申报的对象不仅包括依法已向国家税务机关办理税务登记的纳税人,各项收入均应当纳税的纳税人,还包括全部或部分产品、项目或者税种享受减税、免税照顾的纳税人,当期没有营业收入的纳税人,实行定期定额纳税的纳税人。

阅读思考2-3

"零申报"的解析

在税务机关办理了税务登记的纳税人、扣缴义务人当期未发生应税行为,按照国家税收法律、行政法规和规章的规定,应向税务机关办理零申报手续,并注明当期无应税事项。通俗地讲,纳税申报的所属期内没有发生应税收入(销售额),同时也没有应纳税额的情况,称为零申报。

1."零申报"有哪些情形?

增值税可零申报的情形:小规模纳税人应税收入为0,一般纳税人当期没有销项税额,并且没有进项税额。

企业所得税零申报的情形:纳税人当期没有经营,进行零申报的企业。

其他税种可以零申报的情形:计税依据为0时。

2.长期零申报的风险

在零申报的情况下,公司不需要缴纳税款,但是长期零申报属于企业异常申报状况,这种情况下企业会被列入重点监控对象,而且在这种情况下还会出现税收风险。那么长期零申报具体有哪些风险呢?

(1)罚款处罚;

(2)影响纳税信用等级;

(3)发票减量;

(4)如果长期零申报被税务机关核查到的,税务局会采用成本费用的方式(或其他方法)来核定纳税人的收入。

(资料来源:中国税务报,2020-07-23)

思考:为什么企业纳税申报所属期内没有应税收入但还是需要纳税申报?

阅读思考2-3答案

四、办理纳税申报的要求及改革

(一)纳税申报的内容

纳税申报的内容是办理纳税申报时,申报人需要通过填写并报送相关表格向税务机关报告的内容。在未结合技术手段前,纳税申报手续烦琐,实行一税一表的制度。纳税人、扣缴义务人的纳税申报或者代扣代缴、代收代缴税款报告表的主要内容包括税种,税目,应纳税项目或者应代扣代缴、代收代缴税款项目,计税依据,扣除项目及标准,适用税率或者单位税额,应退税项目及税额,应减免税项目及税额,应纳税额或者应代扣代缴、代收代缴税额,税款所属期限,延期缴纳税款、欠税、滞纳金等。

纳税人办理纳税申报时,应当如实填写纳税申报表,并根据不同的情况相应报送下列有关证件、资料:

(1)财务会计报表及其说明材料;

(2)与纳税有关的合同、协议书及凭证;

(3)税控装置的电子报税资料;

(4)外出经营活动税收管理证明和异地完税凭证;

(5)境内或者境外公证机构出具的有关证明文件;

(6)税务机关规定应当报送的其他有关证件、资料。

扣缴义务人办理代扣代缴、代收代缴税款报告时,应当如实填写代扣代缴、代收代缴税款报告表,并报送代扣代缴、代收代缴税款的合法凭证以及税务机关规定的其他有关证件、资料。

《国家税务总局关于简并税费申报有关事项的公告》(国家税务总局公告2021年第9号)指出,为贯彻落实中办、国办印发的《关于进一步深化税收征管改革的意见》,深入推进税务领域"放管服"改革,优化营商环境,切实减轻纳税人、缴费人申报负担,根据《国家税务总局关于开展2021年"我为纳税人缴费人办实事暨便民办税春风行动"的意见》(税总发〔2021〕14号),现将简并税费申报有关事项公告如下:

自2021年6月1日起,纳税人申报缴纳城镇土地使用税、房产税、车船税、印花税、耕地占用税、资源税、土地增值税、契税、环境保护税、烟叶税中一个或多个税种时,使用《财产和行为税纳税申报表》。纳税人新增税源或税源变化时,需先填报《财产和行为税税源明细表》。自2021年5月1日起,海南、陕西、大连和厦门开展增值税、消费税分别与城市维护建设税、教育费附加、地方教育附加申报表整合试点,启用《增值税及附加税费申报表(一般纳税人适用)》《增值税及附加税费申报表(小规模纳税人适用)》《增值税及附加税费预缴表》及其附列资料和《消费税及附加税费申报表》。

为了进一步优化税收营商环境,提高办税效率,提升办税体验,国家税务总局在成功推行财产行为税各税种合并申报的基础上,实行增值税、消费税分别与附加税费申报表整合。

(1)优化办税流程

附加税费是随增值税、消费税附加征收的,附加税费单独申报易产生与增值税、消费税申报不同步等问题,整合主税附加税费申报表,按照"一表申报、同征同管"的思路,将附加税费申报信息作为增值税、消费税申报表附列资料(附表),实现增值税、消费税和附加税费信息共用,提高申报效率,便于纳税人操作。

(2)减轻办税负担

整合主税附加税费申报表,对原有表单和数据项进行全面梳理整合,减少了表单数量和数据项。新申报表充分利用部门共享数据和其他征管环节数据,可实现已有数据自动预填,从而大幅减轻纳税人、缴费人填报负担,降低申报错误率。

(3) 提高办税质效

整合主税附加税费申报表,利用信息化手段实现税额自动计算、数据关联比对、申报异常提示等功能,可有效避免漏报、错报,确保申报质量,有利于优惠政策及时落实到位。通过整合各税费种申报表,实现多税费种"一张报表、一次申报、一次缴款、一张凭证",提高了办税效率。

(二)纳税申报的期限及相关规定

纳税申报期限是指纳税人发生纳税义务后,向国家缴纳税款的间隔时间。各税种的征收对象、纳税环节、计税办法不同,各类纳税人的经营活动及财务会计核算情况不同,无法全部按照统一标准进行按期申报。税务机关按照法律、行政法规的规定确定的期限,结合纳税人生产经营情况及其所应缴纳的税种等相关因素,确定纳税人的申报期限。

纳税人享受减税、免税待遇的,在减税、免税期间应当按照规定办理纳税申报,填写申报表及其附表上的优惠栏目。

阅读思考2-4

国家税务总局厦门市税务局关于2024年纳税申报期限的通知

尊敬的纳税人、缴费人:

根据《中华人民共和国税收征收管理法实施细则》第一百零九条及《国务院办公厅关于2024年部分节假日安排的通知》(国办发明电〔2023〕7号)规定,现将2024年我市税务部门按月(季)征收的各税(费)种、社保费的申报缴纳期限明确如下(表2-1),其他非按月(季)申报的专项纳税申报期限,按照相关规定执行。当年度国家税务总局对纳税申报期限另有规定或发生变动的,以电子税务局登录入口办税日历所确定时间为准。

表 2-1　　　　2024年纳税申报期

月份	纳税申报期	社保费申报期
1	1~15日	1~31日
2	1~23日	1~29日
3	1~15日	1~31日
4	1~18日	1~30日
5	1~22日	1~31日
6	1~19日	1~30日
7	1~15日	1~31日
8	1~15日	1~31日
9	1~18日	1~30日
10	1~24日	1~31日
11	1~15日	1~30日
12	1~16日	1~31日

(资料来源:厦门税务局,2023-12-29)

思考:为什么每个月的纳税申报期是不一样的呢?

1.增值税一般纳税人纳税申报

增值税一般纳税人纳税申报是指增值税一般纳税人依照税收法律

法规规定或主管税务机关依法确定的申报期限,向主管税务机关办理增值税纳税申报的业务。

增值税的纳税期限分别为1日、3日、5日、10日、15日、1个月或者1个季度。纳税人的具体纳税期限,由主管税务机关根据纳税人应纳税额核定;不能按照固定期限纳税的,可以按次纳税。纳税人以1个月或者1个季度为1个纳税期的,自期满之日起15日内申报纳税;以1日、3日、5日、10日或者15日为1个纳税期的,自期满之日起5日内预缴税款,于次月1日起15日内申报纳税并结清上月应纳税款。纳税人进口货物,应当自海关填发海关进口增值税专用缴款书之日起15日内缴纳税款。纳税期限遇最后一日是法定休假日的,以休假日期满的次日为期限的最后一日;在期限内有连续3日以上法定休假日的,按休假日天数顺延。

银行、财务公司、信托投资公司、信用社、财政部和国家税务总局规定的其他纳税人可选择按季申报。

纳税人自办理税务登记至登记为一般纳税人期间,未取得生产经营收入,未按照销售额和征收率简易计算应纳税额申报缴纳增值税的,其在此期间取得的增值税扣税凭证,可以在登记为一般纳税人后抵扣进项税额。

纳税人当月有增值税留抵税额,又存在增值税欠税的,可办理增值税留抵抵欠业务;纳税人有多缴税金但又存在欠税的,可办理抵缴欠税业务。

新启用的《增值税及附加税费申报表(一般纳税人适用)》《增值税及附加税费申报表(小规模纳税人适用)》《增值税及附加税费预缴表》及其附列资料和《消费税及附加税费申报表》中,附加税费申报表作为附列资料或附表,纳税人在进行增值税、消费税申报的同时完成附加税费申报。具体为,纳税人填写增值税、消费税相关申报信息后,自动带入附加税费附列资料(附表);纳税人填写完附加税费其他申报信息后,回到增值税、消费税申报主表,形成纳税人本期应缴纳的增值税、消费税和附加税费。上述表内信息预填均由系统自动实现。

2. 增值税小规模纳税人纳税申报

按固定期限纳税的小规模纳税人可以选择以1个月或1个季度为纳税期限,一经选择,一个会计年度内不得变更。增值税小规模纳税人缴纳增值税、消费税、文化事业建设费,以及随增值税、消费税附征的城市维护建设税、教育费附加等税费,原则上实行按季申报。

年应税销售额超过小规模纳税人标准的其他个人按小规模纳税人纳税;原增值税纳税人中非企业性单位、不经常发生应税行为的企业可选择按小规模纳税人规定申报缴纳增值税;营改增纳税人中年应税销售额超过规定标准但不经常发生应税行为的单位和个体工商户可选择按照小规模纳税人纳税。

关于增值税小规模纳税人减免税规定:

(1)自2023年1月1日至2027年12月31日,增值税小规模纳税人发生增值税应税销售行为,合计月销售额未超过10万元(以1个季度为1个纳税期的,季度销售额未超过30万元,下同)的,免征增值税。小规模纳税人发生增值税应税销售行为,合计月销售额超过10万元,但扣除本期发生的销售不动产的销售额后未超过10万元的,其销售货物、劳务、服务、无形资产取得的销售额免征增值税。增值税小规模纳税人适用3%征收率的应税销售收入,减按1%征收率征收增值税;适用3%预征率的预缴增值税项目,减按1%预征率预缴增值税。

(2)小规模纳税人取得应税销售收入,适用上述免征增值税政策的,纳税人可就该笔销售收入选择放弃免税并开具增值税专用发票。

(3)适用增值税差额征收政策的增值税小规模纳税人,以差额后的销售额确定是否可以享受10万元以下免征增值税政策。

(4)其他个人采取一次性收取租金的形式出租不动产,取得的租金收入可在租金对应的租赁期内平均分摊,分摊后的月租金收入不超过10万元的,可享受小微企业免征增值税优惠政策。

小规模纳税人发生增值税应税销售行为,合计月销售额未超过10万元的,免征增值税的销售额等项目应填写在《增值税及附加税费申报表(小规模纳税人适用)》"小微企业免税销售额"或者"未达起征点销售额"相关栏次;减按1%征收率征收增值税的销售额应填写在《增值税及附加税费申报表(小规模纳税人适用)》"应征增值税不含税销售额(3%征收率)"相应栏次,对应减征的增值税应纳税额按销售额的2%计算填写在《增值税及附加税费申报表(小规模纳税人适用)》"本期应纳税额减征额"及《增值税减免税申报明细表》减税项目相应栏次。

3. 增值税预缴税款申报

增值税预缴税款申报的适用范围:

(1)纳税人(不含其他个人)跨地(市、州)提供建筑服务

向建筑服务发生地主管税务机关预缴的增值税税款,可以在当期增值税应纳税额中抵减,抵减不完的,结转下期继续抵减。纳税人以预缴税款抵减应纳税额,应以完税凭证作为合法有效凭证。

不能自行开具增值税发票的小规模纳税人,可向建筑服务发生地主管税务机关按照其取得的全部价款和价外费用申请代开增值税发票。

(2)纳税人(不含其他个人)出租与机构所在地不在同一县(市)的不动产

应在取得租金的次月纳税申报期或不动产所在地主管税务机关核定的纳税期限预缴税款。

纳税人提供租赁服务采取预收款方式的,其纳税义务发生时间为收到预收款的当天。

向不动产所在地主管税务机关预缴的增值税款,可以在当期增值税应纳税额中抵减,抵减不完的,结转下期继续抵减。纳税人以预缴税款抵减应纳税额,应以完税凭证作为合法有效凭证。

不能自行开具增值税发票的小规模纳税人,可向不动产所在地主管税务机关申请代开增值税发票。

(3)房地产开发企业预售自行开发的房地产项目需要在机构所在地主管税务机关预缴税款的

纳税人应在取得预收款的次月纳税申报期向主管税务机关预缴税款。

向税务机关预缴的增值税税款,可以在当期增值税应纳税额中抵减,抵减不完的,结转下期继续抵减。纳税人以预缴税款抵减应纳税额,应以完税凭证作为合法有效凭证。

不能自行开具增值税发票的小规模纳税人,可向项目所在地主管税务机关申请代开增值税发票。

(4)纳税人提供建筑服务取得预收款

在收到预收款时,以取得的预收款扣除支付的分包款后的余额,按照规定的预征率预缴增值税。

适用一般计税方法计税的项目预征率为2%,适用简易计税方法计税的项目预征率为3%。

按照现行规定应在建筑服务发生地预缴增值税的项目,纳税人收到预收款时在建筑服务发生地预缴增值税。按照现行规定无须在建筑服务发生地预缴增值税的项目,纳税人收到预收款时在机构所在地预缴增值税。

(5)纳税人(不含其他个人)转让其取得的不动产

向不动产所在地主管税务机关预缴的增值税税款,可以在当期增值税应纳税额中抵减,抵减不完的转下期继续抵减。纳税人以预缴税款抵减应纳税额应以完税凭证作为合法有效凭证。

小规模纳税人转让其取得的不动产,不能自行开具增值税发票的,可向不动产所在地主管税务机关申请代开。

自2023年1月1日至2027年12月31日,按照现行规定应当预缴增值税税款的小规模纳税人,凡在预缴地实现的月销售额未超过10万元(以1个季度为1个纳税期的,季度销售额未超过30万元,下同)的,当期无须预缴税款。在预缴地实现月销售额超过10万元的,适用3%预征率的预缴增值税项目,减按1%预征率预缴增值税。

4. 消费税纳税申报

在中华人民共和国境内生产、委托加工和进口规定的消费品的单位和个人,以及国务院确定的销售规定的消费品的其他单位和个人,依据相关税收法律、法规、规章及其他有关规定,在规定的纳税申报期限内填报消费税申报表、附表和其他相关资料,向税务机关进行纳税申报。

消费税的纳税期限分别为1日、3日、5日、10日、15日、1个月或者1个季度。纳税人的具体纳税期限,由主管税务机关根据纳税人应纳税额核定;不能按照固定期限纳税的,可以按次纳税。纳税人以1个月或者1个季度为1个纳税期的,自期满之日起15日内申报纳税;以1日、3日、5日、10日或者15日为1个纳税期的,自期满之日起5日内预缴税款,于次月1日起15日内申报纳税并结清上月应纳税款。纳税期限遇最后一日是法定休假日的,以休假日期满的次日为期限的最后一日;在期限内有连续3日以上法定休假日的,按休假日天数顺延。

纳税人享受减税、免税待遇的,在减税、免税期间应当按照规定办理纳税申报,填写申报表及其附表上的优惠栏目。

纳税人应建立《葡萄酒消费税抵扣税款台账》，作为申报扣除外购、进口应税葡萄酒已纳消费税税款的备查资料。

纳税人应当建立《电池、涂料税款抵扣台账》，作为申报扣除委托加工收回应税消费品已纳消费税税款的备查资料。

自税款所属期2018年3月起，成品油消费税纳税人申报的某一类成品油销售数量，应大于或等于开具的该同类成品油发票所载明的数量；申报扣除的成品油数量，应小于或等于取得的扣除凭证所载明的数量。

自2022年11月1日起，对在中华人民共和国境内生产（进口）、批发电子烟的单位和个人征收消费税。

5. 企业所得税纳税申报

企业所得税分月或者分季预缴。企业应当自月份或者季度终了之日起十五日内，向税务机关报送预缴企业所得税纳税申报表，预缴税款。企业应当自年度终了之日起五个月内，向税务机关报送年度企业所得税纳税申报表，并汇算清缴，结清应缴应退税款。企业在报送企业所得税纳税申报表时，应当按照规定附送财务会计报告和其他有关资料。

实行查账征收方式申报企业所得税的居民企业（包括境外注册中资控股居民企业）应当在纳税年度终了之日起5个月内，在年度中间终止经营活动的应当在实际终止经营之日起60日内，依照税收法律、法规、规章及其他有关规定，自行计算本纳税年度应纳税所得额、应纳所得税额和本纳税年度应补（退）税额，向税务机关提交《中华人民共和国企业所得税年度纳税申报表（A类，2017年版）(2021年修订)》及其他有关资料，进行年度纳税申报。

纳税年度中间新开业（包括试生产、试经营）或纳税年度中间终止经营活动的纳税人，无论是否在减税、免税期间，也无论盈利或亏损，均应按照企业所得税法及其实施条例和有关规定进行居民企业所得税年度申报。

申报期限最后一天为法定休假日的，根据《税收征管法实施细则》第一百零九条的规定，以休假日期满的次日为期限的最后一日。

6. 个人所得税申报

居民个人取得工资、薪金所得、劳务报酬所得、稿酬所得、特许权使用费所得等综合所得且符合下列情形之一的纳税人，应当在取得所得的次年3月1日至6月30日内填报《个人所得税年度自行纳税申报表》及其他相关资料，办理汇算清缴或者随汇算清缴一并办理纳税申报：

（1）从两处以上取得综合所得，且综合所得年收入额减除专项扣除后的余额超过6万元；

（2）取得劳务报酬所得、稿酬所得、特许权使用费所得中一项或者多项所得，且综合所得年收入额减除专项扣除的余额超过6万元；

（3）纳税年度内预缴税额低于应纳税额；

（4）纳税人申请退税；

(5)纳税人取得综合所得,扣缴义务人未扣缴税款的。

享受 3 岁以下婴幼儿照护、子女教育、继续教育、住房贷款利息或者住房租金、赡养老人专项附加扣除的纳税人,自符合条件开始,可以向支付工资、薪金所得的扣缴义务人提供上述专项附加扣除有关信息办理扣除;也可以向汇缴地主管税务机关办理汇算清缴申报时扣除。纳税人未取得工资、薪金所得,仅取得劳务报酬所得、稿酬所得、特许权使用费所得需要享受专项附加扣除的,应当自行向汇缴地主管税务机关报送《个人所得税专项附加扣除信息表》,并在办理汇算清缴申报时扣除。享受大病医疗专项附加扣除的纳税人,由其自行向汇缴地主管税务机关办理汇算清缴申报时扣除。

纳税人因移居境外注销中国户籍的,且在注销户籍年度取得综合所得的,应当在注销户籍前,办理当年综合所得的汇算清缴,并报送《个人所得税年度自行纳税申报表》。尚未办理上一年度综合所得汇算清缴的,应当在办理注销户籍纳税申报时一并办理。

纳税人办理注销户籍纳税申报时,需要办理专项附加扣除、依法确定的其他扣除的,应当向税务机关报送《个人所得税专项附加扣除信息表》《商业健康保险税前扣除情况明细表》《个人税收递延型商业养老保险税前扣除情况明细表》等。

纳税人有未缴或者少缴税款的,应当在注销户籍前,结清欠缴或未缴的税款。纳税人存在分期缴税且未缴纳完毕的,应当在注销户籍前,结清尚未缴纳的税款。

需要办理汇算清缴的纳税人,向任职、受雇单位所在地主管税务机关办理纳税申报。纳税人有两处以上任职、受雇单位的,选择向其中一处任职、受雇单位所在地主管税务机关办理纳税申报;纳税人没有任职、受雇单位的,向户籍所在地或经常居住地主管税务机关办理纳税申报。

纳税人办理综合所得汇算清缴,应当准备与收入、专项扣除、专项附加扣除、依法确定的其他扣除、捐赠、享受税收优惠等相关资料,并按规定留存备查或报送。

(三)延期纳税申报

延期纳税申报,是指纳税人、扣缴义务人基于法定原因,不能在法律、行政法规规定或者税务机关依照法律、行政法规的规定确定的申报期内办理纳税申报或者向税务机关报送代扣代缴、代收代缴报告表的,经税务机关核准,允许延长一定的时间,在核准的期限内办理申报的一项税务管理制度。

1. 延期纳税申报的适用条件

纳税人、扣缴义务人有下列情形之一的,经税务机关核准,可以延期申报:

(1)因不可抗力,不能按期办理纳税申报或者报送代扣代缴、代收代缴税款报告表的,可以延期办理。但应当在不可抗力情形消除后立即向税务机关报告。

(2)因其他原因,按照规定的期限办理纳税申报或者报送代扣代缴、代收代缴税款报告表确有困难,需要延期的。按照规定的期限办理纳税申报或者报送代扣代缴、代收代缴税款报告表确有困难,是指因财务处理上的特殊原因,账务未处理完毕,不能计算应纳税额所导致的不能按时申报。

纳税人、扣缴义务人申请延期纳税申报或者延期报送代扣代缴、代收代缴税款报告表的,必须在法定纳税申报期限内提出并填写延期申报申请核准表(图 2-18)。

延期申报申请核准表

纳税人识别号	91350205××××××××××	纳税人(扣缴义务人)名称	厦门市××有限公司
申请延期申报税种	税款所属时期	规定申报期限	申请延期申报的期限
增值税	20××年1月1日—20××年3月31日	20××年4月18日	20××年×月×日
企业所得税	20××年1月1日—20××年3月31日	20××年4月18日	20××年×月×日

申请延期申报的理由：
根据实际情况填写

经办人：张××	法定代表人(负责人)：李××	纳税人(签章)
20××年×月×日	20××年×月×日	20××年×月×日

以下由税务机关填写			
核准延期申报期限：			年　月　日前
预缴税款核定方式	□上期实际缴纳税额		□税务机关核定税额
预缴税种	税目	税款所属时期	上期实际缴纳税额	核定预缴税额

经办人：	负责人：	税务机关(签章)
年　月　日	年　月　日	年　月　日

图 2-18　延期申报申请核准表

2. 延期纳税申报的处理

经核准延期办理所规定的申报、报送事项的，应当在纳税期内按照上期实际缴纳的税额或者税务机关核定的税额预缴税款，并在核准的延期内办理税款结算。

预缴税额大于实际应纳税额的，税务机关结算退税但不向纳税人计退利息，预缴税额小于应纳税额的，在结算补税时不加收滞纳金。

纳税人、扣缴义务人经核准延期办理纳税申报的，其随本期申报的财务会计报表报送期限可以顺延。

3. 延期纳税申报的批准权限

纳税人、扣缴义务人关于延期纳税申报的申请，必须经县以上税务局(分局)批准，不得擅自延期申报。

案例分析2-3

2024年3月，厦门市税务人员对其管辖的B公司申请延期纳税申报感到怀疑，因为B公司效益一直不错，财务管理也健全，怎么会申请延期纳税申报呢？税务人员对该公司进行调查后发现，原来该公司老板一个月前"借"去公司大部分资金投入股市，却被套牢了。

思考： 如果你是该税务机关人员，会接受该公司的延期纳税申报的申请吗？为什么？

分析:不能接受延期纳税申报的申请。因为不符合延期纳税申报的条件。

按要求,纳税人、扣缴义务人有下列情形之一的,经税务机关核准,可以延期申报:(1)因不可抗力,不能按期办理纳税申报或者报送代扣代缴、代收代缴税款报告表的,可以延期办理。但应当在不可抗力情形消除后立即向税务机关报告。(2)因其他原因,按照规定的期限办理纳税申报或者报送代扣代缴、代收代缴税款报告表确有困难,需要延期的。按照规定的期限办理纳税申报或者报送代扣代缴、代收代缴税款报告表确有困难,是指因财务处理上的特殊原因,账务未处理完毕,不能计算应纳税额所导致的不能按时申报。纳税人、扣缴义务人申请延期纳税申报或者延期报送代扣代缴、代收代缴税款报告表的,必须在法定纳税申报期限内提出。

该公司均不符合以上条件,因此不能申请延期纳税申报。

(四)纳税申报的方式

纳税申报的方式是指纳税人和扣缴义务人在发生纳税义务和代扣代缴、代收代缴义务后,在其申报期限内,依照税收法律、行政法规的规定到指定税务机关进行申报纳税的形式,包括直接申报、邮寄申报、数据电文申报、简易申报、简并征期等。

1.直接申报

直接申报是指纳税人自行到税务机关办理纳税申报,这是一种传统申报方式。

2.邮寄申报

邮寄申报是指经税务机关批准的纳税人使用统一规定的纳税申报特快专递专用信封,通过邮政部门办理交寄手续,并向邮政部门索取收据作为申报凭据的方式。纳税人采取邮寄方式办理纳税申报的,应当使用统一的纳税申报专用信封,并以邮政部门收据作为申报凭据。邮寄申报以寄出的邮戳日期为实际申报日期。

3.数据电文申报

数据电文申报是指纳税人使用经税务机关确定的电话语音、电子数据交换和网络传输等电子方式申报纳税的方式。例如,目前纳税人的网上申报,就是数据电文申报的一种形式。

我国在传统的邮件申报和直接申报方式的基础上,不仅实行电子申报、上门申报、电话申报、报税器申报等,更大力推行网上申报。网上申报可以提高税务管理的效率、减少税务机关的征收成本,并且使纳税人的纳税申报过程简洁化。网上申报成为各国申报方式发展的主流趋势。

网上申报的步骤:(1)登录××市电子税务局;(2)在"我要办税"中选择"税费申报及缴纳";(3)选择对应的税种申报行,点击该行的"填写申报表"按钮,即可进入申报界面。(4)纳税人可以根据自己的实际情况,从一般申报、一键零申报、简易申报中选择一个入口进入填报。一键零申报更为简单,只需填报资产总额、从业人数,便可成功申报。

4.简易申报与简并征期

(1)简易申报

简易申报是指实行定期定额缴纳税款的纳税人在法律、行政法规规定的期限或者在税务机关依照法律、行政法规的规定确定的期限内缴纳税款的,税务机关可以视同申报。

若纳税人已报送财务报表,系统将自动导出营业收入、营业成本、利润总额,并根据纳税人填报的资产总额、从业人数,自动计算可享受小型微利企业优惠及本期应纳所得税额。

(2)简并征期

简并征期是指实行定期定额缴纳税款的纳税人,经税务机关批准,可以采取将纳税期限合并为按季、半年、年的方式缴纳税款,具体期限由省级税务机关根据具体情况确定。按纳税申报表、代扣(收)代缴税款报告表的填报人划分,可分为自行申报和代理申报。

五、纳税申报的法律责任

纳税人未按照规定的期限办理纳税申报和报送纳税资料的,或者扣缴义务人未按照规定的期限向税务机关报送代扣代缴、代收代缴税款报告表和有关资料的,由税务机关责令限期改正,可以处 2 000 元以下罚款;情节严重的,可以处 2 000 元以上 10 000 元以下罚款。

纳税人、扣缴义务人编造虚假计税依据的,由税务机关责令限期改正,并处以 5 0000 元以下罚款。

纳税人不进行纳税申报,不缴或者少缴应纳税款的,由税务机关追缴其不缴或少缴的税款、滞纳金,并处不缴或少缴的税款 50% 以上 5 倍以下罚款。

课后练习题

一、单选题

1.(　　)是整个税收征收管理工作的首要环节、基础工作。
A.税务登记　　B.设置账簿　　C.纳税申报　　D.领购发票

2.一般情况下,"五证合一"之后办理税务设立登记需要向(　　)申请。
A.税务机关　　B.人民政府　　C.工商局　　D.财政局

3.纳税人的经营地址改变,但不涉及改变主管税务机关的情况下需要向(　　)办理(　　)。
A.税务机关,注销登记　　　　B.税务机关,变更登记
C.工商局,注销登记　　　　　D.工商局,变更登记

4.纳税人的经营地址从厦门市改为北京市时,应向(　　)办理(　　)。
A.税务机关,注销登记　　　　B.税务机关,变更登记
C.工商局,注销登记　　　　　D.工商局,变更登记

5."一照一码"改革后,纳税人办理注销登记应先向(　　)申请。
A.主管税务机关　　B.工商局　　C.财政局　　D.国家税务总局

6.不属于注销登记事项的是(　　)。
A.纳税人破产
B.境外企业在中国境内承包建筑、安装、装配、勘探工程和提供劳务的,其项目完工、离开中国
C.因产权关系变更而涉及改变主管税务机关
D.改变经营范围、经营方式的

7.《跨区域涉税事项报告表》的有效期为(　　)。
A.180 天　　　　　　　　　　B.一般为 180 天,最长不得超过 360 天

C. 永久有效　　　　　　　　　　D. 合同期限,可延期

8.(　　)在停业前应向主管税务机关申报办理停业登记。
　A. 实行定期定额征收的个体工商户　　B. 单位纳税人
　C. 小规模纳税人　　　　　　　　　　D. 临时经营纳税人

9. 从事生产、经营的纳税人应当自领取营业执照或者发生纳税义务之日起(　　)日内,按照国家有关规定设置账簿。
　A. 10　　　　B. 12　　　　C. 15　　　　D. 20

10. 扣缴义务人应当自税收法律、行政法规规定的扣缴义务发生之日起(　　)日内,按照所代扣或者所代扣代收的税种,分别设置代扣代缴、代收代缴税款账簿。
　A. 10　　　　B. 12　　　　C. 15　　　　D. 20

11. 从事生产、经营的纳税人应当自领取税务登记证件之日起(　　)日内,将其财务会计制度或处理办法、软件、使用说明书及有关资料,报送税务机关备案。
　A. 10　　　　B. 12　　　　C. 15　　　　D. 20

12. 从事生产、经营的纳税人应当按照国家有关规定,持税务登记证件,在银行或者其他金融机构开立基本存款账户和其他存款账户,并在开立账户之日起(　　)日内,将其全部账户向税务机关报告。
　A. 10　　　　B. 12　　　　C. 15　　　　D. 20

13. 2020年2月1日起,所有小规模纳税人都能自行开具增值税专用发票(　　)。
　A. 对　　　　B. 错

14. 增值税专用发票由(　　)印制。其他发票,按照规定由(　　)印制。
　A. 国务院税务主管部门指定的企业,省、自治区、直辖市税务机关确定的企业
　B. 国务院税务主管部门指定的企业,省、自治区、直辖市税务机关
　C. 国家税务总局指定的企业,省、自治区、直辖市税务机关确定的企业
　D. 国务院,省税务机关

15. 发票只能由收款方向付款方开具。(　　)
　A. 对　　　　B. 错

16. 下列关于开具发票的规范要求不正确的是(　　)。
　A. 未发生经营业务一律不准开具发票
　B. 保证开具发票的真实、完整
　C. 经允许可以运输空白发票出入境
　D. 任何单位和个人不得转借、转让、代开发票

17. 下列关于企业开具和使用发票的说法中,正确的是(　　)。
　A. 属于民族自治区的企业,可以同时使用中文和民族文字开具发票
　B. 取得发票时,可以要求变更品名和金额
　C. 发票的字迹可以涂改,但金额绝对不能涂改
　D. 商业企业零售食品可以开具增值税专用发票

18. 根据税收管理法规规定,账簿、记账凭证、报表、完税凭证、发票的发票联、出口凭证以及其他有关涉税资料至少要保存10年(　　)。
　A. 对　　　　B. 错

19.全国统一发票监制章的式样和发票版面印刷的要求,由国务院税务主管部门规定,由(　　)制作。

　　A.国家税务总局　　　B.县税务机关　　　C.市税务机关　　　D.省税务机关

20.自2020年3月1日起,已办理税务登记的纳税人,在(　　)情况下将被税务机关认定为非正常户,暂停其税务登记证件、发票领购簿和发票的使用。

　　A.连续三个月所有税种均未申报

　　B.连续三个月有一个税种未申报

　　C.税务机关责令其限期改正后,逾期不改正

　　D.未设置账簿

二、多选题

1.目前"一照一码"代表的是哪些证书的整合(　　)。

　　A.工商营业执照　　　　　　　B.组织机构代码证

　　C.税务登记证　　　　　　　　D.统计登记证

　　E.社保登记证

2.进行设立登记的对象包括(　　)。

　　A.国家机关　　　　　　　　　B.单位纳税人

　　C.临时经营纳税人　　　　　　D.扣缴义务人

　　E.流动性小商贩

3.下列关于跨区域涉税事项管理的说法正确的是(　　)。

　　A.纳税人从厦门市的思明区去往集美区临时从事生产经营活动,要办理跨区域涉税事项报告

　　B.纳税人从厦门市去往北京市临时从事建筑安装活动,要办理跨区域涉税事项报告

　　C.跨区域经营合同执行期限为有效期限,合同延期的,纳税人可向经营地税务机关申请延期

　　D.实名办税情况下可以直接在网上申请办理跨区域涉税事项

4."一照一码"纳税人(　　)等信息发生变化时,向主管税务机关申请变更。

　　A.《纳税人首次办税补充信息表》　　B.生产经营地

　　C.财务负责人　　　　　　　　D.核算方式

　　E.增设或撤销分支机构

5.以下纳税人发生的事项,涉及办理变更税务登记的有(　　)。

　　A.甲企业扩大经营范围,已经向工商行政机关依法变更了经营范围

　　B.乙企业原为国有企业,改制为股份制企业

　　C.丙企业在北京注册经营,现在天津设立一独立核算的分公司

　　D.由于银行系统的调整,戊企业的基本存款户的银行账号由15位升级为18位

6.2021年8月1日起全国实行增值税、消费税分别与附加税费申报表整合,带来的好处有(　　)。

　　A.优化办税流程　　　　　　　B.减轻办税负担

　　C.提高办税质效　　　　　　　D.消除偷逃税行为

7. 下列关于账簿设置的表述,错误的有( )。

A. 外商企业的账簿、会计凭证和报表,使用中英文时必须相对应

B. 从事生产、经营的纳税人无须将其账务、会计制度或者账务、会计处理办法和会计核算软件报送主管税务机关备案

C. 纳税人、扣缴义务人会计制度健全,能够通过计算机正确、完整计算其收入和所得或者代扣代缴、代收代缴税款情况的,其计算机储存的会计记录可视同会计账簿

D. 生产经营规模小又确无建账能力的纳税人,若聘请专业机构或者人员有实际困难的,可自行建立收支凭证粘贴簿、进货销货登记簿或者安装税控装置

8. 增值税专用发票的基本联次包括( )。

A. 存根联　　　B. 发票联　　　C. 抵扣联　　　D. 记账联

E. 提货联

9. 关于私自印制、伪造、变造发票的税务行政处理,下列表述正确的是( )。

A. 由税务机关责令改正,可以处 1 万元以下罚款;情节严重的,处 1 万元以上 3 万元以下罚款

B. 由税务机关没收违法所得,没收、销毁作案工具和非法物品

C. 可以并处 1 万元以上 5 万元以下罚款

D. 情节严重的,并处 5 万元以上 50 万元以下罚款

E. 构成犯罪的,依法追究刑事责任

10. A 公司甲某购买办公用品,没有取得发票,让本市某汽车修理公司虚开增值税普通发票 1 份,票面金额 15 000 元,支付给汽车修理公司代开发票费用 800 元。税务机关处理正确的是( )。

A. 没收汽车修理公司代开发票费用 800 元

B. 对汽车修理公司处 60 000 元罚款

C. 对 A 公司取得的发票不允许在税前列支,并处 10 000 元罚款

D. A 公司的行为属于让他人为自己虚开增值税发票

三、填空题

1. 除法律、行政法规另有规定外,账簿、会计凭证、报表、完税凭证及其他有关纳税资料应当保存( )年。

2. 为纳税人、扣缴义务人非法提供银行账户、发票、证明或者其他方便,导致未缴、少缴税款或者骗取国家出口退税款的,税务机关除没收其违法所得外,可以处未缴、少缴或者骗取的税款( )倍以下罚款。

3. 目前实施的电子发票( )(有/无)发票联次。

4. 已经开具的发票存根联和发票登记簿,应当保存( )年。

5. 若因台风影响不能报送税款报告表的,经县级以上税务机关批准可延期办理,税款( )(可/不可)延期缴纳。

四、简答题

1. 什么是税务登记?办理税务登记有何作用?

2. "一照一码"改革后税务登记还有意义吗?

3.哪些人应该办理税务设立登记？如何办理设立登记？

4.哪些人应该办理税务变更登记？如何办理变更登记？

5.哪些人应该办理税务注销登记？如何办理注销登记？

6.发票管理的意义是什么？

7.延期纳税申报的条件是什么？

8.纳税申报的方式有哪些？目前推荐的方式是什么？为什么？

五、案例分析

1.2023年10月，由于特殊原因，A公司不能按照规定的时间在11月15日之前申报纳税，于是就向主管税务机关申请延期纳税申报。税务机关批准A公司可以延迟到12月15日前办理纳税申报，A公司在延期结束前到税务机关进行纳税申报并缴纳税款。税务机关告知A公司：你公司缴税迟了1个月，需要按日加收万分之五的滞纳金。A公司对此很疑惑：税务机关批准我公司延迟一个月纳税申报，我公司在批准的期间内申报纳税有什么错吗？

2.大强公司开业并办理了工商营业执照。两个月后的一天，税务机关发来一份税务处理通知书，称该公司未按规定期限办理纳税申报（每月1~15日为申报期限），并处罚款500元。大强对此很不理解，跑到税务机关辩称：本公司虽已开业两个月，但尚未做成一笔生意，没有收入又如何办理纳税申报呢？请你依照《税收征管法》分析并解答该公司的做法有无错误，如有错，错在哪里，应如何处罚？

第三章

纳税评估与纳税信用评价

主要内容

本章主要围绕纳税评估的概念、方法及其在税收管理中的应用进行深入探讨,同时关注纳税信用等级评定的标准、流程及其对纳税人权益的影响。通过本章的学习,学生应掌握纳税评估在税收管理中提高纳税人税收遵从度的重要地位和实际操作技巧,理解纳税信用等级制度的基本框架和运行机制。

学习重难点

1. 理解纳税评估的主体、意义。
2. 掌握纳税评估的流程以及评估结果的应用。
3. 了解纳税信用等级评定的指标体系。
4. 了解纳税信用信息的采集与管理、信用等级的分类及其对应的管理措施。

思政元素

1. 明确税务机关进行税务管理的根本出发点是提高纳税遵从度,体现服务型政府职能的转变。纳税评估作为税收管理的重要环节,不仅体现了税务机关对税收征管工作的精细化和科学化要求,也体现了对纳税人权益的尊重和保障。通过纳税评估,可以及时发现纳税人的涉税风险和问题,帮助纳税人纠正错误、规范行为,从而提高纳税人的税收遵从度和满意度。
2. 政策上积极鼓励诚实纳税。纳税信用等级评定是对纳税人税收遵从情况的一种客观反映和评价。通过信用等级评定,可以激励纳税人诚信纳税、积极履行税收义务,同时也可以为税务机关实施差异化管理和服务提供依据。这既体现了税收管理的公平性和公正性，也体现了对纳税人诚信经营的支持和鼓励。

第一节　纳税评估

> **引入案例**
>
> 某物流公司，其主营业务涵盖普通货运、货运代理、仓储服务（不含危险化学品）、装卸服务以及土石方工程施工。在2022年5月，该公司接到主管税务机关的风控部门的电话通知，提示其2021年度税务数据存在异常。经过省税务大数据风控系统的推送，税务局发现该公司取得了大量工业白油票用于抵扣成本，这与公司实际经营情况不符。税务局要求该公司提供情况说明及相关业务真实性资料，以排除潜在的税务风险。
>
> 面对这一突如其来的税务风险评估事件，该公司迅速采取行动，于5月13日联系到财合税平台，申请专家介入，协助其解决税务问题，防止风险进一步蔓延和扩大，避免案件升级。
>
> 财合税平台专家团队在接受委托后，迅速赶赴企业办公地点，深入了解公司的经营模式，并与业务人员和财务人员进行了深入交流。经过现场调查，专家团队发现，尽管公司运输车辆实际使用的是柴油，但在2021年6~8月，公司却取得了大量工业白油票。原来，上游供应商为逃避缴纳消费税，选择向运输企业开具工业白油票而非柴油票。而公司财务由于工作疏忽，未能注意到发票品名不符的问题，直接进行了认证抵扣，从而触发了税务大数据监测系统的异常预警。

思考： 如何有效识别并防范企业日常经营中的税务风险？

分析： 企业在税务管理方面存在薄弱环节，包括供应商选择、发票审核以及内部税务风险控制等方面。纳税评估对企业的稳健运营具有重要意义，对加强企业内部税务管理和风险控制具有双重作用。

纳税评估是税务机关对纳税人履行纳税义务情况进行事中税务管理、提供纳税服务的方式之一。通过实施纳税评估发现征收管理过程中的不足，强化管理监控功能，体现服务型政府的文明思想，寓服务于管理之中，在帮助纳税人发现和纠正在履行纳税义务过程中出现的错漏，矫正纳税人的纳税意识和履行纳税义务的能力等方面具有十分重要的作用。

一、纳税评估的概念

纳税评估是税务机关根据纳税人、扣缴义务人报送的纳税申报资料，以及日常掌握的各种涉税信息资料，按照一定的程序，运用一定的手段和方法，对纳税人或扣缴义务人在一定期间内履行纳税义务、扣缴义务的情况及有关涉税事项,进行系统的审核、分析、确认和评价,及时发现、纠正和处理纳税申报行为中的异常情况,促使纳税人和扣缴义务人依法申报纳税的管理活动。

(一)纳税评估主体

纳税评估的主体是基层税务机关的税源管理部门及其税收管理员。重点税源和重大事项的纳税评估也可由上级税务机关负责。基层税务机关是指直接面向纳税人负责税收征收管理的税务机关;税源管理部门是指基层税务机关所属的税务分局、税务所或内设的税源管理科(股)。

对汇总合并缴纳企业所得税企业的纳税评估,由其汇总合并纳税企业申报所在地税务机关实施,对汇总合并纳税成员企业的纳税评估,由其监管的当地税务机关实施;对合并申报缴纳外商投资和外国企业所得税企业分支机构的纳税评估,由总机构所在地的主管税务机关实施。

(二)纳税评估客体

纳税评估客体即纳税评估的对象,是主管税务机关负责管理的所有纳税人及其所有应纳税种。

纳税评估对象可采用计算机自动筛选、人工分析筛选和重点抽样筛选等方法。

筛选纳税评估对象,要依据税收宏观分析、行业税负监控结果等数据,结合各项评估指标及其预警值和税收管理员掌握的纳税人实际情况,参照纳税人所属行业、经济类型、经营规模、信用等级等因素进行全面、综合的审核对比分析。

综合审核对比分析中发现有问题或疑点的纳税人应被作为重点评估分析对象;重点税源户、特殊行业的重点企业、税负异常变化、长时间零税负和负税负申报、纳税信用等级低下、日常管理和税务检查中发现较多问题的纳税人要被列为纳税评估的重点分析对象。

(三)纳税评估的意义

纳税评估的目的是通过发现纳税人、扣缴义务人纳税申报行为中的异常,纠正和处理税法执行过程中的偏差,加强税收管理,提升税务机关征管效能和服务层次。纳税评估是税源管理工作的基本内容,是处置税收风险、促进纳税遵从的重要手段。

纳税评估对内是管理手段,能及时发现税收征管中的薄弱环节和存在的问题,有效提高税源监控能力,有利于提高纳税质量和税收征管水平。纳税评估对外是服务手段,它帮助纳税人准确理解和掌握税法,减少或纠正纳税人、扣缴义务人因对税法理解偏差而产生的涉税问题,引导其主动自查,自动纠错,降低纳税人因税收违法而被追究责任的风险,给没有偷逃税故意的纳税人、扣缴义务人一次机会,让纳税人、扣缴义务人确实感受到并体验到税收的公平与公正,最终提高纳税人、扣缴义务人的税法遵从度。

(1)纳税评估可以提高税收征管质量。纳税评估是税务机关对企业纳税申报情况的真实性和准确性进行审核和评估的一种手段。通过纳税评估,可以及时发现并纠正企业纳税申报中的错误和遗漏,避免因税务问题而引发的风险和损失。同时提出针对性管理建议,以提高税收征管质量。

(2)可能发现重大涉税违法问题,为税收稽查提供具体线索。筛选出主观故意和非恶意涉税违法嫌疑人,若能提前发现重大涉税违法问题,可以为税务稽查查处偷税、逃避追缴欠税、抗税、骗税等案件提供具体线索,提高稽查的有效性。

(3)纳税评估有助于企业提高税务合规性。纳税评估注重纳税服务,为纳税人、扣缴义务人提供涉税辅导和建议。税务机关宣传税收法规,解释涉税疑义,企业可以更加清晰地了解税务政策和规定,确保自身的税务行为符合法律法规的要求。不仅可以避免因违规行为而受到的处罚和制裁,还可以提升企业的社会形象和信誉度。

(4)纳税评估有助于企业与税务机关建立良好的沟通机制。通过纳税评估,企业可以与税务机关进行更加深入的交流和合作,共同推动税务管理的规范化和现代化。在减少企业与税务机关之间的误解和摩擦的同时,提高企业的纳税遵从度和满意度。

(四)纳税评估与税务稽查之间的区别

纳税评估与税务稽查都是税收管理的重要内容。纳税评估与税务稽查分别作为管理环节和检查环节中的重要手段,同属于征、管、查有机整体的重要组成部分,有着天然的联系。

纳税评估与税务稽查的最终目的都是提高纳税人、扣缴义务人的税法遵从度,但实现的方式有所区别,纳税评估主要是通过预警服务来实现管理目的,税务稽查则通过监督打击来实现管理目的。纳税评估与税务稽查存在着本质的区别,主要在于:

1. 性质不同

税务稽查属法定程序,它侧重于对涉税行政违法行为的打击和惩戒,带有明显的打击性,是一种税收惩处行为;纳税评估是税务机关为提高自身工作质量和优化纳税服务所开展的一项举措,对于涉税违法行为,它提供一种"预警",是一种纳税服务的行为。纳税评估相当于在稽查查处与日常管理之间建立一个较宽的"缓冲带",将纳税人、扣缴义务人可能的违法风险减轻到最低程度。

2. 程序不同

税务稽查具有严密的固化程序,每一环节都需向纳税人、扣缴义务人送达法定的税务文书,如检查前应下达《税务检查通知书》、调取账簿前应下达《调取账簿资料通知书》等,这些文书都是法定的。如果程序有误或缺少文书,税务机关应承担相应的法律后果。而纳税评估过程中并无法定文书,除《询问核实通知书》《纳税评估建议书》外,其余均为税务机关内部使用文书,而《纳税评估建议书》仅提供评估对象建议而非法定文书。相比之下,纳税评估程序更为简洁灵活。

3. 实施形式不同

税务稽查既可在税务机关内进行调账检查,也可依法进入涉税场所调查取证。纳税评估一般是通过案头评估发现疑点,然后要求评估对象作出合理解释,直至疑点消除,通常情况下在税务机关内部进行,当然在案头评估不能有效排除疑点时,税务机关也可以进行实地调查。

4. 处理方式不同

当纳税人或扣缴义务人的违法行为经过税务稽查确认后,将面临严重的后果。除了需要补缴相应的税款及缴纳滞纳金外,还可能会受到行政处罚。更为严重的情况下,税务机关可能会将案件移送司法部门,以依法追究其刑事责任。税务稽查的惩处作用,旨在维护税收秩序,保护国家税收利益,确保纳税人和扣缴义务人依法履行税收义务,维护税收征管的严肃性和公正性。相比之下,纳税评估的处理结果相对较为宽松。如果在评估过程中发现纳税人存在少缴税款的情况,并且属于非主观故意性质,一般情况下,税务机关会要求纳税人自行进行补缴,并根据规定加收相应的滞纳金,通常不会涉及额外的处罚或法律追究。这种处理方式注重了对纳税人的善意纠正,同时也考虑到了税务征管的灵活性和人性化,使得纳税人能够更加积极地配合税收征管工作,自觉履行税收义务。

二、纳税评估的数据来源

(1)"一户式"存储的纳税人各类纳税信息资料,主要包括纳税人税务登记的基本情况,各项核定、认定、减免缓抵退税审批事项的结果,纳税人申报纳税资料,财务会计报表以及税务机关要求纳税人提供的其他相关资料,增值税交叉稽核系统各类票证比对结果等。

(2)税收管理员通过日常管理所掌握的纳税人生产经营实际情况,主要包括生产经营规模、产销量、工艺流程、成本、费用、能耗、物耗情况等各类与税收相关的数据信息。

(3)上级税务机关发布的宏观税收分析数据,行业税负的监控数据,各类评估指标的预警值。

(4)本地区的主要经济指标、产业和行业的相关指标数据、外部交换信息及与纳税人申报纳税相关的其他信息。

税务机关所能获取的与涉税情况相关的其他信息在很大程度上指的是第三方信息,而且税务机关应当充分利用第三方信息,将其与企业的纳税申报信息相比对,发现疑点,提高纳税评估的效率。

三、纳税评估的内容

纳税评估的内容主要包括根据宏观税收分析和行业税负监控结果以及相关数据设立评估指标及预警值;综合运用各类对比分析方法筛选评估对象;对所筛选出的异常情况进行深入分析并作出定性和定量的判断;对评估分析中发现的问题分别采取税务约谈、调查核实、处理处罚、提出管理建议、移交稽查部门查处等办法进行处理;维护更新税源管理数据,为税收宏观分析和行业税负监控提供基础信息等。

对纳税人申报纳税资料进行审核分析时,主要包括以下重点内容:

(1)纳税人是否按照税法规定的程序、手续和时限履行申报纳税义务,各项纳税申报附送的各类抵扣、列支凭证是否合法、真实、完整。

(2)纳税申报主表、附表及项目、数字之间的逻辑关系是否正确,适用的税目、税率及各项数字计算是否准确,申报数据与税务机关所掌握的相关数据是否相符。

(3)收入、费用、利润及其他有关项目的调整是否符合税法规定,申请减免缓抵退税、亏损结转、获利年度的确定是否符合税法规定并正确履行相关手续。

(4)与上期和同期申报纳税情况有无较大差异。

(5)税务机关和税收管理员认为应进行审核分析的其他内容。

对实行定期定额(定率)征收税款的纳税人以及未达起征点的个体工商户,可参照其生产经营情况,利用相关评估指标定期进行分析,以判断定额(定率)的合理性和是否已经达到起征点并恢复征税。

四、纳税评估的方法

纳税评估工作根据国家税收法律、行政法规、部门规章和其他相关经济法规的规定,按照属地管理原则和管户责任原则开展;对同一纳税人申报缴纳的各个税种的纳税评估要相互结合、统一进行,避免多头重复评估。

阅读链接3-1

纳税评估可根据所辖税源和纳税人的不同情况采取灵活多样的评估分析方法,主要有:

(1)对纳税人申报纳税资料进行案头的初步审核对比,以确定进一步评估分析的方向和重点。

(2)通过各项指标与相关数据的测算,设置相应的预警值,将纳税人的申报数据与预警值相比较。

(3)将纳税人申报数据与财务会计报表数据进行比较,与同行业相关数据或类似行业同期相关数据进行横向比较。

(4)将纳税人申报数据与历史同期相关数据进行纵向比较。

(5)根据不同税种之间的关联性和勾稽关系,参照相关预警值进行税种之间的关联性分析,分析纳税人应纳相关税种的异常变化。

(6)应用税收管理员日常管理中所掌握的情况和积累的经验,将纳税人申报情况与其生产经营实际情况相对照,分析其合理性,以确定纳税人申报纳税中存在的问题及原因。

(7)通过对纳税人生产经营结构、主要产品能耗、物耗等生产经营要素的当期数据、历史平均数据、同行业平均数据及其他相关经济指标进行比较,推测纳税人实际纳税能力。

五、纳税评估的程序

纳税评估作为税收征管的重要环节,通过系统、科学的方法对纳税人的申报数据进行深入分析,以识别潜在的税收风险。纳税评估的程序包括:风险识别、案头审核、调查核实(约谈、实地核查)、评定处理等。可以借鉴中医的"望闻问切"理念,理解纳税评估的流程。

(一)风险识别、案头审核——望

识别涉税风险,进行案头审核是纳税评估的初步阶段,主要涉及对纳税人提交的各类资料和数据进行深入剖析。

(1)资料收集。收集纳税人的纳税申报表、财务报表、涉税信息登记等基础资料。

(2)指标分析。运用税收预警指标、财务比率等指标,对纳税人的经营情况进行全面评估。

(3)模型比对。构建相应行业的评估模型,将纳税人的数据与模型数据进行比对,识别异常点。

(4)疑点确定。基于上述分析,确定纳税人可能存在的税收风险点和疑点。

(二)第三方信息比对——闻

第三方信息在纳税评估中扮演着至关重要的角色,能够提供更为客观、全面的数据支持。

信息获取:从社会保障部门、银行、电力、水利等部门获取纳税人的相关数据。

数据比对：将第三方数据与纳税人的申报数据进行逐一比对，发现差异。

差异分析：对发现的差异进行深入分析，判断其是否具有税收风险性质。

（三）约谈核实、实地核查——问

约谈是纳税评估中进一步核实疑点、了解纳税人真实情况的重要环节。

（1）约谈的条件。约谈要经所属税务机关批准，并事先发出《询问通知书》，提前通知纳税人。

（2）约谈的对象。税务约谈的对象主要是企业财务会计人员、法定代表人。评估工作必须要约谈企业其他人员，应经税源管理部门批准并通过企业财务部门进行安排。

因特殊困难不能按时接受税务约谈的，可向税务机关说明情况，经批准后延期进行。

可以委托具有执业资格的税务代理人进行税务约谈。

（3）约谈的过程。首先，应向纳税人告知评估中发现的疑点，要求其进行解释和说明。认真听取纳税人的解释，对其提供的证据和资料进行核实。基于约谈和核实情况，对疑点进行排除或进一步确认。

经电话、信函、网络、约谈等方式，仍无法排除疑点的，税务机关应当实地核查。实施实地核查必须经过所属税务机关批准并事先发出《税务检查通知书》，提前通知纳税人。实地核查时要现场观察纳税人的生产经营场所、设备设施等，了解其实际生产情况；查阅纳税人的账簿、凭证、合同等原始资料，核实其申报数据的真实性。基于实地核查情况，最终确认纳税人是否存在税收风险。

实施约谈和实地核查的税务人员一般不少于 2 名。

纳税人的纳税申报情况经评估后，如发现了新的线索，在纳税评估期限内可再次实施纳税评估，但对纳税人同一税种同一税款所属期纳税申报情况的纳税评估不得超过两次。

（四）评定处理——切

基于上述流程，形成纳税评估结论，并根据结论进行相应处理。综合案头分析、第三方信息比对、约谈核实和实地核查的结果，形成纳税评估结论。在纳税评估中，评估机构和评估人员对评估结果的处理可以采用提请改正、督促落实、移送相关部门等处理决定。

（1）提请改正。该情况无须立案查处的，可提请纳税人自行改正。这种情况大都涉及一般性问题，如计算和填写错误、政策和程序理解偏差；存在疑点，但经查不具有偷税等违法嫌疑。

（2）督促落实。需要纳税人自行补充纳税资料及需要纳税人自行补正申报、补缴税款、调整账目的，税务机关应督促纳税人按照税法规定逐项落实。

（3）移送相关部门。①移交稽查部门。发现纳税人有偷税、逃避追缴欠税、骗取出口退税、抗税或其他需要立案查处的税收违法行为嫌疑的，要移交税务稽查部门处理。对税源管理部门移交稽查部门处理的案件，税务稽查部门要将处理结果定期向税源管理部门反馈。②移交上级机关。发现外商投资和外国企业与其关联企业之间的业务往来不按照独立企业业务往来收取或支付价款、费用，需要调查、核实的，应移交上级税务机关或税收管理部门（或有关部门）处理。

对纳税评估工作中发现的问题要作出评估分析报告，提出进一步加强征管工作的建议，并将评估工作内容、过程、证据、依据和结论等记入纳税评估工作底稿。纳税评估分析报告和纳税评估工作底稿是税务机关的内部资料，不发给纳税人，不作为行政复议和诉讼依据。

六、评估工作管理

基层税务机关及其税源管理部门要根据所辖税源的规模、管户的数量等工作实际情况，结合自身纳税评估的工作能力，制订评估工作计划，合理确定纳税评估工作量，对重点税源户要保证每年至少重点评估分析一次。

基层税务机关及其税源管理部门要充分利用现代化信息手段，广泛收集和积累纳税人各类涉税信息，不断提高评估工作水平；要经常对评估结果进行分析研究，提出加强征管工作的建议；要做好评估资料整理工作，本着"简便、实用"的原则，建立纳税评估档案，妥善保管纳税人报送的各类资料，并注重保护纳税人的商业秘密和个人隐私；要建立健全纳税评估工作岗位责任制、岗位轮换制、评估复查制和责任追究制等各项制度，加强对纳税评估工作的日常检查与考核；要加强对从事纳税评估工作人员的培训，不断提高纳税评估工作人员的综合素质和评估能力。

各级税务机关的征管部门负责纳税评估工作的组织协调工作，制定纳税评估工作业务规程，建立健全纳税评估规章制度和反馈机制，指导基层税务机关开展纳税评估工作，明确纳税评估工作职责分工并定期对评估工作开展情况进行总结和交流。

各级税务机关的计划统计部门负责对税收完成情况、税收与经济的对应规律、总体税源和税负的增减变化等情况进行定期的宏观分析，为基层税务机关开展纳税评估提供依据和指导。

各级税务机关的专业管理部门（包括各税种、国际税收、出口退税管理部门以及县级税务机关的综合业务部门）负责进行行业税负监控、建立各税种的纳税评估指标体系、测算指标预警值、制定分税种的具体评估方法，为基层税务机关开展纳税评估工作提供依据和指导。

从事纳税评估的工作人员，在纳税评估工作中徇私舞弊或者滥用职权，或为有涉嫌税收违法行为的纳税人通风报信致使其逃避查处的，或瞒报评估真实结果、应移交案件不移交的，或致使纳税评估结果失真、给纳税人造成损失的，不构成犯罪的，由税务机关按照有关规定给予行政处分；构成犯罪的，要依法追究刑事责任。

国家税务总局、地方税务局要加强纳税评估工作的协作，提高相关数据信息的共享程度，简化评估工作程序，提高评估工作实效，最大限度地方便纳税人。

七、利用大数据进行纳税评估

纳税评估作为税收风险管理的重要环节，其定位在于对纳税人的税收遵从情况进行全面、客观评估，以识别潜在的税收风险。在税收风险管理中，一方面，通过纳税评估及时发现纳税人的税收风险点，为税务机关提供有针对性的风险应对依据；另一方面，纳税评估也具有促进纳税人的税收遵从、降低税收风险的作用。在大数据技术发展时代，充分利用数据要素以增强纳税评估的准确性和有效性是非常有必要的。

在实践中，纳税评估积极应用大数据，建立了事前预警、事中控制和事后分析评价的税收风险管理模式，有效提升了基层税收管理质效。通过强化税收数据应用和纳税评估分析，可以更高效地识别多项企业风险事项,并及时向企业推送风险提示信息,入户开展针对性辅导排险。大数据的共享与协作在税收征收管理过程中具有重要的作用,通过建立跨部门协作机制,利用税收大数据技术进行行业分析,将在很大程度上提高税收风险管理的效率。

(一)加强税收大数据的应用,通过数据挖掘和分析,提高评估的精准度

大数据在税收领域的广泛应用,能够提供更加全面、精准的纳税人信息,使纳税评估工作得以更为细致地展开。通过先进的数据挖掘和分析技术,可以深入剖析纳税人的税务行为模式,挖掘潜在风险点,从而提高评估的精准度。

(二)完善评估指标体系,确保评估指标的科学性和合理性

评估指标体系的完善是提升纳税评估工作质量的关键,应不断根据税收政策的调整和税收环境的变化,深入挖掘已获取到的大数据价值,对评估指标进行动态调整和优化,确保评估指标的科学性和合理性。

(三)加强评估人员的培训,提高其业务水平和风险评估能力

加强评估人员的培训是不可忽视的一环。随着数据技术的日益更新,定期组织专题培训,邀请税收领域的专家学者为评估人员讲解税收政策、风险识别等方面的知识,提高其业务水平和风险评估能力,是非常有必要的。通过培训,评估人员能够更好地掌握纳税评估的技巧和方法,为税收风险管理工作提供有力支撑。

(四)加强与其他部门的协作,形成合力,共同推进税收风险管理工作

加强与其他部门的协作是推进税收风险管理工作的重要保障。建立起多部门涉税信息共享机制,采用联合执法等方式,与其他部门形成合力,可以共同推进税收风险管理工作。

阅读思考3-1

数据分析锁疑点 约谈辅导找症结

依托税收大数据,建立事前预警、事中控制和事后分析评价的税收风险管理模式,是提升基层税收管理质效的有效途径。国家税务总局林西县税务局强化税收数据应用和纳税评估分析,建立实施以"防险早预判、知险早提醒、遇险早解决"为内容的税收风险管理制度,降低了企业涉税风险,提高了税收风险管理效率。今年截至目前,该局已识别企业风险事项25项,向企业推送风险提示信息64条,入户开展针对性辅导排险51户次。

不久前,林西县税务局税务人员在筛查行业涉税风险时发现,林西县某房地产开发有限公司增值税申报表的数据信息异常,于是向企业推送了风险提示信息,并组织风险分析人员到企业了解情况,开展针对性业务辅导。

"平时项目开发业务繁忙,企业的成本、费用等核算工作量比较大,财务人员忙起来稍有不慎就容易出现涉税风险。"该公司财务负责人介绍说,这次的问题是财务人员工作疏忽,增值税发票开票时间与增值税申报时间不符,导致申报信息出现异常。

"税务人员的风险提示很及时,多亏发现得早,解决得快。像我们这样的房地产开发企业,计税依据数额较大,如果逾期再更正申报,就会产生一定数目的滞纳金,那么企业就有损失了。"该公司财务负责人感慨地说。

据了解,林西县税务局在开展税收风险管理的过程中,建立跨部门协作机制,抽调13名业

务骨干组成风险分析工作专班,利用上级下发的指标模型和税收大数据技术分类别开展行业分析。发现风险企业后,先向其发送警示提醒信息,随后通过实地核查、约谈和上门辅导等方式,有步骤、有重点地开展后续风险评估和辅导除险工作。这种快速发现、快速反应、快速处理的风险应对工作模式,不仅可提高风控管理效率,同时可帮助企业及时化解税收风险。

该局风险分析专班成员介绍说,税务机关丰富的征管数据资源和功能强大的数据分析软件,为基层税务部门早发现、早提醒、早解决纳税人、缴费人的各类涉税风险提供了有力支撑。为提高风险分析的准确性,在深入分析辖区企业生产经营情况的基础上,林西县税务局总结以往的风险应对经验,结合企业实际情况,针对不同行业企业实施了涉税风险分类管理,使企业风险识别、防范和排除等管理活动更具有针对性和指导性。

内蒙古某生物科技有限公司是当地酵母产业的龙头企业,产品外销亚洲、非洲多个国家和地区。公司财务负责人说:"税务人员会定期到企业为财务人员开展税费政策和涉税业务辅导,详细讲解涉税业务处理和风险防范要点。如果企业申报信息数据有问题,企业会第一时间收到税务人员的警示信息,他们这样做,相当于给企业的涉税业务进行定期'健康体检',既减少我们排查风险的成本,又帮助企业提高了核算水平,让企业发展起来更安心、更踏实。"

林西县税务局党委书记、局长表示,建立高效运转的税收风险管理制度,不仅强化了税收监管,而且降低了企业税收风险,和谐了征纳关系。接下来,林西县税务局将按照"无风险不打扰、有违法要追究、全过程强智控"的要求,不断完善风险管理措施,探索建立全周期、全链条、全税种的立体化风险分析管理制度,进一步提升税收风险管理水平。

(资料来源:任征,罗金鹏,刘传.数据分析锁疑点 约谈辅导找症结.中国税务报,2023-10-18)

思考: 如何利用大数据技术提升纳税评估的准确性和有效性?

第二节 纳税信用评价

引入案例

某建筑企业负责人董先生在接到同意企业提前停止公布失信信息的通知后,立刻给宁波市税务局第一稽查局打来感谢电话:"现在,公司的招投标资格恢复了,各项业务开展顺利。谢谢你们!"

据悉,董先生的公司凭借着优秀的工程资质和丰富的大型项目施工经验,经营状况良好。前不久,该公司财务人员因为疏忽,在取得一般纳税人增值税普通发票过程中出现了违法行为。该公司虽然接受了宁波市税务局第一稽查局作出的税务行政处罚,并将税款、罚款和滞纳金缴纳入库,但由于该违法行为符合《重大税收违

> 法失信主体信息公布管理办法》(以下简称《办法》)第六条相关规定,企业属于重大税收违法失信主体,在未来涉及的工程投标上将会受到限制。
>
> 　　在了解该公司面临的困境后,宁波市税务局第一稽查局对企业情况进行核实,发现其已缴清税款、罚款和滞纳金,且失信主体失信信息公布已满6个月,符合《办法》第十八条规定的申请提前撤出公示信息的条件,遂主动联系企业,告知其可以根据规定申请信用修复,并耐心地向董先生讲解相关流程及所需材料。宁波市税务局第一稽查局工作人员通过快速受理、现场审核,向上级税务部门递交资料审批,按规定向董先生发出了同意企业提前停止公布失信信息的通知。
>
> 　　(资料来源:朱程裔,夏燕燕.信用修复"加速度"惠企便民有温度(节选).中国税务报,2023-10-11)

思考:纳税信用在现代经济活动中扮演着怎样的角色?为什么保持良好的纳税信用对于企业和个人来说至关重要?

分析:纳税信用在现代经济活动中扮演着至关重要的角色,它不仅是评价企业和个人税收遵从情况的重要指标,也是构建社会信用体系的重要基石。良好的纳税信用意味着企业和个人在税收方面具备高度的诚信度和责任感,能够依法履行纳税义务,为社会的经济发展作出贡献。保持良好的纳税信用至关重要,因为一旦失信,企业和个人将面临诸多不利后果。例如,企业可能因纳税信用不佳而失去合作伙伴和市场份额,个人则可能因信用问题而影响到职业发展和生活质量。此外,失信企业和个人还可能受到税务部门的处罚和限制,如被列入税收"黑名单",限制高消费等。

　　2014年以来,国家税务总局相继印发了一系列纳税信用管理规范性文件,形成了涵盖信息采集、级别评价、动态调整、结果应用、异议处理、信用修复等环节较为完备的纳税信用制度体系。税务部门每年依据评价指标体系,对纳税人纳税信用状况进行评价,对不同信用级别的纳税人实施分类服务与管理。帮助纳税人积累信用资产,促进税法遵从,优化营商环境。

　　纳税信用等级评价,是指税务机关对纳税人的纳税信用信息按照《纳税信用管理办法(试行)》和《纳税信用评价指标和评价方式(试行)》,在一个纳税年度(指公历年度,即1月1日—12月31日)内的纳税信用状况所开展的采集、评价、确定、发布和应用等活动。

　　每年1月启动上一年度纳税信用评价工作,4月确定评价结果,并在电子税务局提供查询服务。纳税人可查询本单位信用评价的详细信息,社会公众可查询A级纳税人信息。

一、纳税信用等级的评分

(一)适用范围

　　《纳税信用管理办法》适用范围为已办理税务登记(含临时登记),从事生产、经营并适用查账征收的独立核算企业、个人独资企业和个人合伙企业。查账征收是指企业所得税征收方式为查账征收,个人独资企业和个人合伙企业的个人所得税征收方式为查账征收。

自2018年4月1日起,新增下列企业参与纳税信用评价:

(1)从首次在税务机关办理涉税事宜之日起时间不满一个评价年度的企业(以下简称"新设立企业")。评价年度是指公历年度,即1月1日至12月31日。

(2)评价年度内无生产经营业务收入的企业。

(3)适用企业所得税核定征收办法的企业。

非独立核算分支机构可自愿参与纳税信用评价。非独立核算分支机构是指由企业纳税人设立,已在税务机关完成登记信息确认且核算方式为非独立核算的分支机构。非独立核算分支机构参评后,2019年度之前的纳税信用级别不再评价,在机构存续期间适用国家税务总局纳税信用管理相关规定。

纳税信用评价周期为一个纳税年度,有下列情形之一的纳税人,不参加本期的评价:

(1)纳入纳税信用管理时间不满一个评价年度的。

(2)因涉嫌税收违法被立案查处尚未结案的。

(3)被审计、财政部门依法查处税收违法行为,税务机关正在依法处理,尚未办结的。

(4)已申请税务行政复议、提起行政诉讼尚未结案的。

(5)其他不应参加本期评价的情形。

(二)评分方式

纳税信用评价采取年度评价指标得分和直接判级方式。

年度评价指标得分采取扣分方式。近三个评价年度内存在非经常性指标信息的,从100分起评;近三个评价年度内没有非经常性指标信息的,从90分起评。非经常性指标缺失是指,在评价年度内,税务管理系统中没有纳税评估、大企业税务审计、反避税调查或税务稽查出具的决定(结论)文书的记录。因此,只要在近三个评价年度内接受过税务机关相关检查的,信用等级分数即可从100分起评。根据上述规定,近三个评价年度内税务管理系统中没有纳税评估、大企业税务审计、反避税调查或税务稽查出具的决定(结论)文书的记录,从90分起评。

直接判级适用于有严重失信行为的纳税人。

(三)评分等级

根据现行的相关规定,纳税信用等级分为A、B、M、C、D五级。具体等级划分如下:

A级:年度评价指标得分90分以上。

B级:年度评价指标得分70分以上不满90分。

M级:适用于新设立企业在评价年度内无生产经营业务收入且年度评价指标得分70分以上的情况。

C级:年度评价指标得分40分以上不满70分。

D级:年度评价指标得分不满40分或者直接判级确定。

二、信用评价的类型与要求

(一)纳税信用补评

纳税信用补评的适用范围:

(1)纳税人因涉嫌税收违法被立案查处尚未结案。

(2)被审计、财政部门依法查出税收违法行为,税务机关正在依法处理,因尚未办结已申请税务行政复议、提起行政诉讼尚未结案等未予纳税信用评价,可待上述情形解除后,向主管税务机关申请补充评价。

(3)纳税人对当期未予纳税信用评价有异议的,可向主管税务机关申请补充评价。

(4)非独立核算分支机构自愿参与纳税信用评价的,可向主管税务机关申请补充评价。

(二)纳税信用复评

已纳入纳税信用管理的纳税人,对纳税信用评价结果有异议的,可在纳税信用评价结果确定的当年内向主管税务机关申请复评。

(三)纳税信用修复

根据《国家税务总局关于纳税信用修复有关事项的公告》(国家税务总局公告 2019 年第 37 号)的规定,纳入纳税信用管理的企业纳税人,符合下列条件之一的,可在规定期限内向主管税务机关申请纳税信用修复。

(1)纳税人发生未按法定期限办理纳税申报、税款缴纳、资料备案等事项且已补办的。

(2)未按税务机关处理结论缴纳或者足额缴纳税款、滞纳金和罚款,未构成犯罪,纳税信用级别被直接判为 D 级的纳税人,在税务机关处理结论明确的期限届满后 60 日内足额缴纳、补缴的。

(3)纳税人履行相应法律义务并由税务机关依法解除非正常户状态的。

(4)破产企业或其管理人在重整或和解程序中,已依法缴纳税款、滞纳金、罚款,并纠正相关纳税信用失信行为的。

(5)被确定为重大税收违法失信主体,纳税信用直接判为 D 级的纳税人,失信主体信息已按照国家税务总局相关规定不予公布或停止公布,申请前连续 12 个月没有新增纳税信用失信行为记录的。

(6)由纳税信用 D 级纳税人的直接责任人员注册登记或者负责经营,纳税信用关联评价为 D 级的纳税人,申请前连续 6 个月没有新增纳税信用失信行为记录的。

(7)因其他失信行为纳税信用直接判为 D 级的纳税人,已纠正纳税信用失信行为、履行税收法律责任,申请前连续 12 个月没有新增纳税信用失信行为记录的。

(8)因上一年度纳税信用直接判为 D 级,本年度纳税信用保留为 D 级的纳税人,已纠正纳税信用失信行为、履行税收法律责任或失信主体信息已按照国家税务总局相关规定不予公布或停止公布,申请前连续 12 个月没有新增纳税信用失信行为记录的。

纳税人对报送资料的真实性和合法性承担责任。需向主管税务机关提出纳税信用修复申请的纳税人应同时对纠正失信行为的真实性作出承诺。

非正常户失信行为纳税信用修复一个纳税年度内只能申请一次。纳税年度自公历 1 月 1 日起至 12 月 31 日止。

符合信用修复条件的破产重整企业或其管理人申请纳税信用修复时,扣分指标修复标准视同 30 日内纠正,纳税信用直接被判为 D 级的纳税人指标修复标准不受申请前连续 12 个月没有新增纳税信用失信行为记录的条件限制。

纳税信用修复完成后,纳税人按照修复后的纳税信用级别适用相应的税收政策和管理服务措施,之前已适用的税收政策和管理服务措施不做追溯调整。

以引入案例中的某建筑企业为例,因财务疏忽导致纳税违法行为,被列入重大税收违法失信主体名单,结果在工程招投标上受到限制,业务开展受到严重影响。直到通过信用修复,提前停止失信信息的公布,才恢复了招投标资格,业务得以顺利开展。这一实例充分说明了纳税信用对企业经营发展的重要性。

(四)纳税信用复核

在纳税信用评价结果发布前,纳税人对指标评价情况有异议的,可在评价年度次年3月向主管税务机关提出复核。

三、纳税信用评价结果的应用

纳税信用在现代社会中的重要性不容忽视,作为衡量企业和个人税收遵从程度的关键指标,具有构建诚信社会、促进经济发展的积极作用。结合实例来看,纳税信用直接关系到企业和个人的经济利益和社会声誉。

税务机关按照守信激励、失信惩戒的原则,对不同信用级别的纳税人实施分类服务和管理。级别越高,企业获得的优惠越多。例如,纳税信用评价A级企业的税收管理和服务将更为宽松,可能享有更快的退税流程、免于某些税务检查等优势。相反,纳税信用评价D级企业的经营将会受到限制,如被限制参与政府招投标项目、提高财务报表审计频率等。

对纳税信用评价为A级的纳税人,税务机关予以下列激励措施:

(1)主动向社会公告年度A级纳税人名单。

(2)一般纳税人可单次领取3个月的增值税发票用量,需要调整增值税发票用量时可即时办理。

(3)普通发票按需领用。

(4)连续3年被评为A级信用级别(简称3连A)的纳税人,除享受以上措施外,还可以由税务机关提供绿色通道或专门人员帮助办理涉税事项。

(5)税务机关与相关部门实施的联合激励措施,以及结合当地实际情况采取的其他激励措施。

对纳税信用评价为B级的纳税人,税务机关实施正常管理,适时进行税收政策和管理规定的辅导,并视信用评价状态变化趋势选择性地提供激励措施。可一次领取不超过2个月的增值税发票用量。纳税信用评价为A级、B级的纳税人生产经营情况发生变化,需要调整增值税发票用量,手续齐全的,按照规定即时办理。

对纳税信用评价为C级的纳税人,税务机关应依法从严管理,并视信用评价状态变化趋势选择性地采取与纳税信用评价为D级的纳税人相关的管理措施。

对纳税信用评价为D级的纳税人,税务机关应采取以下措施:

(1)公开D级纳税人及其直接责任人员名单,对直接责任人员注册登记或者负责经营的其他纳税人纳税信用直接判为D级。

(2)增值税专用发票领用按辅导期一般纳税人政策办理,普通发票的领用实行交(验)旧供新、严格限量供应。

(3)加强出口退税审核。

(4)加强纳税评估,严格审核其报送的各种资料。

(5)列入重点监控对象,提高监督检查频次,发现税收违法违规行为的,不得适用规定处罚幅度内的最低标准。

(6)将纳税信用评价结果通报相关部门,建议在经营、投融资、取得政府供应土地、进出口、出入境、注册新公司、工程招投标、政府采购、获得荣誉、安全许可、生产许可、从业任职资格、资质审核等方面予以限制或禁止。

(7)D级评价保留2年,第三年纳税信用不得评价为A级。

(8)税务机关与相关部门实施的联合惩戒措施及结合实际情况依法采取的其他严格管理措施。

未按税务机关处理结论缴纳或者足额缴纳税款、滞纳金和罚款,未构成犯罪,纳税信用级别被直接判为D级,在税务机关处理结论明确的期限届满后60日内足额缴纳、补缴的纳税人和履行相应法律义务并由税务机关依法解除非正常户状态的纳税人,可在纳税信用被直接判为D级的次年底前向主管税务机关提出申请,税务机关将根据纳税人失信行为纠正情况调整该项纳税信用评价指标的状态,重新评价纳税人的纳税信用级别,但不得评价为A级。

阅读思考3-2

纳税信用变"真金白银" 护航企业"诚"风破浪

"什么是'银税互动'?""有什么申请条件?"针对这些企业所关心的问题,国家税务总局响水县税务局税务干部在纳税人学堂上进行了详细解答。在帮助纳税信用评价为D级的江苏某汽车部件制造有限公司通过纳税信用修复为M级后,该公司成功获得了银行贷款。该公司财务负责人感慨道:"税务部门联合金融机构主动宣传并耐心辅导,帮助我们利用信用'提现',现在贷款已经到账,缓解了企业原材料资金压力,客户的订单可以如期交货了。"

近年来,响水县税务局积极推动纳税信用体系建设,将纳税信用管理作为深化"放管服"改革、构建社会信用体系的重要内容,营造知信、守信、用信的良好风尚,既为响水县打造优质营商环境贡献了税务力量,也帮助诚信企业将纳税信用转化为"真金白银",增添发展壮大的动力。

纳税信用等级分为A、B、M、C、D五级,纳税信用评价为A级的纳税人可享受优先提供"套餐式"服务,如增值税一般纳税人可单次领取3个月的增值税发票用量,普通发票按需领用等。对连续三年被评为纳税信用A级的纳税人,提供绿色通道、容缺办理等服务。同时,税务局、银监局和金融机构"税银企"三方携手建立沟通协调机制,共享交换信息,推动线上、线下"银税互动"工作。银税携手"贷"来的资金"活水"既可解企业的资金之困,又促进了纳税信息与信贷资源配置深度融合,在降低企业融资成本的同时,也为企业拓宽了一条"增信路"。

"银税互动"是税务和银保监部门于2015年面向诚信的小微企业创新开展的一项融资支持活动。企业可以线上授权税务局向指定银行提供纳税申报、税款缴纳、纳税信用级别等涉税信息,申请办理"税融通"纳税信用贷款。税务部门与金融机构创新合作,开展银税互动助力小微企业发展活动,实现了"纳税信用"与"融资信用"的无缝衔接。

下一步响水县税务局将持续完善纳税信用体系建设,并通过税警联合、税银联合等方式,坚决打击偷逃税款等涉税违法行为,加强对纳税信用评价为D级的纳税人的管理和数量控制,给予诚信纳税企业一路绿灯,让失信纳税企业寸步难行,持续释放诚信纳税的叠加效应。

(资料来源:孙慧敏,史潼.纳税信用变"真金白银" 护航企业"诚风破浪".经济参考网 2023-0-9.)

思考:纳税信用评价结果如何转化为企业发展的"真金白银"?纳税信用评价结果的应用范围有哪些?如何进一步拓宽?

课后练习题

一、单选题

1.( )是纳税评估的主体。

A.国家税务总局

B.省级税务机关

C.评级机构及其专业团队

D.基层税务机关的税源管理部门及其税收管理员

2.纳税评估的对象为主管税务机关负责管理的( )。

A.部分纳税人　　　　　　　　B.所有纳税人

C.所有税种　　　　　　　　　D.所有纳税人及其应纳所有税种

3.对同一纳税人申报缴纳的各个税种的纳税评估要互相结合、统一进行,避免多头重复评估,此外纳税评估要遵循属地管理原则( )。

A.对　　　　　　　　　　　　B.错

4.( )的情况下,纳税评估后无须立案查处,可提请纳税人自行改正。

A.存在疑点,可能具有偷税嫌疑

B.存在疑点,经查属于政策理解错误

C.因计划偷税故意计算及填写错误

D.法定代表人携公司财产潜逃

5.以下关于约谈的处理正确的是( )。

A.约谈对象只能是法定代表人

B.约谈时不可以任何理由推迟或拒绝

C.被约谈对象可以委托具有职业资格的税务代理人代为约谈

D.税务机关只要查到线索可随时对企业进行约谈

6.发现纳税人有偷税、逃避追缴欠税、骗取出口退税、抗税或其他需要立案查处的税收违法行为嫌疑的,要移交( )处理。

A.上一级税务主管部门　　　　B.公安部门

C.税务稽查部门　　　　　　　D.司法部门

7.发现外商投资和外国企业与其关联企业之间的业务往来不按照独立企业业务往来收取或支付价款、费用,需要调查、核实的,应移交( )处理。

A.上级税务机关或税收管理部门　　　　B.公安部门

C. 税务稽查部门　　　　　　　　　　D. 司法部门

8.下列企业纳税信用级别适用 M 级的是(　　)。

A. 上一评价年度纳税信用评价为 D 级的企业

B. 实际生产经营期 1 年以上不满 3 年的企业

C. 新设立企业

D. 评价年度内无生产经营收入且年度评价指标得分 60 分以下的企业

二、多选题

1.确定纳税评估对象的方法包括(　　)。

　　A. 随机抽查　　　　　　　　　　B. 计算机自动筛选

　　C. 人工分析筛选　　　　　　　　D. 重点抽样筛选

2.以下属于税务机关在纳税评估时重点关注对象的是(　　)。

　　A. 重点税源户　　　　　　　　　B. 特殊行业的重点企业

　　C. 按时纳税申报的纳税人　　　　D. 长期零申报的企业

　　E. 长期负申报的企业

3.纳税评估数据来源主要是(　　)。

　　A. 一户式存储的纳税人各类纳税信息资料

　　B. 通过日常管理所掌握的纳税人生产经营实际情况

　　C. 上级税务机关发布的宏观税收分析数据、行业税负的监控数据、各类评估指标的预警值

　　D. 本地区的主要经济指标、产业和行业的相关指标数据、外部交换信息及与纳税人申报纳税相关的其他信息

4.在纳税评估中,评估机构和评估人员对评估结果的处理可以采取的措施包括(　　)。

　　A. 提请改正　　B. 督促落实　　C. 约谈　　D. 行政处罚

5.下列可以进行税务约谈的对象有(　　)。

　　A. 企业会计人员　　B. 法定代表人　　C. 财务主管　　D. 人力资源主管

三、简答题

1.纳税评估包含哪些内容?

2.纳税评估的基本流程是什么?

3.纳税评估如何确定评估对象?

4.纳税评估与税务稽查的区别是什么?二者是如何相互协作的?

5.纳税评估中第三方信息共享的作用是什么?如何充分利用第三方信息?

6.约谈过程中应注意哪些问题?

7.纳税评估评定结果应该如何处理?

第四章

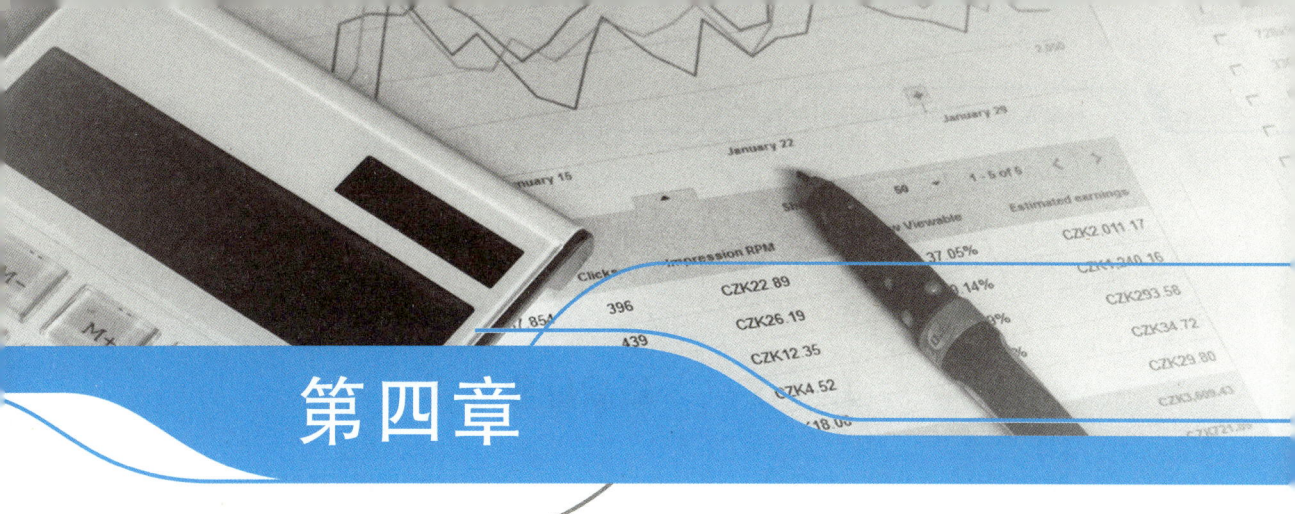

税款征收方式与措施

主要内容

税款征收与缴纳作为税收管理的核心环节,涵盖了税款的征收方式、缴库方式以及征收措施等多个关键要素。在本章中,首先将详细探讨各种税款征收方式的类型、特点、适用范围及其实施流程。学生将学习到不同征收方式的适用范围,能够根据具体情况选择合适的征收方式,确保税款的及时、足额征收。其次,本章还将重点关注税款征收措施的实施与应用。税款征收措施是保障税款征收顺利进行的重要手段,包括税收保全措施和税收强制执行措施等。学生将深入了解这些措施的具体内容、实施条件以及操作流程,掌握如何依法采取相应措施,确保税款的顺利征收。最后,本章还将对税款缴库方式进行介绍,包括纳税人自行缴库、税务机关代缴等方式。

学习重难点

1. 掌握不同类型的税款征收方式及其特点、适用范围和流程。
2. 理解税款征收措施的重要性及实施条件。特别需要重点关注税收保全与税收强制执行的具体内容,包括其法律依据、实施程序以及可能产生的法律后果。
3. 深入理解各种征收方式和征收措施的内涵,并能够结合实际情况灵活运用。

思政元素

1. 依法纳税是每个公民应尽的义务,也是对国家和社会发展的贡献。税款征收与缴纳是税收管理中的重要环节,体现了国家财政收入的稳定性和可持续性。通过本章的学习,学生应深刻理解税款征收与缴纳的重要性,树立依法纳税的意识,自觉遵守税收法律法规。

2. 对税收管理公平原则有更深刻的理解。税款征收措施的实施体现了税收管理的公平性和公正性。税收保全和税收强制执行等措施旨在保障税款的及时、足额征收，维护税收征管秩序。学生在学习和掌握这些措施的同时，应认识到其背后的法治精神和公平正义原则。

第一节 税款征收方式

引入案例

国家税务总局滨州市滨城区税务局文书送达公告

滨州市滨城区××机电经营部等2 538户纳税人（名单见附表）：

依据《个体工商户建账管理暂行办法》《个体工商户税收定期定额征收管理办法》规定，经审核，你户（单位）已不符合个体工商户税收定期定额管理条件，现决定自2022年12月31日起终止你户（单位）的定期定额征收方式。终止定期定额后，你户（单位）征收方式转为查账征收。请你户（单位）严格按照有关规定，及时、足额申报缴纳相关税款。

现依据《中华人民共和国税收征收管理法实施细则》第一百零六条之规定，向你单位公告送达。自公告之日起满30日，即视为送达。

附件：滨城区税务局2022年度个体工商户终止定期定额清册(1.10).xlsx

国家税务总局滨州市滨城区税务局
2023年1月10日

（资料来源：国家税务总局滨州市滨城区税务局网站，2023-01-12）

思考：该公告提示了几种税款征收措施？为什么存在多种多样的税款征缴方式？税款征收措施的趋势是什么？

分析：该公告提示了两种税款征收措施，即定期定额征收和查账征收。不同的纳税人（如企业、个体工商户、自然人等）在经营规模、财务状况、会计核算能力等方面存在显著差异，因此需要采取不同的税款征收方式来便于税款的征收管理。查账征收是税款征收措施的改进方向，体现出税款征收的公平与效率。

一、税款征收的内涵

税款征收是税务机关依照税收法律、行政法规的规定，将纳税人依法应缴纳的各项税收组织征收入库的一系列活动的总称。税款征收是税收管理工作的中心环节，在整个税收征管工作中占有重要地位，其关系到国家能否从纳税人手中合法有效地征收到税款并用于社会发展建设。世界各国都在不断完善本国的法律程序以保障税款征收，并作为法治建设的重要体现。

二、税款征收的方式

税款征收方式,是指税务机关对纳税人应纳的税款从计算核定到征收入库所采取的具体征税形式或方法。它存在于税款的计算、核定、缴纳这一运动过程之中,是这一过程的程序和手续的总称。

鉴于多种原因,实务操作中存在多种多样的税款征缴方式。首先,不同的纳税人(如企业、个体工商户、自然人等)在经营规模、财务状况、会计核算能力等方面存在显著差异,因此需要不同的税款征收方式来适应这些差异。其次,不同的税种(如增值税、所得税、消费税等)具有不同的征收目的和特点,因此需要设计不同的征收方式来确保税收的公平、有效和可持续。最后,税款征收不仅要考虑税款的征收效率和成本,还要考虑税收的公平性和合规性。因此,多种征收方式可以满足税收管理的不同需求,确保税款征收的顺利进行。

实践中具体采用的税款征收方式主要有查账征收、查定征收、查验征收、定期定额征收、代收代缴、代扣代缴和委托征收等。

(一)查账征收

查账征收是指税务机关依据纳税人根据自身的财务报表或经营成果,向其申报应税收入或应税所得及纳税额,经审查核实后,依照税法规定计算征收税款的方式。以查账征收方式缴纳税款对纳税人的财务管理和会计核算要求较高,但更能反映纳税人的实际经营状况,有利于实现税收的公平和合理。查账征收方式适用于经营规模较大、财务会计制度健全、能够如实核算和提供生产经营状况以及正确计算应纳税款并认真履行纳税义务的纳税人。

(二)查定征收

查定征收是指税务机关根据纳税人的从业人员、生产设备、原材料耗用情况等因素,查实核定其在正常生产经营条件下应税产品的产量、销售额,并据以征收税款的一种方式。查定征收方式适用于经营规模较小、产品零星、税源分散、会计账册不健全的小型厂矿和作坊。

(三)查验征收

查验征收是指纳税人在其商品上市销售前,向税务机关报验,经税务机关查验后方可销售,税务机关根据查验纳税人的销售情况,计算应纳税款的一种征收方式。查验征收方式适用于对零星分散、流动性大的税源征收税款。

(四)定期定额征收

定期定额征收是指税务机关依照法律、法规的规定,按照一定的程序,核定纳税人在一定经营时期内的应纳税经营额及收益额,并以此为计税依据,确定其应纳税额的一种税款征收方式。定期定额征收是一种针对个体工商户的特定税款征收方式,实际上它简化了税款征收流程,降低了征税成本,同时也方便了个体工商户进行税收申报和缴纳。定期定额征收方式适用于生产经营规模小,确实无建账能力,经主管税务机关审核批准,可以不设置账簿或者暂缓建账的小型纳税人。

(五)代收代缴

代收代缴是指按照税法规定,负有收缴税款的法定义务人,负责对纳税人的税款进行代收代缴的方式。代收代缴方式适用于税收网络覆盖不到、很难控制的领域。例如,受托加工应征消费税的消费品、车船税。

(六)代扣代缴

代扣代缴是指按照税法规定,负有扣缴义务的法定义务人,负责对纳税人应纳税款进行代扣代缴的方式。代扣代缴方式适用于零星、分散、不易控制的税源。例如,个人所得税由所雇用的单位代扣代缴。

(七)委托代征

委托代征是指受托的有关单位按照税务机关核发的代征证书的要求,以税务机关的名义向纳税人征收零散税款的征收方式。

三、税款缴库

税款缴库是指税务机关、扣缴义务人、代征代售人依照法律法规或者委托代征税款协议,开具法定税收票证,将征收的税款、滞纳金、罚没款等各项收入缴入国家金库以及纳税人直接通过银行将应缴纳的税款缴入国库。

税务机关应当将征收的税款按照国家规定直接缴入国库,不得缴入国库以外或者国家规定的税款账户以外的任何账户。任何税务机关不得占压、挪用和截留税款。

(一)税款缴库的法定凭证及核对

税款缴库的法定凭证包括《税收缴款书(银行经收专用)》《税收缴款书(出口货物劳务专用)》《税收电子缴款书》。

税务机关、扣缴义务人、代征代售人、自行填开税收票证的纳税人开具税款缴库凭证,应当对开具内容与开具依据进行核对。核对内容包括登记注册类型、缴款单位(人)识别号、缴款单位(人)名称、开户银行、账号、税务机关、收款国库、预算科目编码、预算科目名称、预算级次、品目名称、税款限缴日期、实缴金额等。

开具依据包括纳税申报表、代扣代收税款报告表、延期缴纳税款申请审批表、税务事项通知书、税务处理决定书、税务行政处罚决定书、税务行政复议决定书、生效的法院判决书以及其他记载税款缴库凭证内容的纸质资料或电子信息。

(二)税款缴库的方式

税款缴库的方式分为手工缴库和电子缴库。

1. 手工缴库

手工缴库是指税务机关、纳税人、扣缴义务人、代征代售人等向银行传递《税收缴款书(银行经收专用)》《税收缴款书(出口货物劳务专用)》,由银行据以收纳报解税款后缴入国库的缴库方式。手工缴库包括直接缴库和汇总缴库两种形式。

(1)直接缴库

直接缴库是由纳税人持《税收缴款书(银行经收专用)》或《税收缴款书(出口货物劳务专用)》,直接到银行缴纳税款,银行据以收纳报解税款后缴入国库。直接缴库时,纳税人应当在税款缴库凭证载明的税款限缴日期内,到银行办理税款的缴纳;超过税款限缴日期的,由税务机关计算纳税人应缴滞纳金,开具税款缴库凭证,纳税人到银行办理税款和滞纳金的缴纳。

(2)汇总缴库

汇总缴库分为税务机关汇总缴库和扣缴义务人、代征代售人汇总缴库。

①税务机关汇总缴库的,由纳税人、扣缴义务人、代征代售人向税务机关缴纳或者解缴

税款,税务机关根据所收税款,汇总开具《税收缴款书(银行经收专用)》,向银行解缴,银行据以收纳报解税款后缴入国库,应予缴库的税务代保管资金和待缴库税款,按纳税人分别开具《税收缴款书(银行经收专用)》。

税务机关汇总缴库时,应当于收取税款的当日或次日向银行办理税款解缴;地区偏远无法及时办理的,应当按照限期限额的规定向银行办理税款解缴。

②扣缴义务人、代征代售人汇总缴库的,由纳税人向扣缴义务人、代征代售人缴纳税款,扣缴义务人、代征代售人根据所扣、所收税款,汇总开具《税收缴款书(银行经收专用)》,向银行解缴,银行据以收纳报解税款后缴入国库。

扣缴义务人、代征代售人汇总缴库时,应当在到税务机关办理税收票款结报缴销前向银行办理税款解缴;解缴迟延的,办理滞纳金、违约金的缴纳。

2. 电子缴库

电子缴库是指税务机关将记录纳税人、扣缴义务人、代征代售人应缴税款信息的《税收电子缴款书》通过横向联网电子缴税系统发送给国库,国库转发给银行,银行据以收纳报解税款后缴入国库的缴库方式。电子缴库包括划缴入库和自缴入库两种形式。

(1)划缴入库

划缴入库是由税务机关将纳税人、扣缴义务人、代征代售人应缴库税款的信息,通过横向联网电子缴税系统发送给国库,国库转发给纳税人、扣缴义务人、代征代售人签订授权(委托)划缴协议的开户银行,开户银行从签约指定账户将款项划至国库。

用划缴入库形式缴库时,税务机关可以将应缴税款信息分户发送至横向联网电子缴税系统办理税款实时划缴入库,也可以将多户应缴税款信息批量发送至横向联网电子缴税系统办理税款定时划缴入库。

授权(委托)划缴协议是纳税人、扣缴义务人、代征代售人等缴款人准予其指定账户的开户银行根据税务机关发送的应缴税信息,从该指定账户中扣划税款缴库的书面约定。协议的基本要素应当包括协议编号、签约各方名称、签约方地址、缴款人税务登记号、划缴税款账户名称及账号、缴款人开户银行行号、清算行行号及名称、签约日期、签约各方的权利和义务等。

由于横向联网电子缴税系统故障等非纳税人、扣缴义务人原因造成税款缴库不成功的,对纳税人、扣缴义务人不加征滞纳金。

(2)自缴入库

自缴入库是由纳税人、扣缴义务人、代征代售人通过银行或POS机布设机构,经横向联网电子缴税系统向税务机关查询其应缴税款信息并予以确认,由银行或POS机布设机构办理税款实时入库。条件具备时,税务机关可以通过电子缴库方式,办理税务代保管资金和待缴库税款的缴库。

四、大数据时代的税款征收与缴纳

近年来,随着云计算、物联网和大数据等新一代互联网信息技术的蓬勃发展,各行各业都在不断深度融合,形成了"互联网+"的新型经济发展模式。在税收信息化的发展进程中,充分利用大数据的思维和手段对税款征收与缴纳进行管理,对推动税收治理能力现代化、提升税收管理水平具有重要意义。

与此同时,伴随着税收制度的不断完善和税收信息化水平的提高,税款征收方式不断优化,将通过简化税款征收的流程、统一征收标准,利用大数据、云计算等现代信息技术,持续实现税款征收管理的公平与效率。

办税服务厅引入的税务自助终端可以方便纳税人24小时随时办理业务,有效减轻了纳税人的负担,提高了办税效率。同时,纳税人还可以足不出户通过电子税务局实现网上办税。在大数据时代,税收征收与缴纳的关键环节之一是收集纳税人的涉税信息。信息通过互联网共享,税务机关能够通过大数据分析等手段及时获知纳税人的纳税情况,从而使税收执法更加规范,税务机关的纳税服务更加完善。

阅读思考4-1

电子缴库业务再扩容 四川"跨境电子缴税"业务成功落地

"有了'跨境电子缴税'功能,我们就不用在税务局和银行之间来回奔波,汇款后全程电子化直接缴入国库,大幅节约了办税时间和办税成本。这种境外直接线上缴税的方式,确实为我们这样位于境外的企业带来了很大便利。"某国际投资管理有限公司代理办税人说,该公司通过"跨境电子缴税"新功能,成功实现线上缴纳境内股权转让企业所得税790.5万元。

聚焦纳税人、缴费人跨境办税缴费需求,四川省税务局联合人民银行成都分行开展的"跨境电子缴税"试点工作在成都市青白江区成功落地。

据四川省税务局相关负责人介绍,"跨境电子缴费"功能的推出,通过跨部门的横向联网电子缴税系统成功实现了"跨境缴税"的"全程网上办",为境外企业提供了更加便捷的办税缴费体验。

据介绍,下一步,四川省税务局、人民银行成都分行及其营管部将在试点成功的基础上进一步推广跨境电子缴税,为纳税人、缴费人提供更加丰富、便捷、高效的办税缴费服务,持续优化营商环境。

(资料来源:新华网,2023-08-03)

思考:在大数据发展背景下,电子缴库的便利性还可以怎么突破?

阅读思考4-1答案

第二节 税款征收措施

引入案例

某税务局制发《责令限期改正通知书》,要求A公司限期缴纳欠缴的土地使用税。A公司缴纳了部分土地使用税,但未足额缴税,故税务局制发《税务事项通知书》,限期A公司缴纳税款600万元。税务局发现A公司在限期纳税的期限内有明显转移财产的迹象,故税务局制发《责成提供纳税担保通知书》,要求 A 公司限期提供纳税担保,否则将依法采取税收保全措施。因 A 公司未提供担保,税务局制发《税务保全决定书》,冻结 A 公司 600 万元的存款,并在同日制发《催告书》。

思考: 为什么税务局会要求 A 公司提供纳税担保,之后又冻结其存款呢?

分析: 税务局要求 A 公司提供纳税担保并冻结其存款,是为了确保 A 公司能够按时足额缴纳税款,维护国家税收的稳定性和保障税款的征收。这一系列措施是税务局依法行使职权,维护税收秩序和保障公共利益的重要体现。

一、核定税额征收

为了保证税款足额征收,《税收征管法》赋予税务机关税款核定权,即在某些情形下,税务机关有权按照规定的方法核定纳税人的应纳税额,并按核定数额征收。

(一)核定税额的适用范围

根据《税收征管法》,纳税人有下列情形之一的,税务机关有权核定其应纳税额:

(1)依照法律、行政法规的规定可以不设置账簿的。
(2)依照法律、行政法规的规定应当设置但未设置账簿的。
(3)擅自销毁账簿或者拒不提供纳税资料的。
(4)虽设置账簿,但账目混乱或者成本资料、收入凭证、费用凭证残缺不全,难以查账的。
(5)发生纳税义务,未按照规定的期限办理纳税申报,经税务机关责令限期申报,逾期仍不申报的。
(6)纳税人申报的计税依据明显偏低,又无正当理由的。

(二)核定税额的方法和要求

根据《税收征管法》,税务机关有权采用下列任何一种方法核定纳税人的应纳税额:

(1)参照当地同类行业或者类似行业中经营规模和收入水平相近的纳税人的税负水平核定。
(2)按照营业收入或者成本加合理的费用和利润的方法核定。
(3)按照耗用的原材料、燃料、动力等推算或者测算核定。
(4)按照其他合理方法核定。

采用以上所列一种方法不足以正确核定应纳税额时,可以同时采用两种以上方法核定。

(三)核定税额征收应用场景

对未按照规定办理税务登记的从事生产、经营的纳税人及临时从事经营的纳税人,由税务机关核定其应纳税额,责令缴纳;不缴纳的,税务机关可以扣押其价值相当于应纳税款的商品、货物。扣押后缴纳应纳税款的,税务机关必须立即解除扣押,并归还所扣押的商品、货物。扣押后仍不缴纳应纳税款的,经县以上税务局(分局)局长批准,依法拍卖或者变卖所扣押的商品、货物,以拍卖或者变卖所得抵缴税款。

思考：核定征收和定期定额征收的根本区别是什么？

分析：核定征收与定期定额征收的比较见表 4-1。

表 4-1　　　　　　　　　　　核定征收与定期定额征收比较

征收方式	核定对象	核定时间	核定程序	核定税额的固定性	纳税申报方式
核定征收	无账可查、难以查账	纳税期后	简单	定量、按照一定的标准	正常纳税申报方式
定期定额	达不到建账标准	纳税期前	复杂	一段时间内保持不变、再调整	简易申报、简并征期

思考：核定征收与查账征收的区别是什么？

分析：核定征收与查账征收的比较见表 4-2。

表 4-2　　　　　　　　　　　核定征收与查账征收比较

征收方式	核定对象	对财务要求	税额的固定性
核定征收	无账可查、难以查账	低	按照一定的标准，亏损也要纳税
查账征收	账簿健全、如实核算	高	按照自己的经营情况，盈利时才纳税

二、纳税担保制度

纳税担保是指经税务机关同意或确认，纳税人或其他自然人、法人、经济组织以保证、抵押、质押的方式，为纳税人应当缴纳的税款及滞纳金提供担保的行为。

纳税担保的范围：税款、滞纳金和实现税款、滞纳金入库的费用。所谓的费用包括抵押、质押登记费用，质押保管费用，保管、拍卖、变卖担保财产等相关费用支出。

(一)纳税担保的适用条件

(1)税务机关有根据认为从事生产、经营的纳税人有逃避纳税义务行为，在规定的纳税期之前经责令其限期缴纳应纳税款，在限期内发现纳税人有明显转移、隐匿其应纳税的商品、货物以及其他财产或者应纳税收入的迹象，责成纳税人提供的。

(2)欠缴税款、滞纳金的纳税人或者其法定代表人需要出境的。

(3)纳税人同税务机关在纳税上发生争议而未缴清税款，需要申请行政复议的。

(4)税收法律、行政法规规定可以提供纳税担保的其他情形。

责成提供纳税担保通知书如图 4-1 所示。

```
                    税务局(稽查局)
                 责成提供纳税担保通知书
                      ____税担〔    〕    号

_____：(纳税人识别号：            )
    根据《中华人民共和国税收征收管理法》第三十八条第一款规定，限你(单位)于_____年_____月_____
日前向我局提供金额为(大写)_____(￥：        )的纳税担保，逾期不能提供纳税担保，将依法采取税收保全措施。
    如对本通知不服，可自本通知书送达之日起六十日内依法向_____税务局申请行政复议。
                                         税务机关(章)
                                          年    月    日
```

使用说明：

1. 本通知书依据《中华人民共和国税收征收管理法》第三十八条第一款、《中华人民共和国行政复议法》第九条设置。

2. 适用范围：税务机关在责成纳税人提供纳税担保时使用。

3. "向_____"横线处填写有权受理行政复议申请的上一级税务机关的具体名称。

4. 本通知书与《税务文书送达回证》一并使用。

5. 文书字轨设为"担"，稽查局使用设为"稽担"。

6. 本通知书为 A4 竖式，一式二份，一份送纳税人，一份装入卷宗。

图 4-1　责成提供纳税担保通知书

(二)纳税担保的形式

纳税担保的形式包括经税务机关认可的纳税保证人为纳税人提供的纳税保证及纳税人或者第三人以其未设置或者未全部设置担保物权的财产提供的担保,具体表现为纳税保证、纳税抵押、纳税质押。其中纳税保证是人的担保,纳税抵押和纳税质押是物的担保。

1.纳税保证

纳税保证人,是指在中国境内具有纳税担保能力的自然人、法人或者其他经济组织。法律、行政法规规定的没有担保资格的单位和个人,不得作为纳税担保人。

根据《中华人民共和国担保法》(以下简称《担保法》)有关规定,下列组织不能作为保证人:

国家机关、企业法人的分支机构、职能部门、公益事业单位、社会团体(如以公益为目的的学校、幼儿园、医院等),以上述组织作为担保人的保证合同属无效合同。

有以下情形之一的,不得作为纳税保证人:

(1)有偷税、抗税、骗税、逃避追缴欠税行为被税务机关、司法机关追究过法律责任未满2年的。

(2)因有税收违法行为正在被税务机关立案处理或涉嫌刑事犯罪被司法机关立案侦查的。

(3)纳税信誉等级被评为C级以下的。

(4)在主管税务机关所在地的市(地、州)没有住所的自然人或税务登记不在本市(地、州)的企业。

(5)无民事行为能力或限制民事行为能力的自然人。

(6)与纳税人存在担保关联关系的。

(7)有欠税行为的。

纳税担保人同意为纳税人提供纳税担保的,应当填写纳税担保书,写明担保对象、担保范围、担保期限和担保责任以及其他有关事项。担保书须经纳税人、纳税担保人签字盖章并经税务机关同意,方为有效。

2.纳税抵押和纳税质押

纳税抵押,是指纳税人或纳税担保人不转移对抵押财产的占有,而将该财产作为税款及滞纳金的担保。纳税人逾期未缴清税款及滞纳金的,税务机关有权依法处置该财产以抵缴税款及滞纳金。

纳税质押,是指经税务机关同意,纳税人或纳税担保人将其动产或权利凭证移交税务机关占有,将该动产或权利凭证作为税款及滞纳金的担保。纳税人逾期未缴清税款及滞纳金的,税务机关有权依法处置该动产或权利凭证以抵缴税款及滞纳金。

纳税人或者第三人以其财产提供纳税担保的,应当填写财产清单,并写明财产价值以及其他有关事项。纳税担保财产清单须经纳税人、第三人签字盖章并经税务机关确认,方为有效。所需填写的纳税担保书如图4-2所示。

(1)对担保物有什么要求?动产质押包括现金以及其他除不动产以外的财产提供的质押,包括汇票、支票、本票、债券、存款单、仓单等,依法可以转让的股份、股票、商标专用权、专利权、著作权中的财产权,依法可以质押的其他权利(如不动产的收益权)等权利凭证。对于实际价值波动很大的动产或权利凭证,经设区的市、自治州以上税务机关确认,税务机关可以不接受其作为纳税质押。

(2)物的担保是否需要办理登记?《担保法》规定,当事人以土地使用权、城市房地产或者乡(镇)、村企业的厂房等建筑物、林木、航空器、船舶、车辆以及企业的设备和其他动产抵押的,应当办理抵押物登记,抵押合同自登记之日起生效。当事人以其他财产抵押的,可以自愿办理抵押物登记,抵押合同自签订之日起生效。当事人未办理抵押物登记的,不得对抗第三人。

纳税担保书

编号:

纳税人	名 称		纳税人识别号	
	地 址			
纳税担保人	名 称		登记注册类型	
	地 址		电话号码	
	开户银行及账号			
担保形式				
担保范围	税款、滞纳金金额(大写)_____元以及实现税款、滞纳金入库的费用,滞纳金起算时间为 年 月 日。			
担保期限和担保责任	纳税人于 年 月 日前未缴清应纳税款的,由纳税担保人自收到税务机关纳税通知之日起15日内缴纳税款、滞纳金。 纳税人以自己财产担保的,于 年 月 日前未缴清应纳税款的,税务机关对担保财产采取税收强制执行措施。			
担保财产	用于纳税担保的财产名称及数量			
	附:用于担保的财产证明及份数			
	不动产价值(估价)	(人民币大写)	小写¥	
	动产价值(估价)	(人民币大写)	小写¥	
	其他财产价值	(人民币大写)	小写¥	
	担保财产总价值(估价)	(人民币大写)	小写¥	
纳税担保人签字: 证件名称: 证件号码: 纳税担保人(章) 年 月 日		纳税人签字: 纳税人(章) 年 月 日		税务机关经办人签字: 税务机关(章) 年 月 日

使用说明:

1.本担保书依据《中华人民共和国税收征收管理法》第三十八条、第四十四条、第八十八条和《中华人民共和国税收征收管理法实施细则》第六十一条、第六十二条第一款设置。

2.适用范围:纳税担保人以信用、财产提供纳税担保时使用。

3.本担保书中担保人是指在中国境内具有纳税担保能力的自然人、法人或者其他经济组织。法律、行政法规规定的没有担保资格的单位和个人,不得作为纳税担保人。

4.担保形式填写担保人以何种方式提供担保。包括信用担保、动产担保或者不动产担保等。

5.用于担保的财产证明是指公证机构、金融机构、国有资产管理机关、其他行政管理机关及司法机关出具或发放的证明财产权属关系的法律文件、文书和凭证。

6.担保责任包括:(1)担保人担保纳税人在担保期限内履行纳税义务;(2)被担保纳税人超过担保期限未履行纳税义务的,由担保人承担缴纳所担保税款的义务。

7.本担保书为A4竖式,一式三份,经纳税人、纳税担保人、税务机关三方签字盖章后,各留存一份。

图 4-2　纳税担保书

案例分析 4-1

某税务人员发现一家企业连续两个月未申报纳税,到企业调查时得知,该企业两个股东之一甲已撤资、退出企业,企业有可能在不久后解散。此情况引起了税务人员的警觉,经请示领导,决定依法发出《限期改正通知书》和《限期纳税通知书》。限期内,税务人员再次深入该企业,发现该企业办公场所的电脑、复印机等已不见踪迹。于是,税务机关找到该企业另一股东乙,要求其提供纳税担保,乙十分配合,立即找来某小学校长丙为其担保,丙出具了一份以小学为担保人,盖有该校公章的担保书。乙还以自己的一部小轿车作为抵押物。税务机关认为有了这两份担保就不必担心税款流失了,于是未再采取任何其他措施。

限期届满,该企业仍然未到税务机关申报纳税。税务机关又找到乙,要求将其小轿车拍卖抵缴税款,不料,乙说小轿车已转让给了丁。

思考: 税务机关是否可以要求学校和丁承担连带责任?

分析: 税务机关不能要求学校承担连带责任,因为学校的担保很可能无效。学校作为公益性质的法人,其财产主要用于教育等公益目的,而非用于商业担保。因此,学校的担保很可能无效,税务机关不能要求学校承担连带责任。

对于乙的小轿车,税务机关不能直接要求丁承担连带责任。关于乙的小轿车作为抵押物的问题主要在于,抵押物没有进行登记,乙将小轿车作为抵押物的关系未完成。而丁作为第三人,其权益应受到保护,税务机关不能直接要求丁承担连带责任。

三、税收保全措施

税收保全措施是税务机关为确保国家税款不受侵犯而由税务机关采取的行政保护措施,是指在税款缴纳期限届满前,纳税人的行为致使国家税款有不能实现的危险时,税法规定的一系列保证国家税款及时足额缴纳的制度的总称。我国《税收征管法》建立并完善了税收保全制度,这对于保证税款及时足额入库、促使税务机关依法行使职权、培养纳税人的税法意识都具有重要意义。

(一)税收保全流程

税务机关有根据认为从事生产、经营的纳税人有逃避纳税义务行为的,可以在规定的纳税期限,责令限期缴纳应纳税款;在限期内发现纳税人有转移、隐匿其应纳税的商品、货物以及其他财产或者应纳税的收入的迹象的,税务机关可以责成纳税人提供纳税担保。税务机关责令纳税人提供纳税担保而纳税人拒绝提供或无力提供的,经县以上税务局(分局)局长批准,税务机关可以采取税收保全措施。应注意的是:

(1)纳税人有逃避纳税义务的行为。

(2)纳税人在限期内不能提供纳税担保。

(二)税收保全的具体措施

措施一:书面通知纳税人开户银行或其他金融机构暂停支付纳税人的金额相当于应纳

税款的存款。

　　发给纳税人开户银行或其他金融机构的税务文书样式如图 4-3 所示。

　　措施二：扣押、查封纳税人的价值相当于应纳税款的商品、货物或者其他财产。

　　发给纳税人扣押或查封的商品、货物或其他财产的税务文书样式如图表 4-4、图 4-5、图 4-6 所示。

_____税务局（稽查局）

冻结存款通知书

____税冻通〔　　〕　　号

　　　　　　　　　　：

　　根据《中华人民共和国税收征收管理法》_____规定，经_____税务局（分局）局长批准，请从____年____月____日____时起冻结_____在你处的存款账户_____号的存款（大写）_____（￥　　　）元。

税务机关（签章）
年　　月　　日

以下由银行（或其他金融机构）填写

存款账户余额：

签收人：

签收时间：年　月　日　时　分

签收单位（签章）
年　　月　　日

使用说明：

1．本通知书依据《中华人民共和国税收征收管理法》第三十八条、第五十五条设置。

2．适用范围：税务机关冻结纳税人、扣缴义务人在银行或者其他金融机构的存款账户，通知银行或其他金融机构时使用。

3．本通知书抬头填写银行或者其他金融机构的具体名称。

4．"根据《中华人民共和国税收征收管理法》_____规定"横线处填写第三十八条第一款或者第五十五条。

5．"经_____税务局（分局）局长批准"横线处填写符合《中华人民共和国税收征收管理法》规定具有审批权限的税务局（分局）局长所在税务机关的具体名称。

6．本通知书应与《税收保全措施决定书（冻结存款适用）》一并依照规定的审批程序和权限，由县以上税务局（分局）局长批准后使用。

7．存款账户余额指税务人员冻结存款前查询时的存款余额。

8．本通知书与《税收保全措施决定书（冻结存款适用）》《税务文书送达回证》一并使用。在送达本通知书时，要求签收时间不但要写明"年""月""日""时"，而且要具体写明"分"。

9．文书字轨设为"冻通"，稽查局使用设为"稽冻通"。

10．本通知书为 A4 竖式，一式二份，一份随同《税收保全措施决定书（冻结存款适用）》送金融机构，一份装入卷宗。

表 4-3　冻结存款通知书

税务局(稽查局)
税收保全措施决定书
(扣押/查封适用)

_____税保封〔　〕　号

_____(纳税人识别号:_____):

　　根据《中华人民共和国税收征收管理法》_____规定,经_____税务局(分局)局长批准,决定从____年____月____日起至____年____月____日对你(单位)的(商品、货物或者其他财产)予以_____。如纳税限期期满仍未缴纳税款,将依法拍卖或者变卖所扣押、查封的商品、货物或者其他财产抵缴税款。

　　如对本决定不服,可自收到本决定之日起六十日内依法向_____申请行政复议,或者自收到本决定之日起3个月内依法向人民法院起诉。

税务机关(签章)
年　　月　　日

使用说明:

1. 本决定书依据《中华人民共和国税收征收管理法》第三十七条、第三十八条、第四十条、第五十五条及《中华人民共和国税收征收管理法实施细则》《中华人民共和国行政强制法》第二十四条、第二十五条设置。

2. 适用范围:税务机关采取税收保全措施,依法查封、扣押纳税人、扣缴义务人、纳税担保人的价值相当于应纳税款的商品、货物或者其他财产时使用。

3. 本文书受送达人处填写纳税人、扣缴义务人、纳税担保人名称或者姓名,统一社会信用代码或者有效身份证件号码,没有统一社会信用代码的,填写纳税人识别号。

4. "根据《中华人民共和国税收征收管理法》_____规定"横线处分别填写第三十七条、第三十八条、第四十条或第五十五条。

5. "经_____税务局(分局)局长批准"横线处填写符合《中华人民共和国税收征收管理法》规定具有审批权限的税务局(分局)局长所在税务机关具体名称。

6. "从 年 月 日 至 年 月 日"填写查封、扣押起止日期。依照税收征管法第五十五条规定,税务机关采取查封、扣押措施的,期限一般不得超过6个月;重大案件需要延长期限的,应当报国家税务总局批准。除上述情形外采取查封、扣押措施的,期限不得超过30日;情况复杂的,经县以上税务局局长批准,可以延长,但是延长期限不得超过30日。

7. 本决定书审批程序和权限依照有关规定办理:

(1)对未按照规定办理税务登记的从事生产、经营的纳税人以及临时从事经营的纳税人实施扣押的,由税务机关(包括税务所、稽查局)负责人审批,文书正文中可不注明"经_____税务局(分局)局长批准"。

(2)对从事生产、经营的纳税人、扣缴义务人、纳税担保人实施查封、扣押的,由县以上税务局(分局)局长审批。

8. 个人及其所扶养家属维持生活必需的住房和用品,不在税收保全措施的范围之内。单价5 000元以下的其他生活用品,不采取税收保全措施。

9. 税务机关扣押商品、货物或者其他财产的价值,参照同类商品的市场价、出厂价或评估价估算。

10. 税务机关按上述方法确定应查封、扣押的商品、货物或其他财产的价值时,还应当包括滞纳金和拍卖、变卖过程中所发生的费用。

11. "向_____"横线处填写有权受理行政复议申请的上级税务机关的具体名称。

12. 本决定书在必要时与《协助执行通知书》、《税务文书送达回证》一并使用,可要求协助执行部门停止办理产权过户手续。

13. 文书字号设为"税保封",稽查局使用设为"稽保封"。

14. 本决定书为A4竖式,一式三份,一份送纳税人或扣缴义务人,一份送协助执行部门,一份装入卷宗。

图4-4　税收保全措施决定书(扣押、查封适用)

扣押商品、货物或者其他财产专用收据　　　　　　　　　No.

_____：

根据《税收保全措施决定书(查封/扣押适用)》(_____税保封〔　　〕号),扣押你(单位)如下商品、货物或者其他财产：

序号	商品、货物或者其他财产名称	单位	数量	单价	金额	备注
	合计					
	合计金额(大写)					

以上内容请被执行人认真核对无误后签字盖章。

税务机关(签章)：　　　执行人：　　　执行日期：　　年　　月　　日

被执行人：

使用说明：

1.本收据依据《中华人民共和国税收征收管理法》第四十七条设置。

2.适用范围：税务机关在扣押商品、货物或者其他财产时使用。

3.本收据为《税收保全措施决定书(查封/扣押适用)》附件。

4.税务机关扣押商品、货物或者其他财产的价值,参照同类商品的市场价、出厂价或者评估价估算。

5.税务机关按上述方法确定应扣押的商品、货物或者其他财产的价值时,还应当包括滞纳金和扣押、保管、拍卖、变卖过程中所发生的费用。

6.备注栏应当说明扣押商品、货物或者其他财产单价、金额的来源。

7.本收据为 A4 竖式,一式二份,一份交被执行人,一份装入卷宗。

图 4-5　扣押商品、货物或者其他财产专用收据

查封商品、货物或者其他财产清单

_____：

根据《税收保全措施决定书(查封/扣押适用)》(_____税保封〔　　〕号)查封你(单位)下列商品、货物或者其他财产：

序号	商品、货物或者其他财产名称	单位	数量	单价	金额	备注
	合计					
	合计金额(大写)					

以上内容请被执行人认真核对无误后签字盖章。

税务机关(签章)：　　　执行人：　　　执行日期：　　年　　月　　日

被执行人：

使用说明：

1.本清单依据《中华人民共和国税收征收管理法》第四十七条设置。

2.适用范围：税务机关在查封商品、货物或者其他财产时使用。

3.本清单为《税收保全措施决定书(查封/扣押适用)》附件。

4.税务机关查封商品、货物或者其他财产的价值,参照同类商品的市场价、出厂价或者评估价估算。

5.税务机关按上述方法确定应查封的商品、货物或者其他财产的价值时,还应当包括滞纳金和查封、保管、拍卖、变卖过程中所发生的费用。

6.本清单为 A4 竖式,一式二份,一份送被执行人,一份装入卷宗。

图 4-6　查封商品、货物或者其他财产清单

(三)税收保全措施的解除及责任

纳税人在税务机关采取税收保全措施后,按照税务机关规定的期限缴纳税款的,税务机关应当自收到税款或者银行转回的完税凭证之日起 1 日内解除税收保全措施。

纳税人在限期期满后仍未缴纳税款的,经县以上税务局(分局)局长批准,税务机关可以书面通知纳税人开户银行或其他金融机构从其暂停支付的存款中扣缴税款,或者交由有关机构拍卖所扣押、查封的商品、货物或者其他财产,以拍卖所得抵缴税款。此时,税收保全措施解除。

实施解除程序,纳税人开户银行或其他金融机构必须按时依法定程序进行,如果措施不当,或者纳税人在期限内已缴纳税款,税务机关未立即解除税收保全措施,使纳税人的合法利益遭受损失(损失,是指因税务机关的责任,使纳税人、扣缴义务人或者纳税担保人的合法利益遭受的直接损失)的,税务机关应当承担赔偿责任。

案例分析4-2

某民营企业集团在外省某市投资设立了销售公司。因为生产的产品在该市市场已基本饱和,销售潜力不大,根据集团安排,该公司准备撤出该市到邻市发展。2023 年 12 月 1 日,公司开始停业,准备搬迁。12 月 5 日,该市某区税务分局的税务管理员在巡查时发现该公司停业后,立即向分局领导做了汇报。分局遂以该公司转移财产有逃避纳税义务的嫌疑为由,以正式文书通知银行冻结了该公司账上的全部存款计 11 万元。

思考:分析该税务分局采取的税收保全措施有哪些错误之处。

分析:

(1)没有责令纳税人限期缴纳税款。

(2)没有发现纳税人有明显转移、隐匿其应纳税的商品、货物及其他财产或者应纳税的收入的迹象。

(3)没有责成纳税人提供纳税担保。

(4)应冻结纳税人金额相当于应纳税款的存款。

四、税收强制执行措施

税收强制执行是指纳税人或者相关义务主体逾期不履行税法上的债务,税务机关采取的促使其履行债务或者实现税款入库的各种间接或者直接的强制执行制度的总称。

(一)税收强制执行的流程

纳税人、扣缴义务人未按照规定的期限缴纳或者解缴税款,纳税担保人未按照规定的期限缴纳所担保的税款,由税务机关发出催缴税款通知书,责令限期缴纳,但最长限期为 15 日。如逾期仍未缴纳的,经县以上税务局(分局)局长批准,税务机关可以采取强制执行措施。

纳税人、扣缴义务人和其他当事人因偷税抗税未缴或少缴的税款或者骗取的出口退税款,税务机关除可以无限期追征税款外,还可以采取税收强制执行措施。在采取措施前,税务机关无须向当事人发出限期缴纳税款通知书。

(二)税收强制执行的具体措施

措施一:书面通知纳税人开户银行或其他金融机构从其存款中扣缴税款。其中,其他金融机构,是指信托投资公司、信用合作社、邮政储蓄机构以及经中国人民银行、中国证券监督管理委员会等批准设立的其他金融机构。存款,包括独资企业投资人、合伙企业合伙人、个体工商户的储蓄存款以及股东资金账户中的资金等。

发给银行和纳税人的相关文书见如图4-7、图4-8所示。

措施二:扣押、查封、依法拍卖或者变卖其价值相当于应纳税款的商品、货物或者其他财产以拍卖或者变卖所得抵缴税款。

```
                        _____税务局(稽查局)
                           扣缴税收款项通知书
                        _____税扣通〔  〕  号
  _____:
  _____未按规定缴纳税款(滞纳金、罚款),根据《中华人民共和国税收征收管理法》_____规定,经_____税务局(分局)局长批准,请于本通知书送达之时起至___年_月_日止按所附缴款凭证共____份开具的金额(大写)_____(¥     )元从其在你处的存款账户(账号:_____)扣缴入库(账号:_____)。
                                            税务机关(签章)
                                               年 月 日

  以下由银行(或其他金融机构)填写
  存款账户余额:
  签收人:
  签收时间:   年 月 日 时 分
                                            签收单位(签章)
                                               年 月 日
```

使用说明:

1.本通知书依据《中华人民共和国税收征收管理法》第三十八条、第四十条、第五十五条、第八十八条设置。

2.适用范围:

(1)税务机关对从事生产、经营的纳税人已采取税收保全措施,但纳税人逾期未缴纳税款时使用;

(2)从事生产、经营的纳税人、扣缴义务人未按规定的期限缴纳或者解缴税款,纳税担保人未按规定的期限缴纳所担保的税款,由税务机关责令限期缴纳,逾期仍未缴纳时使用;

(3)税务机关对从事生产、经营的纳税人以前纳税期的纳税情况依法进行税务检查时,发现纳税人有逃避纳税义务行为,并有明显的转移、隐匿其应纳税的商品、货物及其他财产或者应纳税的收入的迹象时使用;

(4)当事人对税务机关的处罚决定逾期不申请行政复议也不向人民法院起诉、又不履行时使用。

3.本通知书抬头填写纳税人、扣缴义务人或者纳税担保人开户银行或者其他金融机构的具体名称。

4."_____未按规定缴纳税款(滞纳金、罚款)"横线处填写纳税人、扣缴义务人或者纳税担保人具体名称。

5."经_____税务局(分局)局长批准"横线处填写符合《中华人民共和国税收征收管理法》规定具有审批权限的税务局(分局)局长所在税务机关的具体名称。

6.本通知书应与《税收强制执行决定书(扣缴税收款项适用)》一并依照规定的审批程序和权限,由县以上税务局(分局)局长批准后使用。

7.本通知书与《税务文书送达回证》一并使用,在送达时签收时间不但要写明"年""月""日""时",而且要具体写明"分"。

8.文书字轨设为"扣通",稽查局使用设为"稽扣通"。

9.本通知书为A4竖式,一式二份,一份随同《税收强制执行决定书(扣缴税收款项适用)》送金融机构,一份装入卷宗。

图4-7 税收强制执行扣缴税收款项通知书

```
_____税务局(稽查局)
            税收强制执行决定书
             (扣缴税收款项适用)
           _____税强扣〔   〕  号
```

_____：

根据《中华人民共和国税收征收管理法》_____规定，经_____税务局(分局)局长批准，决定从___年___月___日起从你(单位)在_____的存款账户(账号：_____)中扣缴以下款项，缴入国库：

税　　　款(大写)：_____(¥　　　)

滞　纳　金(大写)：_____(¥　　　)

罚　　　款(大写)：_____(¥　　　)

没收违法所得(大写)：_____(¥　　　)

合　　　计(大写)：_____(¥　　　)

如对本决定不服，可自收到本决定之日起六十日内依法向_____申请行政复议，或者自收到本决定之日起三个月内依法向人民法院起诉。

　　　　　　　　　　　　　　　　　　　税务机关(签章)
　　　　　　　　　　　　　　　　　　　年　　月　　日

使用说明：

1.本决定书依据《中华人民共和国税收征收管理法》第三十八条、第四十条、第五十五条、第八十八条，《中华人民共和国税收征收管理法实施细则》设置。

2.适用范围：

(1)税务机关对从事生产、经营的纳税人已采取税收保全措施，但纳税人逾期未缴纳税款时使用；

(2)从事生产、经营的纳税人、扣缴义务人未按规定的期限缴纳或者解缴税款，纳税担保人未按规定的期限缴纳所担保的税款，由税务机关责令限期缴纳，逾期仍未缴纳时使用；

(3)税务机关对从事生产、经营的纳税人以前纳税期的纳税情况依法进行税务检查时，发现纳税人有逃避纳税义务行为，并有明显的转移、隐匿其应纳税的商品、货物及其他财产或者应纳税的收入的迹象时使用；

(4)当事人对税务机关的处罚决定逾期不申请行政复议也不向人民法院起诉，又不履行时使用。

3.本决定书抬头填写纳税人、扣缴义务人或者纳税担保人的具体名称。

4."经_____税务局(分局)局长批准"横线处填写符合《中华人民共和国税收征收管理法》规定具有审批权限的税务局(分局)局长所在税务机关的具体名称。

5."在_____的存款账户(账号：_____中扣缴以下款项)"横线处填写纳税人、扣缴义务人或者纳税担保人开户银行或者其他金融机构的具体名称。

6.本决定书应与《扣缴税收款项通知书》一并依照规定的审批程序和权限，由县以上税务局(分局)长批准后使用。

7."向_____"横线处填写有权受理行政复议申请的上级税务机关的具体名称。

8.本决定书与《税务文书送达回证》一并使用，在送达金融机构后送达纳税人一份。

9.文书字轨设为"强扣"，稽查局使用设为"稽强扣"。

10.本决定书为A4竖式。

图 4-8　税收强制执行决定书(扣缴税款适用)

(三)税收强制执行的解除

有下列情形之一的,应当依法及时解除税收强制措施:

(1)纳税人已按履行期限缴纳税款、扣缴义务人已按履行期限解缴税款、纳税担保人已按履行期限缴纳所担保税款的。

(2)税收强制措施被复议机关决定撤销的。

(3)税收强制措施被人民法院判决撤销的。

(4)其他法定应当解除税收强制措施的。

解除税收强制措施时,应当向纳税人、扣缴义务人、纳税担保人送达《解除税收强制措施决定书》,告知其解除税收强制措施的时间、内容和依据,并通知其在规定时间内办理解除税收强制措施的有关事宜。

(1)采取冻结存款措施的,应当向冻结存款的纳税人开户银行或者其他金融机构送达解除冻结存款通知书,解除冻结。

(2)采取查封商品、货物或者其他财产措施的,应当解除查封并收回查封商品、货物或者其他财产清单。

(3)采取扣押商品、货物或者其他财产措施的,应当予以返还并收回扣押商品、货物或者其他财产专用收据。

税收强制措施涉及协助执行单位的,应当向协助执行单位送达税务协助执行通知书,通知解除税收强制措施相关事项。

思考: 税收保全与税收强制执行的区别与联系?

分析: 税收保全与税收强制执行的区别与联系见表4-3。

表4-3　　　　　　　税收保全与税收强制执行的比较

税款征收措施	适用对象	适用时间	适用步骤	采取的措施	执行的范围	两者的关系
税收保全	从事生产、经营的纳税人	纳税期之前	责令缴纳、纳税担保、税收保全	银行冻结存款;扣押、查封货物或其他财产	税款、滞纳金、费用	采取税收保全措施后,限期内仍未缴纳税款,经过县级以上税务局(分局)局长再次批准,采取强制执行措施
税收强制	从事生产、经营的纳税人、扣缴义务人、纳税担保人	纳税期之后	告诫在先、执行在后(偷逃抗骗税除外)	银行扣缴存款;扣押查封、拍卖变卖货物或其他财产	税款、滞纳金、费用和罚款	

案例分析4-3

某市纺织品公司2022年11月应纳增值税21.56万元,当地税务局税务人员多次电话催缴,至2022年12月15日仍未缴纳。12月16日,税务人员依法查询了该公司的银行存款账户,发现其账户刚收入30余万元贷款。于是,税务人员填制了《扣缴税款通知书》,经所属局长签字批准后,通知银行从该公司账上扣缴所欠的21.56万元税款和1 078元滞纳金。该公司经理得知此事后,非常生气,认为税务局不打招呼就扣了钱,还扣了滞纳金,有损企业形象。

思考：该税务局违反了什么规定？

分析：税务局在扣缴前未先行告知企业，违反了《税收征管法》的有关规定。

案例分析4-4

某县某公司2023年3月应纳税额8万元，应于4月10日前缴纳，该公司未按规定的期限缴纳税款，其主管税务机关向其送达《催缴税款通知书》，责令其20日内缴纳上述税款，至当月30日，该公司仍然未缴税款，5月1日税务检查人员自行填写并送达了《查封扣押证》，以纳税人应缴税款、滞纳金和相关费用为基础，扣押了一辆价值30万元的小轿车和一辆价值约5万元的租用的货车，并开具了清单。

思考：税务机关的执法行为恰当吗？请说明理由。

分析：不恰当。

（1）责令限期缴纳税款的最长期限是15日，该税务局责令其20日内缴纳税款是错误的。

（2）采取了扣押的强制执行措施，但未经县以上税务局（分局）局长批准。

（3）不应该扣押纳税人租用的货车，租用的货车不在税收强制执行措施范围内。

（4）扣押商品、货物或其他财产的价值应相当于应纳税款，本案中扣押的价值明显高于8万元，不合理。

（5）扣押应该开具收据，而不是清单。

五、税收优先

（1）税收优先于无担保债权，法律另有规定的除外。税收是国家凭借政治权力参与国民收入分配和再分配而形成的一种特殊分配关系，具有强制性、无偿性和固定性的特点。因此，在债权清偿顺序上，税收通常享有优先权。这意味着当纳税人的财产不足以同时清偿税款和其他无担保债权时，税收应优先得到清偿。然而，如果法律另有规定，如某些特殊类型的债权或特定情况下的清偿顺序，则可能不受此原则的约束。

（2）纳税人欠缴税款在前的，税收优先于抵押权、质押权、留置权执行。抵押权、质押权和留置权是债权人为了保障其债权的实现而设定的担保权利。在一般情况下，这些担保权利在债务清偿顺序上具有优先性。然而，如果纳税人在此之前已经欠缴税款，那么在债务清偿时，税收将优先于这些担保权利执行，这是为了保障国家的税收权益不受侵害，确保税款的及时足额征收。

（3）税收优先于行政罚款、没收违法所得。行政罚款和没收违法所得是行政机关对违法行为人实施的经济制裁措施。虽然这些措施也是为了维护社会公共利益和秩序，但在债务清偿顺序上，税收仍然具有优先权。当纳税人的财产不足以同时清偿税款、行政罚款和没收违法所得时，税收应优先得到清偿。

（4）税务机关应当对纳税人欠缴税款的情况定期予以公告。公告是税务机关履行告知义务的一种方式，也是保障税收公开透明的重要举措。通过对纳税人欠缴税款的情况进行定期公告，可以提醒纳税人及时履行纳税义务，同时也可以加强社会对税收工作的监督。此外，公告还可以起到警示作用，防止其他纳税人效仿欠税行为，维护税收秩序的稳定。

六、纳税人有合并、分立情形的税收规定

(1)纳税人有合并、分立情形的,应当向税务机关报告,并依法缴清税款。纳税人合并时未缴清税款的,由合并后的纳税人继续履行未履行的纳税义务;纳税人分立时未缴清税款的,分立后的纳税人对未履行的纳税义务承担连带责任。

(2)纳税人合并分立报告分为纳税人合并报告和纳税人分立报告两种情况,其中合并又分为吸收合并和新设合并,分立又分为存续分立和新设分立。

(3)欠缴税款数额在5万元以上的纳税人在处分(转让、出租、出借、提供担保等)其不动产或者大额资产以前,应当向税务机关报告。

七、滞纳金制度

纳税人未按照规定期限缴纳税款的,扣缴义务人未按照规定期限解缴税款的,由税务机关责令限期缴纳或解缴税款,最长期限为15日。同时,从滞纳税款之日起,按日加收滞纳税款万分之五的滞纳金。

案例分析4-5

某公司2024年3月应缴纳增值税税款60 000元,城市维护建设税4 200元。该公司在规定期限内未进行纳税申报,税务机关责令其缴纳并加收滞纳金,该公司在4月30日办理了申报缴纳手续。税务机关核定该公司增值税和城市维护建设税均以1个月为一个纳税期。

思考:该公司应缴纳的滞纳金金额是多少?

分析:滞纳的税款包括增值税和城市维护建设税,从滞纳税款之日起开始计算,纳税申报期限为期满之日起至次月的15日,因此是从4月15日开始计算,到4月30日共15日。

该公司应缴纳的滞纳金金额=(60 000+4 200)×0.5‰×15=481.5(元)。

八、税款的退还与追征

征纳失误可以采取补缴、追缴、退还等方式,即所谓的"多退少补",这是依法征收的制度体现,既是对国库税收利益的维护,也是对纳税人合法权益的保障。

(一)税款退还

纳税人不论何种原因超过应纳税额多缴纳的税款,税务机关发现纳税人多缴税款的,应当自发现之日起10日内办理退还手续。

纳税人自结算缴纳税款之日起3年内发现的,可以向税务机关要求退还多缴的税款并

加算银行同期存款利息,税务机关及时查实后应立即退还(自接到纳税人退还申请之日起30日内查实并办理退还手续);退税利息按照税务机关办理退税手续当天中国人民银行规定的活期存款利率计算。如果纳税人在结清缴纳税款之日起3年后才向税务机关提出退还多缴税款要求的,税务机关将不予受理。

加算银行同期存款利息的多缴税款退税,不包括依法预缴税款形成的结算退税、出口退税和各种减免退税。

涉及从国库中退库的,依照法律、行政法规有关国库管理的规定退还。

除出口退税以外,纳税人既有应退税款又有欠缴税款的,税务机关可以将纳税人的应退税款和利息先抵扣欠缴的税款;抵扣后有余额的,纳税人可以申请办理应退余额的退还。多贴印花税票的,不得申请退税或者抵用。

以下业务也属于误收多缴退抵税范围:

(1)"营改增"试点纳税人提供应税服务在本地区试点实施之日前已缴纳营业税,本地区试点实施之日(含)后因发生退款减除营业额的,应当向主管税务机关申请退还已缴纳的营业税。

(2)对于"税务处理决定书多缴税费""行政复议决定书多缴税费""法院判决书多缴税费"等多缴税款办理退税。

多缴税费证明资料包括减免税审批文书、纳税申报表、税务稽查结论、税务处理决定书、纳税评估文书、税务行政复议决定书、生效的法院判决文书、增值税红字发票、税务机关认可的其他记载应退税款内容的资料。

阅读思考4-2

从典型案例看溢缴退税请求权的完善路径(节选)

溢缴退税请求权,是指纳税人在履行纳税义务时,因故多缴了没有法律依据的税款,从而可以请求退还的权利。当前我国关于溢缴退税请求权的法律依据主要为《中华人民共和国税收征收管理法》第五十一条和《中华人民共和国税收征收管理法实施细则》第七十八条。但条款内容较简单,容易导致实践中出现类案异判的结果,不利于更好地保护纳税人合法权益,对税收司法的权威性也会造成影响。

以下为类案异判的两个案例。

刘玉秀退税案是2020年度十大影响力税务司法审判案例之一。其主要案情是当事人刘玉秀(女)与刘欣(男)协议离婚并约定房屋归男方所有,后刘玉秀以房抵债给第三人沈恒。2011年9月,刘玉秀因涉案房屋过户而缴纳营业税、城市维护建设税和教育费附加共计约4.7万元。2012年11月,法院终审判决房屋登记于刘欣名下。2016年12月,刘玉秀向当地税务部门申请退税,税务部门以超过退税申请期限为由不予审批,后刘玉秀提起行政复议、行政诉讼,最终一审法院和二审法院均支持了刘玉秀的诉讼请求,判决税务部门应对刘玉秀退税申请重新予以处理。

但是,在类似案件中,也有法院给出了相反的判决结果。2012年,天长市天琴医药包装有限公司(以下简称"天琴公司")将其持有的某公司70%的股权作价3 916万元转让给北京市金数码投资有限公司(以下简称"金数码公司"),之后天琴公司向当地税务部门缴纳税费合计700余万元。2014年3月,当地法院撤销天琴公司与金数码公司的股权收购协议,天琴公司向金数码公司返还股权收购款及利息等款项4 300万元。2015年7月,天琴公司以股权协议被撤销为由,向当地税务部门申请退还税费,但税务部门认为退税于法无据。后来天琴公司诉讼至法院,一审法院、二审法院均支持了税务部门的观点。因此,就最终的司法结果看,天琴公司退税案和刘玉秀退税案呈现出类案异判的结果。

(资料来源:王郁深.从典型案例看溢缴退税清求权的完善路径[J].中国税务,2023(11).)

思考: 多缴税款请求退税的定义与法律依据是什么?为什么两个典型案例的退税判决不一样?

(二)税款追征

1. 因纳税人的责任

因纳税人、扣缴义务人计算错误等失误,未缴或者少缴税款的,税务机关在3年内可以追征税款,并加收滞纳金;有特殊情况的(即数额在10万元以上的),追征期可以延长到5年。对因纳税人、扣缴义务人和其他当事人偷税、抗税、骗税等造成未缴或者少缴的税款,或骗取的退税款,税务机关可以无限期追征。

2. 因税务机关的责任

因税务机关的责任,纳税人、扣缴义务人未缴或者少缴税款的,税务机关在3年内可以要求纳税人、扣缴义务人补缴税款,但是不得加收滞纳金。

当纳税人既有应退税款又有欠缴税款的,税务机关可以将应退税款和利息先抵扣欠缴税款;抵扣后有余额的,退还纳税人。

案例分析4-6

2018年3月,周某某向Y市税务局举报Q水泥有限责任公司原股东卢某某于2008年4月将公司股权转让给李某某、周某、卢某等,认为股权转让价格偏低,有涉税违法嫌疑,请求Y市税务局依法查处。2018年4月28日,Y市税务局制发《告知书》书面告知周某某,其举报所称Q水泥有限责任公司原股东卢某某于2008年4月将个人股权转让给李某某、周某、卢某未申报个人所得税的行为不属于偷税。根据《税收征收管理法》第五十二条以及《国税总局批复》规定,因卢某某股权转让涉及的个人所得税已超过法定税款追征期而不予追征。

思考: 对被举报人行为已超过法定税款追征期而不予追征的决定是否合法?

分析: 依据《税收征管法》第五十二条、六十三条的规定,被举报人的行为不属于"偷税",对其追征期最长为五年,而本案举报的涉税行为发生于2008年,已经超过法定最长的追征期限,故不予追征。但如果被举报人的行为属于"偷税"行为,则应该无限期追征。

九、欠税清缴

(一)限期缴纳

从事生产、经营的纳税人、扣缴义务人未按照规定的期限缴纳或者解缴税款的,纳税担保人未按照规定的期限缴纳所担保的税款的,由税务机关发出限期缴纳税款通知书,责令缴纳或者解缴税款的最长期限不得超过15日。同时,从滞纳税款之日起,按日加收滞纳税款万分之五的滞纳金。加收滞纳金的起止时间,为法律、行政法规规定或者税务机关依照法律、行政法规的规定确定的税款缴纳期限届满次日起至纳税人、扣缴义务人实际缴纳或者解缴税款之日止。

县级以上各级税务机关应当将纳税人的欠税情况,在办税场所或者广播、电视、报纸、期刊、网络等新闻媒体上定期公告。对纳税人欠缴税款的情况实行定期公告的办法,由国家税务总局制定。

(二)离境清税

欠缴税款的纳税人或者其法定代表人在出境前未按照规定结清应纳税款、滞纳金或者提供纳税担保的,税务机关可以通知出入境管理机关阻止其出境。阻止出境的具体办法,由国家税务总局会同公安部制定。

阅读链接4-1

阻止欠税人出境的程序通常包括以下步骤:首先,税务机关在发现欠税人符合出境阻止条件时,会提出申请并填写相关表格,附上必要的书面材料;其次,这些申请会按照层级上报至省级税务机关进行审批;审批通过后,税务机关会通知同级公安厅、局办理边控手续。为确保公正性,审批过程应严格按照法律法规进行,避免任何不当干预;同时,为提高效率,税务机关和公安部门应加强沟通协作,确保信息及时传递,减少不必要的延误。

十、延期缴纳税款

纳税人发生纳税义务后,应按照规定的期限缴纳税款。纳税人因有特殊困难,不能按期缴纳税款的,经省、自治区、直辖市税务局批准,可以延期缴纳税款,但是最长不得超过三个月。

(一)适用范围

(1)不可抗力导致纳税人发生较大损失,正常生产经营活动受到较大影响的。
(2)当期货币资金在扣除应付职工工资、社会保险费后,不足以缴纳税款的。

(二)延期缴纳的程序

纳税人需要延期缴纳税款的,应当在缴纳税款期限届满前提出书面申请,填写延期缴纳税款申请审批表(图4-9),并报送相关材料。相关材料包括申请延期缴纳税款报告;当期货币资金余额情况;所有银行存款账户的对账单;资产负债表和损益表;应付职工工资和社会保险费等支出预算及其他。

税务机关应当自收到申请延期缴纳税款报告之日起20日内作出批准或不批准的决定。不予批准的,从缴纳税款期限届满之日起加收滞纳金。

延期缴纳税款申请审批表

金额单位:元(列至角分)

纳税人识别号	91350205××××××××××		纳税人名称		厦门市××有限公司	
申请延期缴纳税款情况	税种	税款所属时期	应纳税额	申请延期缴纳税额	申请延期缴纳期限	
	增值税	20××年1月1日—20××年3月31日	2 000	1 000	20××年×月×日	
	企业所得税	20××年1月1日—20××年3月31日	5 000	2 000	20××年×月×日	

当期货币资金余额	人民币(大写)壹仟元	¥1 000

当期应付职工工资支出预算	800	当期社会保险费支出预算	200

申请延期缴纳税款理由	

经办人:张××　　　　法定代表人(负责人):李××　　　　纳税人(签章)

20××年×月×日　　　20××年×月×日　　　　　　　　20××年×月×日

税务机关审批意见					
管理部门意见			县(区)税务机关意见		
税种	延期缴纳税额	延期缴纳期限	税种	延期缴纳税额	延期缴纳期限

经办人:　　负责人:　　税务机关(签章)　　　　经办人:　　负责人:　　税务机关(签章)

　年　月　日　　年　月　日　　年　月　日　　　　年　月　日　　年　月　日　　年　月　日

市级税务机关审核意见			省级税务机关批准意见		
税种	延期缴纳税额	延期缴纳期限	税种	延期缴纳税额	延期缴纳期限

经办人:　　负责人:　　税务机关(签章)　　　　经办人:　　负责人:　　税务机关(签章)

　年　月　日　　年　月　日　　年　月　日　　　　年　月　日　　年　月　日　　年　月　日

图 4-9　延期缴纳税款申请审批表

思考：延期缴纳税款与延期纳税申报的区别是什么？

分析：延期缴纳税款与延期纳税申报的区别见表4-4。

表4-4　　　　　　　　延期缴纳税款与延期纳税申报的比较

项目	延期对象	适用范围	批准权限	提出延期的时间	延长时间
延期纳税申报	资料	1.财务未处理完毕 2.不可抗力因素	县级以上税务局（分局）批准	纳税期内	不得超过三个月
延期缴纳税款	税款	1.不可抗力因素 2.当期货币资金扣除应付职工工资、社保费用后，不足以缴纳税款	省级税务局批准	缴纳税款期限届满前	不得超过三个月

案例分析4-7

因购货方长期拖欠货款，影响了大强公司的正常经营，公司以无法按期缴税为由申请延期缴纳税款。

思考：

(1)大强公司能否延期缴纳税款？说明理由。

(2)大强公司应在什么时候提出延期缴纳税款的申请？应向何单位提出延期缴纳税款的申请？

分析：

(1)W公司可申请延期缴纳税款。依据《税收征管法》第三十一条规定，纳税人因有特殊困难，不能按期缴纳税款的，经省、自治区、直辖市税务局批准，可以延期缴纳税款，但是最长不得超过三个月。

税务机关应审核纳税人是否有下列情形之一的特殊困难：第一，不可抗力导致纳税人发生较大损失，正常生产经营活动受到较大影响的；第二，当期货币资金在扣除应付职工工资、社会保险费后，不足以缴纳税款的。

(2)纳税人需要延期缴纳税款的，应当在缴纳税款期限届满前提出申请，并报送下列材料：申请延期缴纳税款报告、当期货币资金余额情况及所有银行存款账户的对账单、资产负债表、应付职工工资和社会保险费等税务机关要求提供的支出预算。

课后练习题

一、单选题

1.ABC公司是一家在我国境内上市的公司，税务机关应当对其采取的税款征收方式为（　　）。

A.查账征收　　　B.查定征收　　　C.查验征收　　　D.委托代征

2.受托单位按照税务机关核发的代征证书的要求,以税务机关的名义向纳税人征收零散税款的税款征收方式是( )。

 A.查账征收 B.查定征收 C.查验征收 D.委托征收

3.某单位为负有扣缴税款的法定义务人,在支付职工工资时,按《个人所得税法》规定,对超过法定扣除额的工资部分,应( )个人所得税。

 A.代收代缴 B.代扣代缴 C.委托代征 D.自报核缴

4.下列情形下,税务机关有权核定其应纳税额的是( )。

 A.经营规模小   B.产品流动性大

 C.城乡集合地小商贩   D.应当设置但未设置账簿

5.以下哪种情况不需要提供纳税担保( )。

 A.税务机关实施税收保全具体措施之前

 B.税务机关实施税收强制执行措施之前

 C.纳税人同税务机关在纳税上发生争议而未缴清税款申请行政复议的

 D.欠税纳税人要求出境时

6.纳税人或纳税担保人不转移对财产的占有,将该财产作为税款及滞纳金的担保的方式为( )。

 A.纳税保证 B.纳税质押 C.纳税抵押 D.纳税置换

7.以下不可以作为纳税质押担保物的是( )。

 A.现金   B.不动产 C.著作权   D.股票

8.以下关于税收保全措施的顺序,正确的是( )。

 A.责令限期缴纳,纳税担保,税收保全

 B.责令限期缴纳,税收保全,纳税担保

 C.责令限期缴纳,税收保全

 D.纳税担保,税收保全,责令限期缴纳

9.某县税务局依法对某个体户黄某的工厂实施强制执行措施,可以书面通知开户银行从( )扣缴税款。

 A.黄某挂靠的工厂开设账户中的存款

 B.黄某老婆的存款

 C.黄某个人的存款

 D.黄某儿子的存款

10.税务机关查封商品、货物或者其他财产时,应开具( )。

 A.清单和收据 B.收据   C.清单   D.发票

11.纳税人未按照规定期限缴纳税款的,税务机关处责令限期缴纳外,从( )之日起,按日加收滞纳税款万分之五的滞纳金。

 A.办理纳税申报 B.滞纳税款 C.缴纳税款 D.计提税款

12.纳税人欠缴税款,同时又被行政机关决定处以罚款、没收违法所得的,应( )。

A.税收优先于罚款、没收违法所得　　B.罚款、没收违法所得优先于税收

C.罚款优先于税收、没收违法所得　　D.没收违法所得优先于税收、罚款

13.根据税收征收管理法律制度的规定,因纳税人计算错误少缴税款,累计数额不足10万元的,税务机关在一定期限内可以追征税款和滞纳金,该"一定期限"是( )年。

A.1　　　　B.3　　　　C.5　　　　D.10

14.关于纳税人多缴税款的退还,下列说法正确的是( )。

A.应加算银行同期存款利息的多缴税款退税,是指依法预缴税款形成的结算退税、出口退税和各种减免退税

B.纳税人发现多缴税款,要求退还的,税务机关应自接到纳税人退还申请之日起10日内办理退还手续

C.税务机关发现纳税人多缴税款的,应当自发现之日起30日查实并办理退还手续

D.税务机关发现纳税人多缴税款的,退还税款时,不加算多缴税款的银行利息

15.纳税人因有特殊困难,不能按期缴纳税款的,经( )批准,可以延期缴纳税款。

A.国务院税收主管部门　　　　　　B.省级税务部门

C.任一税务部门　　　　　　　　　D.县区级税务部门

16.下列情形中,税务机关不应用核定税额方式的是( )。

A.纳税人按税法规定可以不设置账簿的

B.纳税人按税法规定应当设置账簿但未设置账簿的

C.纳税人设置账簿但账目混乱,难以查账的

D.纳税人曾有偷税行为的

17.根据税收征收管理制度,下列个人财产中,不适用税收保全措施的是( )。

A.现金　　　　　　　　　　　　　B.高档消费品

C.豪车　　　　　　　　　　　　　D.维持生活必需的住房

E.易腐烂商品

二、多选题

1.适用于按照查账征收方式来计算征收税款的有( )。

A.经营规模较大

B.财务会计制度健全

C.能正确计算应纳税额及认真履行纳税义务

D.税源较为分散

2.适用于按照查定征收方式来计算征收税款的有( )。

A.经营规模较大　　B.产品较为零星　　C.账册不健全　　D.税源较为分散

3.税务机关核定应纳税额的方法包括( )。

A.参照当地同类行业或者类似行业中经营规模和收入水平相近的纳税人的税负水平核定

B.按照营业收入或者成本加合理的费用和利润的方法核定

C.按照耗用的原材料、燃料、动力等推算或者测算核定

D.按照其他方法合理推算

4.税款解缴入库的方式包括(　　)。

A.采取预储账户缴纳税款的,凭缴款书通知银行直接划解税款

B.采用转账缴税的由纳税人自行解缴国库(经收处)

C.已实行银税联网的,直接通过银税系统划解税款

D.由纳税人直接解缴国库(经收处)

5.根据税收征收管理法律制度的规定,下列各项中,属于纳税担保范围的有(　　)。

A.应纳税额及实现税款的费用

B.税款滞纳金及实现税款滞纳金的费用

C.质押保管费用

D.保管、拍卖、变卖的相关费用

E.质押、抵押登记费用

6.根据规定,以下组织不能作为纳税担保人的有(　　)。

A.公务员　　　　　　　　B.公立学校校长

C.幼儿园园长　　　　　　D.有欠税行为的企业

E.纳税信用等级为C级的企业

7.根据规定,税收保全措施适用于(　　)。

A.临时从事经营的纳税人　　B.扣缴义务人

C.纳税担保人　　　　　　　D.从事生产经营的纳税人

8.根据税收征收管理法律制度的规定,下列各项中,属于税收保全措施的有(　　)。

A.书面通知纳税人开户银行从其存款中直接扣缴税款

B.拍卖纳税人的价值相当于应纳税款的商品、货物或其他财产

C.书面通知纳税人开户银行冻结纳税人的金额相当于应纳税款的存款

D.扣押、查封纳税人的价值相当于应纳税款的商品、货物或者其他财产

9.税务机关对从事生产、经营的纳税人、扣缴义务人、纳税担保人发生以下何种情形的,责令限期缴纳,逾期仍未缴纳的,可依法采取税收强制执行措施(　　)。

A.未按照规定的期限缴纳所担保的税款

B.未按照规定的期限缴纳罚款的纳税人

C.未按照规定的期限缴纳或者解缴税款

D.未按照规定的期限缴纳滞纳金

10.纳税人有下列情形之一的,税务机关不得加收滞纳金(　　)。

A.纳税人因延期申报,不能按期缴纳税款的

B.因税务机关的责任,纳税人未缴或者少缴纳税款的

C. 在经批准延期缴纳税款的期限内

D. 因纳税人计算错误等失误,未缴或者少缴纳税款的

11. 根据税收征收管理法律制度的规定,下列各项中,税务机关可以无限期追征税款和滞纳金的有(   )。

A. 纳税人计算错误少缴税　　　　B. 纳税人偷税

C. 纳税人抗税　　　　　　　　　D. 纳税人骗税

12. 纳税人自结算缴纳税款之日起3年内发现多缴纳税款的,可以向税务机关(   )。

A. 要求退还多缴纳的税款　　　　B. 提出行政赔偿请求

C. 加算银行同期贷款利息　　　　D. 加算银行同期存款利息

13. 欠缴税款的纳税人因(   ),对国家税收造成损害的,税务机关可以行使撤销权。

A. 放弃到期债权

B. 怠于行使到期债权

C. 无偿转让财产

D. 以明显不合理的低价转让财产而受让人知道该情形

14. 下列关于税款征收方式的表述中,正确的有(   )。

A. 对账务不健全,但能控制其材料、产量或进销货物的纳税单位或个人采取查定征收的税款征收方式

B. 查验征收是指税务机关对纳税人的应税商品、产品,通过查验数量,按市场一般销售单价计算其销售收入,并据以计算应纳税款的一种征收方式

C. 代扣代缴是指按照税法规定,负有收缴税款义务的单位和个人,负责对纳税人应纳的税款进行代收代缴的一种方式

D. 委托代征这一征收方式主要适用于小型个体工商户

E. 委托代征中,代征人在代征税款中获知的纳税人商业秘密和个人隐私,应当依法为纳税人保密

三、简答题

1. 简要说明核定税额征收与定期定额征收的区别。

2. 简要说明核定税额征收与查账征收的区别。

3. 简要说明延期缴纳税款的申请条件。

4. 简要说明延期缴纳税款与延期纳税申报的区别。

四、案例分析题

1. 某税务所2023年例行对本辖区的纳税情况进行摸底后,6月底发出通知,决定对某纳税人7月至12月的定额税款由原来的3 000元调整为3 500元。该纳税人不服,在同行中散布其7月底要离开此地且不打算缴纳7月份的税款的消息。该税务所得到消息责令纳税人在7月25日前缴纳税款。7月20日发现纳税人开始转移其货物,于是责令纳税人提供纳税担保,纳税人不提供,随即税务所书面通知纳税人的开户银行从存款中扣缴税款

3 500元入库。

请问:该税务所的行为恰当吗?请说明理由。

2.2024年3月,纳税人A在Y县工商局办理了营业执照从事日用品经营。9月,纳税人A被Y县税务分局查处,发现其未按照规定设置、保管账簿、记账凭证和有关资料,核定应缴纳税款8 000元,限其于次日缴清税款。纳税人A在限期内未缴纳税款,并对核定的税款提出异议,税务分局不听其申辩,直接扣押了其全部商品,价值3 500元,并以3 000元的价格销售给附近居民,用以抵缴税款。

请问:(1)对纳税人A的行为应如何进行税务行政处罚?

(2)分析Y县税务分局的执法行为有何不妥?

3.经税务机关检查,2022年度某公司存在财政返还未申报问题。2023年11月8日检查组发现其账簿资料中财政返还款未作为收入处理也未申报纳税,共1 454 193.78元。对于该情形,若要求该公司当日补缴税款和滞纳金,金额应为多少?

4.20××年8月某税务机关在一次专项检查中发现并查实,某企业系增值税一般纳税人,从2020年7月成立之初就利用不开或少开发票、发票外收入不入账等手段进行偷税,累计偷税额达8万元。8月12日该税务机关依法定程序作出补税并罚款的决定,并下达了《税务处理决定书》等税务文书,限定该企业在8月27日前缴清税款及罚款。其间,该企业并没有履行《税务处理决定书》中的处理规定。8月20日,税务机关接到群众举报,反映该企业有转移财产迹象。税务机关在调查核实后,于8月21日责成该企业于8月22日前缴纳税款或提供纳税担保,8月23日该企业一直未履行税务机关的决定,税务机关遂于8月23日上午8时依法采取税收保全措施。该企业于8月24日缴清了税款,税务机关于8月26日下午4时解除税收保全措施。8月28日,该企业向当地法院起诉,认为税务机关的税收保全措施给其合法利益造成了损害,要求税务机关赔偿其经济损失,法院依法判处税务机关承担赔偿责任。根据上述资料,回答下列问题,答案为不定项选择。

(1)税务机关采取税收保全措施,必须经过(　　)批准。

A.主管税务人员　　　　　　　B.县以上税务局局长

C.县人民法院院长　　　　　　D.县公安局局长

(2)纳税担保的适用对象包括(　　)。

A.税务机关有根据认为从事生产经营的纳税人有逃避纳税义务的行为

B.欠缴税款的纳税人需要出境的

C.外来经营者需要在本地领用发票的

D.纳税人从事临时经营以及未领取营业执照从事工程承包或提供劳务的

E.领取营业执照从事工程承包或提供劳务的

(3)税务机关对于该私营企业未缴或者少缴的税款追征期限为(　　)。

A.3年　　　　　B.5年　　　　　C.无限期　　　　　D.10年

（4）税务机关采取的税收保全措施应包括（　　）。

A. 书面通知纳税人开户银行或者其他金融机构冻结纳税人的金额相当于应纳税款的存款

B. 扣押、查封纳税人的价值相当于应纳税款的商品、货物或者其他资产

C. 扣押、查封的财产中包括单价1 000元以上的生活用品

D. 书面通知纳税人开户银行或者其他金融机构扣缴纳税人的金额相当于应纳税款的存款

第五章

税款征纳的法律责任

主要内容

本章聚焦税款征收与缴纳过程中涉及的法律责任问题,特别是纳税人、扣缴义务人、税务机关以及其他相关主体在税收活动中可能出现的违法行为及其法律后果。通过对欠税、偷税、抗税、骗税等行为的深入剖析,详细阐述这些违法行为的认定标准、程序以及相应的法律责任。首先,本章将分析偷税行为的特征和认定方法,包括偷税的手段、目的及其对税收征管秩序的影响。其次,本章将探讨欠税行为的定义、表现形式及其与偷税行为的区别,详细解析抗税行为的构成要件、认定程序及相应的法律责任。通过案例分析和理论探讨,帮助学生深入理解这些违法行为的本质。最后,骗税行为作为一种严重的税收违法行为,也将是本章的重要内容。此外,还会涉及扣缴义务人、税务代理人以及税务机关各自在税收征管过程中应当履行的义务及违反法律法规需要承担的法律责任。

学习重难点

1. 理解和掌握偷税、欠税、抗税、骗税等行为的认定标准和程序。
2. 准确区分偷税、欠税、抗税、骗税等行为的性质和程度。
3. 掌握不同税收违法行为应承担的法律责任。
4. 学生能够通过案例分析、法律条文解读等方式,准确识别这些违法行为,并理解其法律后果。

思政元素

1. 深刻理解税收法治原则。通过本章的学习,学生应深刻认识到税收法治的重要性,树立依法纳税、诚信纳税的意识。同时,也应理解到税收征管工作的复杂性和艰巨性,尊重和支持税务机关依法履行职责。在日常生活和工作中,学生应自觉遵守税收法律法规,积极履行纳税义务,为构建和谐社会和法治国家贡献自己的力量。

2.培养学生独立思考的能力。学生应具备批判性思维,能够对税收征收与缴纳过程中的违法行为进行识别和抵制,维护税收征管的公平性和公正性。

第一节 纳税人违法行为及相应的法律责任

引入案例

2024年11月,国家税务总局海南省税务局稽查部门查处了海口某加油站、儋州某加油站。海口某加油站通过股东个人账户收款隐匿成品油销售收入和运输服务收入,进行虚假纳税申报,少缴增值税等税费124.67万元,被依法追缴少缴税费、加收滞纳金并处罚款,金额共计219.17万元。儋州某加油站通过取得低价无票柴油账外销售,设立内账隐匿成品油销售收入,进行虚假纳税申报,少缴增值税等税费249.66万元。最终,被税务局稽查局依法追缴少缴税费、加收滞纳金并处罚款,金额共计450.91万元。

思考:这两个加油站各自采取不同的方式少缴纳了税费,他们的行为应该被定性为什么税务违法行为?

分析:海口某加油站通过股东个人账户收款隐匿收入、虚假纳税申报,儋州某加油站通过账外销售、隐匿收入、虚假纳税申报来少缴税费,它们的行为都属于偷税行为。 税收违法行为可以分为欠税、偷税、抗税、骗税几种情形。

一、欠税

欠税是指纳税人、扣缴义务人等纳税主体在法定的纳税期限内由于主客观原因而未缴或者少缴应纳税款或解缴税款的行为。根据客观和主观划分,欠税分为一般欠税和逃避追缴欠税。

(一)一般欠税(客观原因)

一般欠税是指,纳税人因经营环境恶化、管理不善、社会负担过重等导致利润下降,无力缴税。

1.行为特征

第一,欠税的实质是纳税主体在一定时期内占用国家税款。

第二,欠税者主观上不存在直接故意,形成欠税往往有一定的客观原因。

第三,欠税者没有采用涂改账簿等非法手段。

第四,欠税的社会危害性只与欠缴税款数量直接有关。

2.法律责任

第一,从滞纳之日起,按日加收应纳税款的万分之五的滞纳金。

第二,责令限期缴纳或解缴税款,但最长期限为15日。

第三,责令限期缴纳,逾期仍未缴纳的,经县以上税务局(分局)局长批准,税务机关可以采取强制执行措施。

第四,欠缴税款的纳税人在出境前未按规定结清应纳税款,或提供纳税担保的,税务机关可以通知出入境管理机关阻止其出境。

(二)逃避追缴欠税(主观原因)

逃避追缴欠税是指,纳税人有主观原因,采取转移、隐匿财产的手段逃避缴纳税款。纳税人有能力缴税而故意不缴纳。

1.行为特征

第一,具备一般欠税的特征。

第二,纳税人采取转移或者隐匿财产、收入的手段,致使税务机关不能正常依法追缴其欠缴的税款。

第三,逃避追缴欠税达到一定数额后会构成逃避追缴欠税罪。

2.法律责任

第一,纳税人欠缴应纳税款,或者采取转移、隐匿财产的手段,妨碍税务机关追缴欠缴的税款的,由税务机关追缴欠缴的税款、滞纳金,并处欠缴税款50%以上5倍以下罚款。

第二,纳税人欠缴应纳税款,采取转移、隐匿财产的手段,致使税务机关无法追缴欠缴的税款,数额在1万元以上不足10万元的,处3年以下有期徒刑或者拘役,并处或者单处欠缴税款1倍以上5倍以下罚金;数额在10万元以上,处3年以上7年以下有期徒刑,并处欠缴税款1倍以上5倍以下罚金。

根据《最高人民法院 最高人民检察院关于办理危害税收征管刑事案件适用法律若干问题的解释》(法释〔2024〕4号)的规定:纳税人欠缴应纳税款,为逃避税务机关追缴,具有下列情形之一的,应当认定为刑法第二百零三条规定的"采取转移或者隐匿财产的手段":

(1)放弃到期债权的;

(2)无偿转让财产的;

(3)以明显不合理的价格进行交易的;

(4)隐匿财产的;

(5)不履行税收义务并脱离税务机关监管的;

(6)以其他手段转移或者隐匿财产的。

阅读思考 5-1

北京某餐饮有限公司、陈某、宫某逃避追缴欠税案
——欠税人不讲诚信转移财产担刑责

1.基本案情

被告人陈某、宫某于2006年共同出资成立北京某餐饮有限公司(以下简称某餐饮公

司),陈某为法定代表人,宫某为监事,后分别于2007年、2012年成立第一分公司、第二分公司,陈某任负责人。2012年至2013年,某餐饮公司、第一分公司、第二分公司使用开票方为沃尔玛等4家公司的假发票共计53张入账,在2012年度、2013年度企业所得税应纳税所得额中进行扣除,并向国家税务总局北京市顺义区税务局进行了企业所得税纳税申报。2014年7月,国家税务总局北京市顺义区税务局稽查局对某餐饮公司开展税务稽查,后作出行政处理决定,认定该公司使用不符合规定的发票列支,调增2012年度、2013年度应纳税所得额共计369万余元,应补缴2012至2013年度企业所得税共计92万余元,并缴纳滞纳金。被告人陈某、宫某在明知国家税务总局北京市顺义区税务局对某餐饮公司进行税务稽查、作出税务处理决定并追缴税款的情况下,在第一分公司经营地址上成立宏某餐饮公司,在第二分公司经营地址上成立石某餐饮公司,另开立新账户供两公司经营使用,并将第一分公司、第二分公司注销,同时某餐饮公司也不再申领发票,公司账户于冻结后不再使用。通过以上方式,逃避国家税务总局北京市顺义区税务局追缴税款,至案发时,尚有82万余元税款无法追缴。案发后,某餐饮公司补缴了欠缴的企业所得税税款及滞纳金共计130余万元。

2. 处理结果

北京市顺义区人民检察院以某餐饮公司、陈某、宫某涉嫌逃避追缴欠税罪提起公诉。北京市顺义区人民法院认为,被告单位会计账簿混乱、记载不规范,在案证据无法认定存在实际发生的与取得收入有关的、合理的支出,应当根据税务处理决定书认定数额补缴税款。被告单位欠缴应纳税款,以转移、隐匿财产的方式,致使税务机关无法追缴欠缴的税款,数额超过刑法规定的一万元标准,已构成逃避追缴欠税罪。北京市顺义区人民法院以逃避追缴欠税罪判处被告单位某餐饮公司罚金人民币八十五万元;被告人陈某、宫某有期徒刑三年,缓刑三年,并处罚金人民币八十五万元。一审宣判后,被告人宫某提出上诉。北京市第三中级人民法院经审理,裁定驳回上诉,维持原判。

3. 典型意义

欠税虽不构成犯罪,但欠税人有能力缴纳税款而采取转移、隐匿财产的方式,拒不缴纳税款,造成税务机关无法追缴其所欠税款的,既违反纳税义务,也违反诚信原则;造成无法追缴税款数额达到一万元以上的,依法构成逃避追缴欠税罪。本案中,被告单位和被告人通过注销纳税主体、设立新公司和开设新账户的方式,逃避缴纳欠缴的税款,数额达到十万元以上,依法应判处三年以上七年以下有期徒刑,并处欠缴税款一倍以上五倍以下罚金。人民法院依法判处被告单位和被告人刑罚,既有力维护了国家税收秩序,又维护了诚信经营的市场环境。

(资料来源:"两高"发布依法整治危害税收征管典型刑事案例(节选).国家税务总局官网,2024-03-19)

思考:税务稽查局对某餐饮公司作出税务处理决定后,被告单位和被告人采取了哪些措施来逃避追缴欠税?

二、偷税

2009年《刑法》将"偷税罪"改为"逃避缴纳税款罪"(简称"逃税罪")。《刑法》中定义逃避缴纳税款罪为:纳税人采取欺骗、隐瞒手段进行虚假纳税申报或者不申报,逃避缴纳税款数额较大并且占应纳税额10%的;或者扣缴义务人采取欺骗、隐瞒手段,不缴或者少缴已扣、已收税款,数额较大的。偷税属于税务行政违法行为,逃税则是刑事违法行为。通常所说的偷逃税即为偷税与逃税的组合。

1.行为特征

第一,偷税的违法或犯罪主体是纳税人或扣缴义务人。

第二,采用了伪造、变造、隐匿、擅自销毁账簿和记账凭证,或者在账簿上多列支出或者不列、少列收入,或者经税务机关通知申报而拒不申报或进行虚假的纳税申报。

第三,违法或犯罪主体存在主观故意,偷税是一种有预谋的违法行为。

第四,达到了不缴或少缴税款的目的。

2.法律责任

对纳税人偷税的,由税务机关追缴其不缴或少缴的税款、滞纳金,并处不缴或者少缴的税款百分之五十以上五倍以下的罚款;构成犯罪的,依法追究刑事责任。

纳税人采取欺骗、隐瞒手段进行虚假纳税申报或者不申报,逃避缴纳税款数额较大并且占应纳税额10%以上的,处三年以下有期徒刑或者拘役,并处罚金;数额巨大并且占应纳税额30%以上的,处三年以上七年以下有期徒刑,并处罚金。

根据《最高人民法院 最高人民检察院关于办理危害税收征管刑事案件适用法律若干问题的解释》(法释〔2024〕4号)的规定:纳税人进行虚假纳税申报,具有下列情形之一的,应当认定为刑法第二百零一条第一款规定的"欺骗、隐瞒手段":

(1)伪造、变造、转移、隐匿、擅自销毁账簿、记账凭证或者其他涉税资料的;

(2)以签订"阴阳合同"等形式隐匿或者以他人名义分解收入、财产的;

(3)虚列支出、虚抵进项税额或者虚报专项附加扣除的;

(4)提供虚假材料,骗取税收优惠的;

(5)编造虚假计税依据的;

(6)为不缴、少缴税款而采取的其他欺骗、隐瞒手段。

具有下列情形之一的,应当认定为刑法第二百零一条第一款规定的"不申报":

(1)依法在登记机关办理设立登记的纳税人发生应税行为而不申报纳税的;

(2)依法不需要在登记机关办理设立登记或者未依法办理设立登记的纳税人发生应税行为,经税务机关依法通知其申报而不申报纳税的;

(3)其他明知应当依法申报纳税而不申报纳税的。

扣缴义务人采取第一、二款所列手段,不缴或者少缴已扣、已收税款,数额较大的,依照刑法第二百零一条第一款的规定定罪处罚。扣缴义务人承诺为纳税人代付税款,在其向纳税人支付税后所得时,应当认定扣缴义务人"已扣、已收税款"。

纳税人逃避缴纳税款十万元以上、五十万元以上的,应当分别认定为刑法第二百零一条第一款规定的"数额较大""数额巨大"。

扣缴义务人不缴或者少缴已扣、已收税款"数额较大""数额巨大"的认定标准,依照上述规定。

所谓"逃避缴纳税款数额占应纳税额的百分比",是指行为人在一个纳税年度中的各税种逃税总额与该纳税年度应纳税总额的比例;不按纳税年度确定纳税期的,按照最后一次逃税行为发生之日前一年中各税种逃税总额与该年应纳税总额的比例确定。纳税义务存续期间不足一个纳税年度的,按照各税种逃税总额与实际发生纳税义务期间应纳税总额的比例确定。

对多次实施逃脱行为,未经处理的,按照累计数额计算。逃税行为跨越若干个纳税年度,只要其中一个纳税年度的逃税数额及百分比达到刑法第二百零一条第一款规定的标准,即构成逃税罪。各纳税年度的逃税数额应当累计计算,逃税额占应纳税额百分比应当按照各逃税年度百分比的最高值确定。

纳税人有刑法第二百零一条第一款规定的逃避缴纳税款行为,在公安机关立案前,经税务机关依法下达追缴通知后,在规定的期限或者批准延缓、分期缴纳的期限内足额补缴应纳税款,缴纳滞纳金,并全部履行税务机关作出的行政处罚决定的,不予追究刑事责任。但是,五年内因逃避缴纳税款受过刑事处罚或者被税务机关给予二次以上行政处罚的除外。

纳税人有逃避缴纳税款行为,税务机关没有依法下达追缴通知的,依法不予追究刑事责任。

阅读思考5-2

四川某食品有限公司、郑某某逃税案
——实体企业违法后积极挽损整改依法从宽

1. 基本案情

被告单位四川某食品有限公司是一家小规模食品生产企业,具有一般纳税人资格。2017年至2019年,该公司法定代表人郑某某,安排公司财务人员采取欺骗、隐瞒手段进行虚假纳税申报,逃避缴纳税款共计127万余元,年度逃避纳税税款比例达80%~97%不等。2021年9月29日,税务机关向被告单位下达《税务处理决定书》和《税务行政处罚决定书》,责令限期缴纳逃避缴纳的税款和罚款。被告单位未按期缴纳。同年10月14日,税务机关再次向被告单位送达《税务事项通知书》,限其在当月28日前缴纳上述款项。期满后,被告单位仍未缴纳。2022年5月6日,税务机关向公安机关移交该公司涉嫌逃税犯罪线索,公安机关于次日立案侦查。郑某某接公安机关电话通知后自首。2023年3月6日,被告单位向税务机关出具申请延期分批缴纳税款承诺书,得到批准,并于当月8日缴纳了部分所逃税款。

2. 处理结果

四川省仁寿县人民检察院以四川某食品有限公司、郑某某涉嫌逃税罪提起公诉。四川省仁寿县人民法院认为,被告单位四川某食品有限公司采取欺骗、隐瞒手段进行虚假纳税申报或者不申报,逃避缴纳税款数额巨大,并且占应纳税额百分之三十以上,经税务机关依法下达追缴通知后仍未补缴,已构成逃税罪。被告人郑某某作为被告单位直接负责的主管人员,亦构成逃税罪。四川省仁寿县人民法院以逃税罪判处被告单位四川某食品有限公司罚

金;被告人郑某某有期徒刑一年,缓刑二年,并处罚金人民币三万元;未补缴税款责令追缴。一审宣判后无抗诉、上诉,判决已发生法律效力。

3. 典型意义

税收是国家财政的最主要来源,取之于民,用之于民。依法纳税是公民的基本义务,是企业的法定义务。逃税损害国家财政,扰乱经济秩序,侵蚀社会诚信,不仅违法,数额大的构成犯罪。对于逃税行为,一方面要依法惩处,通过"惩"警戒纳税人增强纳税意识,依法纳税,以"惩"促"治";另一方面也要考虑到税收的特点和纳税的现状,给予纳税人补过机会,不能"一棍子打死"。根据刑法第二百零一条第四款的规定,追究逃税人的刑事责任,应由税务机关先行处理,这既是给予纳税人补救机会,也有利于及时挽回税款损失。本案被告单位系一家福利性企业,解决十几名残疾职工就业,承担着一定的社会责任;受疫情影响,案发后未能如期补缴税款;法院裁判前制订补缴税款计划并得到税务机关认可。为有效贯彻"治罪"与"治理"并重,法院联合税务机关对被告单位进行企业经营风险审查,在企业开展合规整改后,对被告单位和被告人从宽处罚,有效避免了因一案而毁掉一个企业的不良后果。

(资料来源:"两高"发布依法惩治危害税收征管典型刑事案例(节选).国家税务总局官网,2024-03-19)

思考: 该案例中被认定为逃税罪的标准是什么?在大数据背景下,如何有效加强税收监管,预防与打击偷逃税款的税收违法行为?

阅读思考5-2答案

三、骗税

骗税,是指纳税人以假报出口或者其他欺骗手段骗取国家出口退税款的行为。

1. 行为特征

第一,具有明显的公开欺骗性。骗税并不是通过秘密或隐蔽的方式进行,而是采用假报出口等虚构事实或隐瞒真相的方法,经过公开的合法的程序,利用国家税收优惠政策,进行骗税活动。这种方式使得骗税行为在表面上看起来具有合法性,以骗取税务机关的信任,进而非法占有国家税款。

第二,骗税主要包括骗取减免税和骗取出口退税两种形式。这两种形式都是虚构事实或隐瞒真相,使得纳税人能够不合法地获得税收减免或退税。

2. 法律责任

由税务机关追缴其骗取的退税款,并处骗取税款1倍以上5倍以下罚款;构成犯罪的,依法追究刑事责任。

对骗取国家出口退税款的,税务机关可以在规定期间内停止为其办理出口退税。

具有下列情形之一的,应当认定为刑法第二百零四条第一款规定的"假报出口或者其他欺骗手段":

(1)使用虚开、非法购买或者以其他非法手段取得的增值税专用发票或者其他可以用于出口退税的发票申报出口退税的。

(2)将未负税或者免税的出口业务申报为已税的出口业务的。

(3)冒用他人出口业务申报出口退税的。

(4)虽有出口,但虚构应退税出口业务的品名、数量、单价等要素,以虚增出口退税额申报出口退税的。

（5）伪造、签订虚假的销售合同，或者以伪造、变造等非法手段取得出口报关单、运输单据等出口业务相关单据、凭证，虚构出口事实申报出口退税的。

（6）在货物出口后，又转入境内或者将境外同种货物转入境内循环进出口并申报出口退税的。

（7）虚报出口产品的功能、用途等，将不享受退税政策的产品申报为退税产品的。

（8）以其他欺骗手段骗取出口退税款的。

骗取国家出口退税款数额十万元以上、五十万元以上、五百万元以上的，应当分别认定为刑法第二百零四条第一款规定的"数额较大""数额巨大""数额特别巨大"。具有下列情形之一的，应当认定为刑法第二百零四条第一款规定的"其他严重情节"：

（1）两年内实施虚假申报出口退税行为三次以上，且骗取国家税款三十万元以上的。

（2）五年内因骗取国家出口退税受过刑事处罚或者二次以上行政处罚，又实施骗取国家出口退税行为，数额在三十万元以上的。

（3）致使国家税款被骗取三十万元以上并且在提起公诉前无法追回的。

（4）其他情节严重的情形。

具有下列情形之一的，应当认定为刑法第二百零四条第一款规定的"其他特别严重情节"：

（1）两年内实施虚假申报出口退税行为五次以上，或者以骗取出口退税为主要业务，且骗取国家税款三百万元以上的；

（2）五年内因骗取国家出口退税受过刑事处罚或者二次以上行政处罚，又实施骗取国家出口退税行为，数额在三百万元以上的；

（3）致使国家税款被骗取三百万元以上并且在提起公诉前无法追回的；

（4）其他情节特别严重的情形。

实施骗取国家出口退税行为，没有实际取得出口退税款的，可以比照既遂犯从轻或者减轻处罚。

从事货物运输代理、报关、会计、税务、外贸综合服务等中介组织及其人员违反国家有关进出口经营规定，为他人提供虚假证明文件，致使他人骗取国家出口退税款，情节严重的，依照刑法第二百二十九条的规定追究刑事责任。

思考：骗税与偷税的区别？

分析：骗税与偷税的区别见表 5-1。

表 5-1　　　　　　　　　　骗税与偷税比较

区别	偷税	骗税
对象	各种税种	国家税收政策允许的出口退税
行为结果	没有履行纳税义务	骗取已入库的税款
影响程度	有轻有重	数额巨大，性质恶劣
行政处罚程度	50%～5倍	1～5倍
刑事责任	逃税罪	骗税罪

阅读链接5-1

四、抗税

抗税是指以暴力、威胁方法拒不缴纳税款的行为。情节轻微,未构成犯罪的,由税务机关追缴其拒缴的税款、滞纳金,并处拒缴税款一倍以上五倍以下罚款。除由税务机关追缴其拒缴的税款、滞纳金外,依法追究刑事责任。

1. 行为特征

第一,违法者存在主观上的直接故意。
第二,违法者采取公开对抗的手段(暴力、威胁等)拒不缴纳税款。

2. 法律责任

抗税情节轻微,未构成犯罪的,由税务机关追缴其拒缴的税款、滞纳金,并处拒缴税款一倍以上五倍以下罚款。抗税情节严重,构成抗税罪的,由司法机关追究其刑事责任。

以暴力、威胁方法拒不缴纳税款,具有下列情形之一的,应当认定为刑法第二百零二条规定的"情节严重":

(1)聚众抗税的首要分子;
(2)故意伤害致人轻伤的;
(3)其他情节严重的情形。

实施抗税行为致人重伤、死亡,符合刑法第二百三十四条或者第二百三十二条规定的,以故意伤害罪或者故意杀人罪定罪处罚。

第二节 扣缴义务人违法行为及相应的法律责任

扣缴义务人应扣未扣、应收未收税款的,由税务机关向纳税人追缴税款,对扣缴义务人处应扣未扣、应收未收税款百分之五十以上三倍以下罚款。

扣缴义务人采取伪造、变造、隐匿、擅自销毁账簿、记账凭证,或者在账簿上多列支出或者不列、少列收入,或者经税务机关通知申报而拒不申报或者进行虚假的纳税申报,不缴或者少缴应纳税款的,不缴或者少缴已扣、已收税款,由税务机关追缴其不缴或者少缴的税款、滞纳金,并处不缴或者少缴的税款百分之五十以上五倍以下罚款;构成犯罪的,依法追究刑事责任。

纳税人、扣缴义务人逃避、拒绝或者以其他方式阻挠税务机关检查的,由税务机关责令改正,可以处一万元以下罚款;情节严重的,处一万元以上五万元以下罚款。

阅读思考 5-3

国家税务总局北京市税务局网站日前公布行政处罚决定书《北京比特大陆科技有限公司其他违法》(京税稽四罚〔2023〕6号),北京比特大陆科技有限公司存在其他违法行为。

北京比特大陆科技有限公司给员工发放差旅补贴等福利应代扣代缴个人所得税。检查人员已于2022年8月送达《责令限期改正通知书》(京税稽四限改〔2022〕9号),2023年公司未能代扣代缴上述个人所得税合计1 664.58万元。

根据《中华人民共和国个人所得税法》(2011年第六次修正)第二条、第六条、第八条，《中华人民共和国个人所得税法实施条例》(国务院令第142号发布,2011年第三次修订)第八条、第十条,《中华人民共和国个人所得税法》(2018年第七次修正)第二条、第三条、第六条、第九条,《中华人民共和国个人所得税法实施条例》(国务院令第142号发布,2018年第四次修订)第六条、第八条,《中华人民共和国税收征收管理法》第六十九条规定,国家税务总局北京市税务局第四稽查局对该公司罚款2496.87万元,处罚日期2023年4月4日。

据央广网报道,比特大陆是全球领先的数字货币矿机厂商,曾垄断全球超七成的比特币矿机市场份额。据其2018年计划港股上市时提交的招股书,这家当时全球最大的加密数字币矿机公司42个月净赚逾130亿元人民币,公司估值达到120亿～150亿美元。但最终比特大陆在香港联合交易所申请IPO未获通过。

(资料来源：比特大陆被罚2 497万元 未代扣代缴个人所得税1 665万元.中国经济网,2024-01-22)

思考： 扣缴义务人未能履行扣缴义务将面临哪些法律责任？

阅读思考5-3答案

第三节 开户银行、税务代理人违法行为及相应的法律责任

一、开户银行违法行为及相应的法律责任

银行和其他金融机构未按照《税收征管法》的规定在从事生产、经营的纳税人的账户中登录税务登记证件号码,或者未按规定在税务登记证件中登录从事生产、经营的纳税人的账户账号的,由税务机关责令其限期改正,处二千元以上二万元以下罚款；情节严重的,处二万元以上五万元以下罚款。

纳税人、扣缴义务人的开户银行或者其他金融机构拒绝接受税务机关依法检查纳税人、扣缴义务人存款账户,或者拒绝执行税务机关做出的冻结存款或者扣缴税款的决定,或者在接到税务机关的书面通知后帮助纳税人、扣缴义务人转移存款,造成税款流失的,由税务机关处以十万元以上五十万元以下罚款,对直接负责的主管人员和其他直接责任人员处一千元以上一万元以下罚款。

二、税务代理人违法行为及相应的法律责任

税务代理人违反税收法律、行政法规,造成纳税人未缴或者少缴税款的,除由纳税人缴纳或者补缴应纳税款、滞纳金外,对税务代理人处纳税人未缴或者少缴税款50%以上3倍以下罚款。

第四节 税务人员违法行为及相应的法律责任

一、税务人员滥用职权

税务机关或税务人员查封、扣押纳税人个人及其所抚养家属维持生活必需的住房和用品的，责令退还，依法给予行政处分；构成犯罪的，依法追究刑事责任。

税务人员利用职务上的便利，收受或者索取纳税人、扣缴义务人财物或者谋取其他不正当利益，构成犯罪的，依法追究刑事责任；尚不构成犯罪的，依法给予行政处分。

税务人员滥用职权，故意刁难纳税人、扣缴义务人的，调离税收工作岗位，并依法给予行政处分。

税务机关违反规定擅自改变税收征收管理范围和税款入库预算级次的，责令限期改正，对直接负责的主管人员和其他直接责任人员依法给予降级或者撤职的行政处分。

未经税务机关依法委托征收税款的，责令退还收取的财物，依法给予行政处分或者行政处罚；致使他人合法权益受到损失的，依法承担赔偿责任；构成犯罪的，依法追究刑事责任。

二、税务人员违法行政

违反法律、行政法规的规定提前征收、延缓征收或者摊派税款的，由其上级机关或者行政监察机关责令改正，对直接负责的主管人员和其他直接责任人员依法给予行政处分。

违反法律、行政法规的规定擅自作出税收的开征、停征或者减税、免税、退税、补税以及其他同税收法律、行政法规相抵触的决定的，除依照《税收征管法》的规定撤销其擅自作出的决定外，补征未征税款，退还不应征收而征收的税款，并由上级机关追究直接的主管人员和其他直接责任人员的行政责任；构成犯罪的，依法追究刑事责任。

三、税务人员失职

税务人员徇私舞弊或者玩忽职守，对依法应当移交司法机关追究刑事责任的不移交，情节严重的以及不征或者少征应征税款，致使国家税收遭受重大损失，构成犯罪的，依法追究刑事责任；尚不构成犯罪的，依法给予行政处分。

税务人员未按照《税收征管法》的规定为纳税人、扣缴义务人、检举人保密的以及在征收税款或者查处税收违法案件时未按照规定进行回避的，对直接负责的主管人员和其他直接责任人员依法给予行政处分。

四、税务人员违法作为

税务人员对控告、检举税收违法违纪行为的纳税人、扣缴义务人以及其他检举人进行打击报复的,依法给予行政处分;构成犯罪的,依法追究刑事责任。

税务人员与纳税人、扣缴义务人勾结,唆使或者协助纳税人、扣缴义务人偷税、逃避追缴欠税、骗税,构成犯罪的,依法追究刑事责任;尚不构成犯罪的,依法给予行政处分。

税务人员私分扣押、查封的商品、货物或者其他财产,情节严重,构成犯罪的,依法追究刑事责任。

课后练习题

一、单选题

1. 税务人员滥用职权,故意刁难纳税人、扣缴义务人的,(　　)并依法给予行政处分。
   A. 调离税收工作岗位 B. 处以1万元以下罚款
   C. 移送司法机关 D. 责成公开赔礼道歉

2. 经税务机关通知申报而拒不申报或者进行虚假申报,不缴或者少缴应纳税款的行为是(　　)。
   A. 偷税 B. 骗税 C. 抗税 D. 欠税

3. 纳税人欠缴应纳税款,或者采取转移、隐匿财产的手段,妨碍税务机关追缴欠缴的税款的,由税务机关追缴欠缴的税款、滞纳金,并处欠缴税款(　　)的罚款。
   A. 1倍以下 B. 1倍以上5倍以下
   C. 50%以上5倍以下 D. 50%以上3倍以下

4. 扣缴义务人采取偷税手段,不缴或者少缴已扣、已收税款,由税务机关追缴其不缴或者少缴的税款、滞纳金,并处不缴或者少缴的税款(　　)罚款;构成犯罪的,依法追究刑事责任。
   A. 1倍以下 B. 1倍以上5倍以下
   C. 50%以上5倍以下 D. 50%以上3倍以下

5. 关于逃税罪,下列说法正确的是(　　)。
   A. 逃税罪的主体包括纳税人和扣缴义务人
   B. 甲企业在3年内因逃税被行政机关给予2次行政处罚,后甲企业又有逃税行为,逃税数额较大且占应纳税额的15%,税务机关再次给予其罚款处罚,并依法下达追缴通知,甲企业补缴了应纳税款以及缴纳了滞纳金、罚款。甲企业不构成逃税罪
   C. 纳税人因同一逃税犯罪行为受到行政处罚后又被移送起诉的,人民法院应当依法受理,依法定罪并判处罚金的,行政罚款不能折抵罚金
   D. 纳税人在公安机关立案后再补缴应纳税款、缴纳滞纳金或者接受行政处罚的,不构成犯罪

二、多选题

1. 下列关于偷税与骗税的税收违法行为说法正确的是(　　)。
   A. 偷税针对任何税种,骗税仅针对出口退税
   B. 偷税属于没有履行纳税义务,骗税则是要从国库中骗取税款
   C. 偷税的社会影响程度高于骗税
   D. 对偷税的处罚为不缴或者少缴的税款50%以上3倍以下罚款

E.对骗税的税务行政处罚为不缴或者少缴税款1倍以上5倍以下罚款

2.以下（　　）行为可能构成偷税行为。

A.伪造、变造、隐匿、擅自销毁账簿、记账凭证

B.在账簿上多列支出或者不列、少列收入

C.经税务机关通知申报而拒不申报或者进行虚假的纳税申报

D.纳税人未按照规定的期限办理纳税申报和报送纳税资料

E.以暴力手段不缴纳税款

3.根据《刑法》及有关规定，下列关于骗取出口退税罪的说法中，正确的有（　　）。

A.只要采取虚报出口等欺骗手段实施了骗取国家出口退税款的行为，就构成骗取出口退税罪

B.行为人骗取国家出口退税款达到10万元以上，才能构成骗取出口退税罪

C.造成国家税款损失150万元以上，且在一审判决宣告前无法追回的，属于骗取出口退税罪量刑规定中的"其他特别严重情节"

D.纳税人缴纳税款后采取虚报出口等欺骗方法骗取所缴税款的，按骗取出口退税罪处罚

E.骗取出口退税罪侵犯的客体是简单客体，侵犯了国家出口退税管理制度

三、简答题

1.请简要说明纳税人偷税行为应当承担的法律责任。

2.请简要说明纳税人骗税行为应当承担的法律责任。

3.请简要说明纳税人抗税行为应当承担的法律责任。

4.请说明偷税与骗税的区别。

5.请说明逃税罪的构成要件。

第六章

税务稽查

主要内容

本章将全面介绍税务稽查的基本概念、权限和相关要求、方法、程序以及实务操作。税务稽查作为税收征管体系的重要组成部分,对于确保税收法律法规的贯彻执行、维护税收征管秩序具有不可替代的作用。通过本章的学习,学生将深入了解税务稽查的核心内容,掌握其在实际工作中的应用技巧。

学习重难点

1. 掌握税务稽查的基本方法和操作流程。
2. 理解税务稽查在税收征管体系中的地位和作用。
3. 重点关注税务稽查的权限范围、流程要求以及相关法律法规和政策规定。
4. 了解大数据时代背景下税务稽查的复杂性和专业性。

思政元素

税务稽查作为税收征管体系的重要组成部分,不仅体现了国家对税收征管的严格要求和精细管理,也体现了对纳税人权益的尊重和保障。通过本章的学习,学生应深刻理解税务稽查的重要性和必要性,树立依法稽查、公正执法的意识。同时,也应认识到税务稽查工作的复杂性和艰巨性,不断提升自身的专业素养和综合能力,为构建和谐社会和法治国家贡献自己的力量。

第一节　税务稽查概述

税务稽查是税收管理工作的重要步骤和重要环节，是对税收日常征收管理工作的重要补充，是国家监督管理的重要组成部分。

税务稽查是指税务机关依照国家税收法律及其他经济法规的有关规定，对纳税人、扣缴义务人和其他税务当事人履行纳税义务、扣缴义务及税法规定的其他义务等情况进行审查、监督的管理活动。

一、税务稽查主体

税务稽查的主体为各级税务机关设立的税务稽查机构。国务院规定设立的并向社会公告的税务机构，是指省以下税务局的稽查局。稽查局专司偷税、逃避追缴欠税、骗税、抗税案件的查处。稽查局主要职责包括起草税务稽查法律法规草案、部门规章及规范性文件；办理重大税收案件的立案和调查的有关事项并提出处理意见；指导、协调税务系统的稽查工作。稽查局内设处室包括综合处、制度处、案源管理处、组织检查一处、组织检查二处、组织检查三处、组织检查四处、合作协调处、涉税违法联合惩戒管理处、质效管理处、公安部联络室。国家税务总局应当明确划分税务局和稽查局的职责，避免职责交叉。

稽查局在所属税务局领导下开展税务稽查工作。

上级稽查局对下级稽查局的稽查业务进行管理、指导、考核和监督，对执法办案进行指挥和协调。

各级国家税务局稽查局、地方税务局稽查局应当加强联系和协作，及时进行信息交流与共享，对同一被查对象尽量实施联合检查，并分别作出处理决定。

各级税务机关应当在所属税务稽查机构建立税务违法案件举报中心，受理公民举报税务违法案件。

二、税务稽查的法律依据

税务稽查的权限主要源于《税收征管法》的规定，在该法中明确规定了稽查局的权利和义务，规定了税务稽查的权限和程序。为了保障税收法律、行政法规的贯彻实施，规范税务稽查工作，强化监督制约机制，根据《税收征管法》及其实施细则有关规定，国家税务总局于2009年制定《税务稽查工作规程》，从更加细致的角度对税务稽查工作进行了规范。为适应社会经济的快速发展，在2021年对税务稽查工作程序又进行了更新，制定了《税务稽查案件办理程序规定》，稽查局办理税务稽查案件适用本规定。办理税务稽查案件应当以事实为根据，以法律为准绳，坚持公平、公正、公开、效率的原则。另外，会计法等相关法规是税务稽查不可缺少的依据。

三、税务稽查的作用

税务稽查不仅是税务机关执法行为的一部分,而且在维护国家税收秩序、保障税收收入、促进依法纳税以及提高财务管理水平等方面都起到了关键作用。

第一,保证国家财政收入,维护国家财政的稳定。税务稽查是税收管理的最后一道防线,是落实税收政策、增强税收调控、完善税收治理的重要保障。税务稽查有助于追回偷逃的税款,增加税收收入,减少税收流失,保证税款的及时足额缴入国库,保证税收职能的实现。

第二,保证发挥税收调节经济作用,维护经济秩序。税务稽查通过保障税收公正和提高税收遵从度,有助于增加财政收入,同时促进经济的稳定发展。

第三,保证发挥税收监督作用,依法查处税收违法行为。税务稽查可以通过发现税收征管中的漏洞和薄弱环节,提出改进征管的措施建议,从而促进税收征管水平和质量的提高。税务稽查通过严格的程序和审查的机制,要求纳税人必须按照国家法律法规的规定及时足额缴纳税款,依法查处违反法律法规的涉税行为,保护了其他纳税人的合法权益,实现税收的公平。

第四,有利于提高纳税人的财务管理水平,促进依法纳税。税务稽查通过随机抽查的方式进行监督检查的管理活动,可以督促纳税人在日常生产生活过程中注重自身财务管理水平的提高,也能够让税务相对人经常进行税务自我检查,有助于改善纳税人的整个财务管理体系。

第二节　税务稽查的权限和相关要求

一、查账权

查账权指税务稽查部门检查纳税人的账簿、记账凭证、报表和有关资料,检查扣缴义务人代扣代缴、代收代缴税款的账簿、记账凭证和有关资料。

重点检查业务经营活动是否合法;账务记载是否真实;核算是否正确;费用开支、成本列支是否符合规定的范围和标准。

查账权通常配合调账权使用。调账权是指经县以上税务局(分局)局长批准,可以将纳税人、扣缴义务人以前会计年度的账簿、记账凭证、报表和其他有关资料调回税务机关检查(图 6-1),但是税务机关必须向纳税人、扣缴义务人开付清单(图 6-2),并在 3 个月内完整退还;有特殊情况的,经设区的市、自治州以上税务局局长批准,税务机关可以将纳税人、扣缴义务人当年的账簿、记账凭证、报表和其他有关资料调回检查,但是税务机关必须在 30 日内退还。

```
                    _____税务局(稽查局)
                      调取账簿资料通知书
                      ____税调〔  〕 号
_____：
    根据《中华人民共和国税收征收管理法实施细则》第八十六条规定，经_____税务局(分局)局长批准,决定调取
你(单位)____年__月__日至___年__月__日的账簿、记账凭证、报表和其他有关资料到税务机关进行检查,
请于___年__月____日前送到_____税务局(稽查局)。
    联系人员：
    联系电话：
    税务机关地址：

                                                              税务机关(签章)
                                                                  年 月 日
```

图 6-1　调取账簿资料通知书

调取账簿资料清单

被查对象名称：　　　　　　　　　　　　　　　　　　　　　　　　　　共　页第　页

序号	账簿资料名称	资料所属时期	单位	数量	页(号数)	备注

税务检查人员签字：　　　　　　　　　　　　　　　税务检查人员签字：
企业经办人签字：　　　　　　　　　　　　　　　　企业经办人签字：
　　　　　　　　　　　　　税务机关(签章)　　　　　　　　　　　　　　　纳税人(签章)
　　　　　　　　　　　调取时间：　年 月 日　　　　　　　　　　　　退还时间：　年 月 日

图 6-2　调取账簿资料清单

案例分析 6-1

省税务局稽查局2024年1月检查某企业,经省税务局稽查局局长批准,调取2022—2023年度账簿进行调查,并且在3个月内完整归还。

思考：该执法是否正确？

分析：《税收征管法》及《税收征管法实施细则》中规定应当经县以上税务局(分局)局长批准后实施的各项权力,各级税务局所属的稽查局局长无权批准。征管法所有需要税务局局长批准的事项,稽查局局长均无权批准。调取以前年度的账簿应当开具清单。

二、实地检查权

实地检查权指税务稽查部门到纳税人的生产、经营场所和货物存放地检查纳税人应纳税的商品、货物或者其他财产,检查扣缴义务人与代扣代缴、代收代缴税款有关的经营情况。实地检查是税务稽查的必要环节,是查账检查的延续和补充。检查人员实地调查取证时,可以制作现场笔录、勘验笔录,对实地检查情况予以记录或者说明。制作现场笔录、勘验笔录,

应当载明时间、地点和事件等内容,并由检查人员签名和当事人签章。当事人拒绝在现场笔录、勘验笔录上签章的,检查人员应当在笔录上注明原因;如有其他人员在场,可以由其签章证明。

三、责成提供资料权

责成提供资料权指税务稽查部门责成纳税人、扣缴义务人提供与纳税或者代扣代缴、代收代缴税款有关的文件、证明材料等。责成提供资料权是税务机关了解和掌握税收征管情况的直接依据,要求提供资料者必须遵循及时、准确、全面和合法的原则。需要异地调查取证的,可以发函委托相关稽查局调查取证;必要时可以派人参与受托地稽查局的调查取证。受托地稽查局应当根据协查请求,依照法定权限和程序调查;对取得的证据材料,应当连同相关文书一并作为协查案卷存档;同时根据委托地稽查局协查函委托的事项,将相关证据材料及文书复制,注明"与原件核对无误"和原件存放处,并加盖本单位印章后一并移交委托地稽查局。

需要取得境外资料的,稽查局可以提请国际税收管理部门依照税收协定情报交换程序获取,或者通过我国驻外机构收集有关信息。

四、询问权

询问权指税务稽查部门询问纳税人、扣缴义务人与纳税或者代扣代缴、代收代缴税款有关的问题和情况。

根据查账已经掌握的线索、收集到的检举揭发材料等所发现的问题,经过询问排除疑点。要注意对重点人的突破,不要盲目询问。税务机关在行使询问权时要做好记录,必要时还要当事人、证人写出书面材料。

询问应当由两名以上检查人员实施。除在被查对象生产、经营场所询问外,应当向被询问人送达《询问通知书》(图6-3)。

```
                    ____市税务局稽查局
                         询问通知书
                    ____税询〔   〕   号
_____:
    根据《中华人民共和国税收征收管理法》第五十四条第(四)项规定,请(接受询问人员姓名)_____于____年____月____日____时到_____就涉税事宜接受询问。
    联系人员:
    联系电话:
    税务机关地址:
                                              税务机关(签章)
                                                   年  月  日
```

图6-3 询问通知书

询问时应当告知被询问人如实回答问题。询问笔录应当交被询问人核对或者向其宣读;询问笔录有修改的,应当由被询问人在改动处捺指印;核对无误后,由被询问人在尾页结束处写明"以上笔录我看过（或者向我宣读过），与我说的相符"，并逐页签章、捺指印。被询问人拒绝在询问笔录上签章、捺指印的，检查人员应当在笔录上注明。

当事人、证人可以采取书面或者口头方式陈述或者提供证言。当事人、证人口头陈述或者提供证言的，检查人员可以做笔录、录音、录像。笔录应当使用能够长期保持字迹的书写工具书写，也可使用计算机记录并打印，陈述或者证言应当由陈述人或者证人逐页签章、捺指印。

当事人、证人口头提出变更陈述或者证言的，检查人员应当就变更部分重新制作笔录，注明原因，由当事人、证人逐页签章、捺指印。当事人、证人变更书面陈述或者证言的，不退回原件。制作录像、录音等视听资料的，应当注明制作方法、制作时间、制作人和证明对象等内容。

调取视听资料时，应当调取有关资料的原始载体；难以调取原始载体的，可以调取复制件，但应当说明复制方法、人员、时间和原件存放处等事项。

对声音资料，应当附有该声音内容的文字记录；对图像资料，应当附有必要的文字说明。

以电子数据的内容证明案件事实的，应当要求当事人将电子数据打印成纸质资料，在纸质资料上注明数据出处、打印场所，注明"与电子数据核对无误"，并由当事人签章。

需要以有形载体形式固定电子数据的，应当与提供电子数据的个人、单位的法定代表人或者财务负责人一起将电子数据复制到存储介质上并封存，同时在封存包装物上注明制作方法、制作时间、制作人、文件格式及长度等，注明"与原始载体记载的电子数据核对无误"，并由电子数据提供人签章。

阅读思考6-1

稽查局：探索稽查新手段 巧用工作好帮手

在税务稽查工作中，检查人员会接触到大量的案件，其中有一些案件错综复杂，需要耗费检查人员大量的时间和精力，而且在检查过程中时常会遇到一些纳税人不配合的情况，那么稽查工作中如何节省时间、提高效率，同时又能规范执法、预防税收执法风险就显得尤为重要。这时执法记录仪和电子查账软件就成了检查人员的好帮手。

在检查工作中使用执法记录仪可以起到对纳税人和检查人员"双向监督"的作用。

一是能够真实记录执法人员告知企业履行与不履行纳税义务的利与弊和纳税人享有的权利，彰显税法震慑力的同时督促税务干部在工作中不能有丝毫懈怠。

二是实现执法痕迹化、公开化，提升执法准确性和权威性，切实维护纳税人合法权益。

三是督促稽查干部依法按程序、文明规范执法，提高了执法水平与执法公信力，有效预防了税收执法风险。

四是进一步强化了文明纳税建设，实现了税收执法过程全透明。

执法记录仪虽然为稽查工作带来了很多便利，但目前仍然有可以改进的地方，如探索搭建大数据管理平台，开通记录仪数据实时传递功能，充分发挥执法记录仪"取证仪、监督眼、维权伞"功能于一体的综合效用，大力提升依法治税水平，将"事后监管"升级为"全程监管"。

传统稽查模式主要依靠手工查账，既费时费力又容易出错。用电子查账代替传统的手工查账不仅节省检查人员的时间和精力，更能大大提高稽查工作的精准度。

1.使用电子查账软件可以降低检查人员到户检查的频率,检查人员使用软件将企业账套拷取,可以直接在办公室进行全面的数据分析,这样需要企业财务人员提供的资料数量也会大幅减少,减轻了被查企业的负担。

2.电子查账软件搭载数据管控稽查作业平台,可智能分析企业的财务账套,灵活对财务总账、会计凭证进行筛选分析,对获取的财务数据与申报数据进行比对分析,使税务稽查人员能够以更多更精准的数据为支撑,研判出的疑点数据更精准、目标更明确。

3.电子查账软件具有快速采集数据、分析数据、准确查找定位数据的优势,能迅速提升稽查质效、降低稽查成本。

由于电子查账软件现阶段利用率较低,没有实现使用常态化,普及率不够高,存在下户检查使用电子查账软件时纳税人有抵触心理的问题,所以未来可以明确执法依据,加大宣传力度,使电子查账软件的接受程度和使用率逐渐提高。

执法记录仪和电子查账软件的应用使检查人员规避了税务稽查工作中容易出现的很多问题,有效提升了税务执法水平,使稽查工作更好地适应了新形势发展的需要,在实现税务稽查现代化的道路上又迈进一步。

(资料来源:国家税务总局大连市税务局官网,2018-08-10)

思考:该新闻提到了哪些技术手段可提高税务稽查的效率?在大数据发展背景下还有哪些措施可以有效利用于税收征管领域?

阅读思考6-1答案

五、单证检查权

单证检查权指税务稽查部门到车站、码头、机场、邮政企业及其分支机构检查纳税人托运、邮寄应纳税商品、货物或者其他财产的有关单据、凭证等资料。

商品流通和商品交易比较集中的地方,具有流动性大,不易监管,容易税收流失的特点,因此可以进行单据、凭证和相关资料的检查。但是要注意,税务机关仅局限于单证的检查权,不能检查运输邮寄的货物。

六、储蓄存款检查权

储蓄存款检查权指税务稽查部门经县以上税务局(分局)局长批准,凭全国统一格式的检查存款账户许可证明,查询从事生产、经营的纳税人、扣缴义务人在银行或者其他金融机构的存款账户。税务机关在调查税收违法案件时,经设区的市、自治州以上税务局(分局)局长批准,可以查询案件涉嫌人员的储蓄存款。税务机关查询所获得的资料,不得用于税收以外的用途。

税务机关实施税务检查时只能行使上述六项法定职权,否则属于违法行为。

税收征管法以及新的稽查办案程序规定了税务稽查部门实地检查、调取企业账簿、查询企业银行账户、询问相关人员等权力,但这些权力本身缺乏相应的强制性。在现行法律规定下,调查权弱于侦查权,导致了税务稽查取证效果很大程度上取决于被查单位的配合程度。

阅读思考6-2

厦门市警税联合依法查处一起利用税费优惠政策虚开发票团伙案

近期,厦门市警税联合依法查处一起利用税费优惠政策虚开发票的团伙案,成功摧毁一个虚开发票团伙。经查,该犯罪团伙利用增值税小规模纳税人的多项税收优惠及便利,注册大量登记为增值税小规模纳税人的空壳企业对外虚开发票,案涉虚开增值税普通发票1408份,价税合计金额2 897.89万元。

厦门市税务局稽查局有关负责人表示,将进一步发挥税务、公安、检察、法院、海关、人民银行、外汇管理等七部门联合打击机制作用,坚持以零容忍的态度对虚开发票、偷逃税等涉税违法犯罪行为重拳出击、严惩不贷。同时,加强对各类享受税费优惠政策企业的税费服务和税收监管,护航税费优惠政策落实落地。

(资料来源:厦门市税务局官网,2023-12-18)

思考:税务机关只能在法定的权限范围内行使权力,如何更好地联合税务机关权限与公安机关的权限,以实现对违法行为的精准打击和有效监管?

阅读思考6-2答案

第三节 税务稽查的方法

一、按检查详略划分

按照检查的内容、范围、数量和查账详略的不同要求,税务稽查的方法可分为详查法和抽查法。

(一)详查法

详查法,是指对检查对象在检查期内的所有经济活动、涉及经济业务和财务管理的部门及其经济信息资料,采取严密的审查程序,进行周详的审核检查的一种方法。

1. 适用范围

详查法适用于规模较小、经济业务较少、会计核算简单、核算对象比较单一的企业,或者为了揭露重大问题而进行的专案检查,或者在整个检查过程中对某些(某类)特定项目、事项所进行的检查。

2. 优缺点

(1)优点:检查比较全面彻底,可以发现企业在整个生产经营过程中的问题,检查结果相对比较符合实际。

(2)缺点:工作量大,需要耗费大量的时间、人力、物力,容易受时间、人力等因素的制约而无法采用。

(二)抽查法

抽查法,是税务机关对被查的纳税人一定时期的会计凭证、账簿、报表及有关纳税资料有针对性地抽取一部分进行检查的一种方法。

1. 适用范围

抽查法适用于规模比较大、会计核算比较健全、守法纳税的纳税人。通常是在分析报表或通过其他途径取得了一定的检查线索的前提下采用的。

2. 优缺点

(1)优点：针对性强，检查重点突出，效率较高，检查效果较明显。

(2)缺点：范围有限，未查部分容易漏掉问题，而且以抽样结果推断总体的结论，会有一定的误差。

二、按检查顺序划分

按照查账的顺序不同，税务稽查方法可分为顺查法和逆查法。

(一)顺查法

顺查法，是指税务机关对被查纳税人实施检查时，按照其会计核算的顺序，从审查会计凭证开始，依次检查账簿、报表，并将其相互核对的一种检查方法。

1. 适用范围

顺查法适用于审查范围小、凭证资料少，尤其是会计核算制度不健全、账务管理混乱、问题较多的纳税单位。

2. 优缺点

优点：全面、系统、精确，几乎不会遗漏问题，可以了解企业整个核算过程。

缺点：工作量大，往往难以抓住问题的中心，费时费力。

(二)逆查法

逆查法，是指税务机关对被查纳税人实施检查时，逆着其会计核算的顺序，依次检查报表、账簿、凭证，并将其相互核对的一种检查方法。

1. 适用范围

逆查法主要适用于大中型企业以及内部控制健全的企业稽查。逆查法可以有效地从报表入手，逆查至账簿和凭证，从而找出可能存在的问题。然而，对于管理非常混乱、账目资料不全的单位以及某些特别重要的和危险的稽查项目，逆查法可能并不适用，因为缺乏完整和准确的资料可能导致审查难以进行。

2. 优缺点

优点：有针对性地核对审查账簿记录，再有重点、有目的地审查记账凭证和原始凭证。这种方法便于抓住重点，省时省力，检查效果较为显著。

缺点：逆查法依赖于审计人员的判断来确定审查的重点，可能存在遗漏重要审查点的情况，尤其是当审计人员经验不足或判断失误时。另外，由于逆查法主要关注报表、账簿和凭证的核对，可能忽略了一些非会计资料的审查，导致部分证据无法获取，影响审查的全面性。采用逆查法进行检查时要求审计人员具备较高的业务素质和丰富的审查经验，才能准确判断审查重点，避免遗漏重要问题。

案例分析6-2

税务检查人员于2024年3月在检查上海市某电器公司2023年度会计报表时,发现利润表中"营业成本"项目本期金额与上期金额相比有异常变化。

思考: 税务人员应如何进行检查?

分析: 税务人员应采用逆查法进行查账,先审阅会计报表,然后根据审阅出的"营业成本"中存在的问题,有针对性地核对审查账簿记录,再有重点、有目的地审查记账凭证和原始凭证。因为这种方法便于抓住重点,省时省力,检查效果较为显著。

三、按检查资料之间关系划分

按照检查资料之间的相互关系,税务检查方法可分为联系查法和侧面查法。

(一)联系查法

根据联系查法可以充分利用账务资料之间的勾稽关系,较为全面、彻底地把问题找出来,但是相对来说工作量较大。

(二)侧面查法

使用侧面查法是根据平时掌握的征管、信访资料和职工群众反映的情况,对有关账簿记录进行核查的一种检查方法。这种方法检查的信息有针对性,但是相对较为片面。

四、分析法

分析法,是对被检查的会计报表、账簿、凭证等纳税资料进行审查分析,以查证落实或确定进一步检查线索的一种检查方法。

(一)指标对比法

比较分析法是根据企业的会计报表与账面的数据,同企业的有关计划指标、历史资料或同类企业的相关数据进行动态和静态对比的一种分析方式,包括横向、纵向比较;绝对数比较、相对数比较。需要注意的是,分析指标数字的变化要与查账相结合,并要剔除物价等不可比因素的影响,不能把指标对比法作为唯一的检查方法使用。

(二)数字控制法

数字控制法(控制计算法),是指运用可靠的或科学测定的数据,利用数学等式、原理来推测、证实账面资料是否正确,从而发现问题的一种检查方法。常用的方法有以产核销、以耗计产、以产定耗。采用以上方法所得到的测定结果,只能说明存在问题的可能性,不能直接作为定案依据,还必须借助其他方法,查明原因,取得可靠数据,方可定案。

五、盘存法

盘存法是指通过对被查对象的货币资金、存货及固定资产等实物进行盘点清查核实其账实是否相符,进而发现税务问题的一种检查方法。可结合企业期末财产清算进行,也可以不规定时间选用任何一天进行。盘存法主要适用于纳税问题较多、管理较混乱、通过查账无法发现问题的企业。盘存法包括实物量盘存和价值量盘存。价值量盘存一般也需要经过实物量盘存。

第四节 税务稽查的基本程序

引入案例

别样稽查：接到一个自我举报案之后（节选）

经商办企业的，哪个愿意与税务稽查扯上关系？怕多是避之唯恐不及。然而，浙江省台州市偏就出了这么件新鲜事：一家企业的董事长亲自到台州市国税局稽查局举报自己的企业，要求被查。这是怎么回事？税务机关又是如何应对的？

奇怪的举报——

"我要举报我自己，你们赶紧来查我吧。"

一天下午，烈日炎炎，一名男子满头大汗地走进台州市国税局稽查局举报中心，进门第一句话就是："我要举报一家企业。"

"您请坐，喝口水，慢慢说。"举报中心工作人员小郑热情地接待了来访者。当小郑拿出登记册准备记录时，对方接下来的话让其丈二和尚摸不着头脑："我要举报我自己，你们赶紧来查我吧。"

看到小郑满脸疑惑的神情，这位男子这才道出了原委。

该男子名叫任如金，是台州八达药业股份有限公司的董事长。他说，八达药业股份有限公司7年前已开始筹备上市，如今公司上市到了关键时刻，面临财务上的各种严格审核。尽管企业内部已经做了大量的准备工作，但自己还是放心不下。毕竟已经准备了近7年时间，花费了大把的时间、精力和金钱，绝对不能因为财务上的纰漏功亏一篑。怎么保证企业的财务处理合法、合理、规范？这位董事长思来想去，突然有了个主意——企业的账务处理有没有问题，找税务局的人来查一查不就行了？他们应该是最专业的。于是，就有了这位董事长就到税务机关"举报"自己的一幕。

（资料来源：中国税务报，2015-09-15）

（注：本文根据真实案例编写，文中企业名称、人名均为化名）

思考： 税务机关是否会就自我举报的案件进行立案稽查？

分析： 税务稽查的流程具有严格的要求。选案是第一个环节，同样需要按照规定进行立案。

税务稽查是税务部门对纳税人报税情况进行审查的过程，目的是确保纳税人依法履行纳税义务。根据2021年8月11日起施行的《税务稽查案件办理程序规定》，稽查流程包括选案、检查、审理、执行（图6-4），此外税务部门还要监督或辅导纳税人进行调账处理。

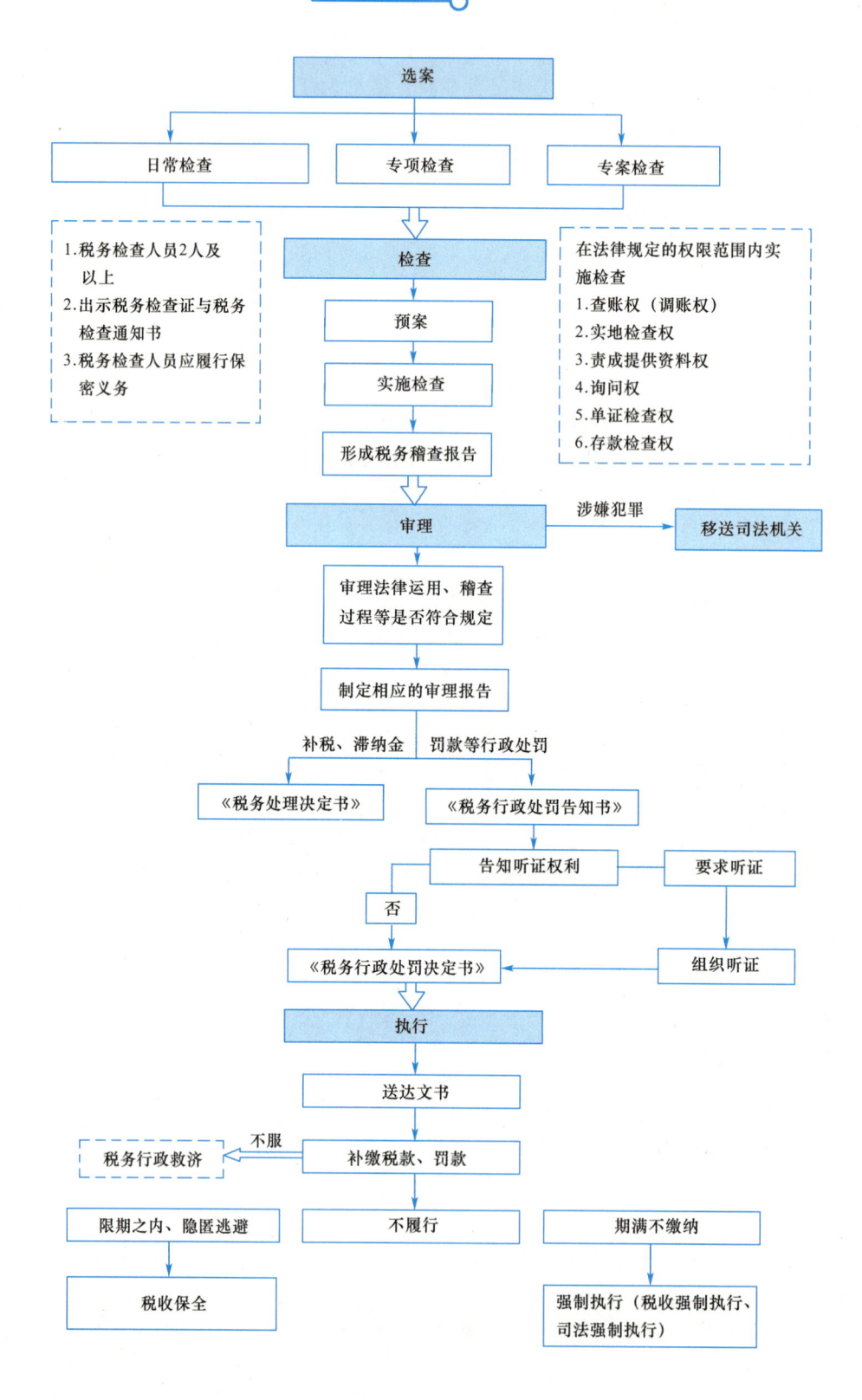

图 6-4　税务稽查流程

一、选案

选案是税务稽查的第一道程序,也是税务稽查的起点和基础。稽查局应当加强稽查案源管理,全面收集整理案源信息,合理、准确地选择待查对象。案源管理依照国家税务总局有关规定执行。

(一)选案的方式

2015年国家税务总局出台《推进税务检查随机抽查实施方案》规定,税务检查选案采取随机抽查机制。在税务检查对象分类名录库(案源信息档案)和税务检查异常对象名录库(长期纳税申报异常企业、税收高风险企业、纳税信用级别低的企业、多次被检举有税收违法行为的企业、相关部门列明违法失信联合惩处的企业等)里随机抽查。

(二)随机抽查的方式

随机抽查的方式分为定向抽查和不定向抽查。对随机抽查对象,税务检查部门可以直接检查,也可以要求其先行自查,再实施重点检查,或自查与重点检查同时进行。

1. 日常检查选案对象

日常检查选案对象包括由计算机筛选出有税务违法嫌疑及其他税收违法嫌疑的纳税人,纳税评估结果分类纳税信用等级低下移送稽查部门查处的纳税人。

2. 专项检查选案对象

每年税务稽查的重点领域、项目和类别都不同,根据当时政策变化,社会经济情况进行灵活调整。

2014年,国家税务总局组织实施了打击虚开增值税专用发票专项行动、打击骗取出口退(免)税专项行动、营改增试点行业专项检查、石油石化产品消费税专项检查等四个专项行动。

2022年税务局稽查重点涉及八大行业:电商行业、建筑行业、外贸行业、劳务派遣行业、医疗美容行业、直播行业、文娱行业、高新技术企业、高收入人群股权转让等行业和领域。

2023年税务公布的稽查重点为利用研发费用加计扣除偷逃税;医药、农产品等虚开发票高发行业;协助纳税人逃避税的中介机构;骗取出口退税;骗取留抵退税;未依法依规办理个人所得税汇算;加油站偷逃税;网络主播偷逃税等。

3. 专案检查选案对象

专案检查选案对象主要指通过群众检举、上级督办交办、有关部门转办、协查等方式直接确定选案对象。

二、检查

税务稽查实施过程中的检查,是指税务稽查人员按照税务稽查方案所确定的方式、方法,依照税收法律、法规、规章及税务部门的权限,有目标、有步骤地进行的检查活动。税务检查时有大量的查询、核对计算、调查核实的工作,纳税人和扣缴义务人有违反税收政策、法规,违反财经纪律,偷逃税款等问题,都要在这一阶段基本查清。

(一)预案

税务检查之前,税务局稽查局应该先做好各种预案,也就是准备工作。税务检查人员要再次熟悉各种法律法规,了解纳税人的行业、业务模式、财务状况等信息,制订合理的稽查计划。同时,准备好实施检查文书的审批,如《税务检查通知书》《调取账簿通知书》等。

(二)实施检查

1. 通知纳税人

税务机关实施检查之前,应向被稽查的纳税人发出通知,说明稽查的目的、范围、时间地点等信息,并要求纳税人提供相关资料,但预先通知有碍检查的除外。

2. 检查人员的确定

检查时应当由两名以上具有执法资格的检查人员共同实施,并向被查对象出示税务检查证件、出示或者送达《税务检查通知书》(图 6-5),告知其权利和义务。否则,被检查人有权拒绝检查。

```
                _____税务局(稽查局)
                  税务检查通知书
                _____税稽检通一〔  〕  号
_____:
    根据《中华人民共和国税收征收管理法》第五十四条规定,决定派_____等人,自____年____月____日起对你(单位)____年____月____日至____年____月____日期间(如检查发现此期间以外明显的税收违法嫌疑或线索不受此限)涉税情况进行检查。届时请依法接受检查,如实反映情况,提供有关资料。
                                    税务机关(签章)
                                       年  月  日

    告知:税务机关派出的人员进行税务检查时,应当出示税务检查证和税务检查通知书,并有责任为被检查人保守秘密;未出示税务检查证和税务检查通知书的,被检查人有权拒绝检查。
```

图 6-5 税务检查通知书

3. 深入检查

当检查的准备工作就绪之后,检查人员按照组织分工情况,根据检查提纲的要求,深入到纳税户,开始进行具体细致的纳税检查。检查应当依照法定权限和程序收集证据材料。收集的证据必须经查证属实,并与证明事项相关联。这里所谓的法定权限和程序即查账权、实地检查权、责成提供资料权、询问权、单证检查权、储蓄存储检查权这六个方面,税务检查人员在法律规定的六个权限范围之外行使权利则属于违法行为。

4. 采取措施

税务机关有根据认为从事生产、经营的纳税人有逃避纳税义务行为,可以在规定的纳税期之前,责令限期缴纳应纳税款;在限期内发现纳税人有明显转移、隐匿其应纳税的商品、货物以及其他财产或者应纳税收入迹象的,可以责成纳税人提供纳税担保。如果纳税人不能提供纳税担保,经县以上税务局局长批准,可以依法采取税收强制措施。

稽查局采取税收强制措施时,应当向纳税人、扣缴义务人、纳税担保人交付税收强制措施决定书,告知其采取税收强制措施的内容、理由、依据以及依法享有的权利、救济途径,并履行法律、法规规定的其他程序。

采取冻结纳税人在开户银行或者其他金融机构的存款措施时,应当向纳税人开户银行或者其他金融机构交付冻结存款通知书,冻结其相当于应纳税款的存款;并于作出冻结决定之日起3个工作日内,向纳税人交付冻结决定书。

采取查封、扣押商品、货物或者其他财产措施时,应当向纳税人、扣缴义务人、纳税担保人当场交付查封、扣押决定书,填写查封商品、货物或其他财产清单或者出具扣押商品、货物或其他财产专用收据,由当事人核对后签章。查封清单、扣押收据一式二份,由当事人和稽查局分别保存。

采取查封、扣押有产权证件的动产或者不动产措施时,应当依法向有关单位送达税务协助执行通知书,通知其在查封、扣押期间不再办理该动产或者不动产的过户手续。

5. 中止检查的情况

有下列情形之一,致使检查暂时无法进行的,经稽查局局长批准后,中止检查:

(1)当事人被有关机关依法限制人身自由的。

(2)账簿、记账凭证及有关资料被其他国家机关依法调取且尚未归还的。

(3)与税收违法行为直接相关的事实需要人民法院或者其他国家机关确认的。

(4)法律、行政法规或者国家税务总局规定的其他可以中止检查的。

中止检查的情形消失,经稽查局局长批准后,恢复检查。

6. 终结检查的情况

有下列情形之一,致使检查确实无法进行的,经稽查局局长批准后,终结检查:

(1)被查对象死亡或者被依法宣告死亡或者依法注销,且有证据表明无财产可抵缴税款或者无法定税收义务承担主体的。

(2)被查对象税收违法行为均已超过法定追究期限的。

(3)法律、行政法规或者国家税务总局规定的其他可以终结检查的。

检查结束前,检查人员可以将发现的税收违法事实和依据告知被查对象。

被查对象对违法事实和依据有异议的,应当在限期内提供说明及证据材料。被查对象口头说明的,检查人员应当制作笔录,由当事人签章。

(三)税务稽查报告

税务稽查结束后,税务机关应写作税务稽查工作底稿,应及时出具《税务稽查报告》(图6-6),对纳税人的报税情况进行总结和评估,明确后续处理意见。

税务稽查报告

案件编号	（2022）003 号	纳税人识别号	9125570520210100000		
纳税人名称	××市大华酒业有限公司	注册登记类型	有限责任公司	法人代表	小九
稽查所属期间	2017年1月1日至2017年12月31日	检查人员	小红、小东		
检查类型	专案检查	检查实施时间	2022年6月18日至6月21日		

根据我局日常稽查工作安排,我局于2022年6月18日至6月21日对大华酒业有限公司2017年1月1日至2017年12月31日的纳税情况进行了稽查。现将稽查情况报告如下：

一、基本情况

××市大华酒业有限公司于2002年1月注册成立,领取了《企业法人营业执照》,具有独立的企业法人资格,法人代表：小九,主要生产销售白酒和啤酒。该公司是增值税一般纳税人,适用新《企业会计准则》。我们采取审查原始凭证、记账凭证、会计账簿、各税种纳税申报表等会计资料的方式,对企业缴纳增值税、消费税、企业所得税情况进行了全面稽查。

二、主要违法事实及其手段

（一）增值税

1.购进原材料发生非正常损失,未转出已抵扣的增值税进项税额,少缴增值税3 400元。

2.销售白酒包装物未并入销售额征税,少缴增值税1 700元。

3.销售白酒未计入收入账户,少缴增值税8 500元。

4.无偿赠送白酒未按规定计算增值税销项税额,少缴增值税425元。

合计应补缴增值税14 025元。

（二）消费税

1.销售白酒包装物未并入销售额征税,少缴消费税2 000元。

2.销售白酒未计入收入账户,少缴消费税20 000元。

3.无偿赠送白酒未按规定计缴消费税,少缴消费税1 000元。

合计应补消费税23 000元。

（三）企业所得税

1.购进原材料发生非正常损失,未转出已抵扣的增值税进项税额,少缴增值税3 400元,应调减应纳税所得额3 400元。

2.当月增加的固定资产,当月计提折旧,多列费用,应调增应纳税所得额3 439元。

3.无形资产计提的减值准备税前扣除,多列费用,应调增应纳税所得额16 500元。

无形资产会计上摊销1 968元,税法可以摊销2 500元,应调减应纳税所得额532元。

4.销售白酒包装物未并入销售额征税,应调增应纳税所得额8 000元。

5.多扣除了粮食类白酒广告支出,应调增应纳税所得额200 000元。

6.销售白酒未计入收入账户,应调增应纳税所得额10 000元。

7.无偿赠送白酒未按规定计算纳税,应调增应纳税所得额1 500元。

8.被债权人豁免债务,未按规定将债权人豁免的债务所得计入应纳税所得额,应调增应纳税所得额50 000元。

9.非货币性交易换入的存货,应调增应纳税所得额9 000元。

合计应补缴企业所得税 294 507×25％＝73 626.75元。

三、处理意见和依据

根据《中华人民共和国增值税暂行条例》《中华人民共和国增值税暂行条例实施细则》《中华人民共和国消费税暂行条例》《中华人民共和国消费税暂行条例实施细则》《中华人民共和国企业所得税法》《企业债务重组业务所得税处理办法》(国家税务总局2003年第6号令)和《中华人民共和国税收征收管理法》的规定,对该公司的税务违法行为,提出如下处理意见：

1.查补增值税14 025元,查补消费税23 000元,查补企业所得税73 626.75元；

2.对查补的税款按规定加收滞纳金；

3.对该公司的偷税行为,处以少缴税款1倍的罚款。

图 6-6　税务稽查报告

三、审理

检查结束后,稽查局应当对案件进行审理。符合重大税务案件标准的,稽查局审理后提请税务局重大税务案件审理委员会审理。

重大税务案件审理依照国家税务总局有关规定执行。

检查审理是指税务机关的专门机构按照规定的职责和程序,对检查终结的涉税案件依法进行审核和做出处理决定的过程。

对大案、要案、疑难案件、定案有困难的,应报经上级税务机关审理后定案;对构成犯罪的,应制作《涉嫌犯罪案件移送书》,移送司法机关。

(一)审理过程

审理部门接到稽查部门移交的《税务稽查报告》及有关资料后,应当及时安排人员进行审理。审理人员应当依据法律、行政法规、规章及其他规范性文件,对稽查部门移交的《税务稽查报告》及相关资料进行逐项审核,提出书面审理意见,由审理部门负责人审核。

根据国家税务总局发布的《重大税务案件审理办法》的规定,案情复杂的,稽查局应当报请所属税务局集体审理。重大税务案件审理应当以事实为根据、以法律为准绳,遵循合法、合理、公平、公正、效率的原则,注重法律效果和社会效果相统一。参与重大税务案件审理的人员应当严格遵守国家保密规定和工作纪律,依法为纳税人、缴费人等税务行政相对人的商业秘密、个人隐私和个人信息保密。

所称重大税务案件包括:

(1)重大税务行政处罚案件,具体标准由各省、自治区、直辖市和计划单列市税务局根据本地情况自行制定,报国家税务总局备案。

(2)根据《重大税收违法案件督办管理暂行办法》督办的案件。

(3)应监察、司法机关要求出具认定意见的案件。

(4)拟移送公安机关处理的案件。

(5)审理委员会成员单位认为案情重大、复杂,需要审理的案件。

(6)其他需要审理委员会审理的案件。

稽查局负责提交重大税务案件证据材料、拟作税务处理处罚意见并举行听证。

稽查局对其提交的案件材料的真实性、合法性、准确性负责。

参与重大税务案件审理的人员有法律法规规定的回避情形的,应当回避。

重大税务案件审理参与人员的回避,由其所在部门的负责人决定;审理委员会成员单位负责人的回避,由审理委员会主任或其授权的副主任决定。

案件经审理委员会审理后,应当将拟处理意见报上一级税务局审理委员会备案。备案5日后可以作出决定。

稽查局应当在每季度终了后5日内将稽查案件审理情况备案表送审理委员会办公室备案。

稽查局应当在内部审理程序终结后5日内,将重大税务案件提请审理委员会审理。

当事人按照法律、法规、规章有关规定要求听证的,由稽查局组织听证。

审理委员会办公室收到稽查局提请审理的案件材料后,应当在5日内进行审核。重大税务案件应当自批准受理之日起30日内作出审理决定,不能在规定期限内作出审理决定的,经审理委员会主任或其授权的副主任批准,可以适当延长,但延长期限最多不超过15日。

各省、自治区、直辖市和计划单列市税务局应当于每年1月31日之前,将本辖区上年度重大税务案件审理工作开展情况和重大税务案件审理统计表报送国家税务总局。

(二)审理的主要内容

(1)执法主体是否正确。

(2)被查对象是否准确。

(3)税收违法事实是否清楚,证据是否充分,数据是否准确,资料是否齐全。

(4)适用法律、行政法规、规章及其他规范性文件是否适当,定性是否正确。

(5)是否符合法定程序。

(6)是否超越或者滥用职权。

(7)税务处理、处罚建议是否适当。

(8)其他应当审核确认的事项或者问题。

有下列情形之一的,应当补正或者补充调查:

(1)被查对象认定错误的。

(2)税收违法事实不清、证据不足的。

(3)不符合法定程序的。

(4)税务文书不规范、不完整的。

(5)其他需要补正或者补充调查的。

(三)制作相应的税务文书

(1)有税收违法行为,应当作出税务处理决定的,制作《税务处理决定书》(图6-7)。

(2)拟对被查对象或者其他涉税当事人作出税务行政处罚的,应当向其送达《税务行政处罚事项告知书》(图6-8),告知其依法享有陈述、申辩及要求听证的权利。被查对象或者其他涉税当事人可以书面或者口头提出陈述、申辩意见。对当事人口头提出陈述、申辩意见,应当制作陈述申辩笔录,如实记录,由陈述人、申辩人签章。应当充分听取当事人的陈述、申辩意见;经复核,当事人提出的事实、理由或者证据成立的,应当采纳。

(3)有税收违法行为,应当作出税务行政处罚决定的,制作《税务行政处罚决定书》(图6-9)。

(4)税收违法行为轻微,依法可以不予税务行政处罚的,制作《不予税务行政处罚决定书》。

(5)没有税收违法行为的,制作《税务稽查结论》。《税务稽查结论》应当包括以下主要内容:①被查对象姓名或者名称、有效身份证件号码或者统一社会信用代码、地址;没有统一社会信用代码的,以税务机关赋予的纳税人识别号代替;②检查范围和内容;③检查时间和检查所属期间;④检查结论;⑤结论的文号、制作日期、税务机关名称及印章。

税收违法行为涉嫌犯罪的,填制涉嫌犯罪案件移送书,经税务局局长批准后,依法移送公安机关,并附送以下资料:①涉嫌犯罪案件情况的调查报告;②涉嫌犯罪的主要证据材料复制件;③其他有关涉嫌犯罪的材料。

税务处理决定书

×税稽立〔2022〕3号

××市大华酒业有限公司：

根据《中华人民共和国税收征收管理法》第五十四条的规定，我局于2022年6月18日至6月21日对大华酒业有限公司2017年1月1日至2017年12月31日的纳税情况进行了稽查。现就稽查发现的税务违法行为，依照有关规定对你公司作出如下税务处理：

一、违法事实

（一）增值税

1. 购进原材料发生非正常损失，未转出已抵扣的增值税进项税额，少缴增值税3 400元。
2. 销售白酒包装物品未并入销售额征税，少缴增值税1 700元。
3. 销售白酒未计入收入账户，少缴增值税8 500元。
4. 无偿赠送白酒未按规定计算增值税销项税额，少缴增值税425元。

合计应补缴增值税14 025元。

（二）消费税

1. 销售白酒包装物未并入销售额征税，少缴消费税2 000元。
2. 销售白酒未计入收入账户，少缴消费税20 000元。
3. 无偿赠送白酒未按规定缴消费税，少缴消费税1 000元。

合计应补消费税23 000元。

（三）企业所得税

1. 购进原材料发生非正常损失，未转出已抵扣的增值税进项税额，少缴增值税3 400元，应调减应纳税所得额3 400元。
2. 当月增加的固定资产，当月计提折旧，多列费用，应调增应纳税所得额3 439元。
3. 无形资产计提的减值准备税前扣除，多列费用，应调增应纳税所得额16 500元。

无形资产会计上摊销1 968元，税法可以摊销2 500元，应调减应纳税所得额532元。

4. 销售白酒包装物未并入销售额征税，应调增应纳税所得额8 000元。
5. 多扣除了粮食类白酒广告支出，应调增应纳税所得额200 000元。
6. 销售白酒未计入收入账户，应调增应纳税所得额10 000元。
7. 无偿赠送白酒未按规定计算纳税，应调增应纳税所得额1 500元。
8. 被债权人豁免债务，未按规定将债权人豁免的债务所得计入应纳税所得额，应调增应纳税所得额50 000元。
9. 非货币性交易换入的存货，应调增应纳税所得额9 000元。

合计应补缴企业所得税294 507×25%＝73 626.75元。

二、处理依据及处理决定

根据《中华人民共和国增值税暂行条例》《中华人民共和国增值税暂行条例实施细则》《中华人民共和国消费税暂行条例》《中华人民共和国消费税暂行条例实施细则》《中华人民共和国企业所得税法》《企业债务重组业务所得税处理办法》（国家税务总局2003年第6号令）和《中华人民共和国税收征收管理法》的规定，追缴你公司2017年度少缴增值税14 025元，消费税23 000元，企业所得税73 626.75元，合计110 651.75元。

三、告知事项

1. 以上应缴税款限你公司自收到本决定之日起15日内缴清入库，并从税款滞纳之日起，依法加收滞纳金。
2. 如你公司对本决定不服，必须按上述决定先缴纳税款及滞纳金或者提供相应的担保，然后可以依法向××省税务局申请复议。
3. 如你公司在规定期限内不履行本决定的，我局将按《中华人民共和国税收征收管理法》的有关规定强制执行。

××市税务局（章）

2022年6月28日

图6-7 税务处理决定书

税务行政处罚事项告知书

×税稽告〔2022〕3 号

××市大华酒业有限公司：

我局于 2022 年 6 月 18 日至 6 月 21 日对你公司 2017 年 1 月 1 日至 2017 年 12 月 31 日的纳税情况进行了稽查。现对你公司税务行政违法行为已经调查终结，即将作出行政处罚决定，根据《中华人民共和国行政处罚法》第三十一条和第四十二条的规定，现将有关事项告知如下：

一、税务行政处罚的事实依据、法律依据及拟作出的处罚决定

（一）违法事实

1. 增值税

（1）购进原材料发生非正常损失，未转出已抵扣的增值税进项税额，少缴增值税 3 400 元。

（2）销售白酒包装物品未并入销售额征税，少缴增值税 1 700 元。

（3）销售白酒未计入收入账户，少缴增值税 8 500 元。

（4）无偿赠送白酒未按规定计算增值税销项税额，少缴增值税 425 元。

合计应补缴增值税 14 025 元。

2. 消费税

（1）销售白酒包装物未并入销售额征税，少缴消费税 2 000 元。

（2）销售白酒未计入收入账户，少缴消费税 20 000 元。

（3）无偿赠送白酒未按规定缴消费税，少缴消费税 1 000 元。

合计应补消费税 23 000 元。

3. 企业所得税

（1）购进原材料发生非正常损失，未转出已抵扣的增值税进项税额，少缴增值税 3 400 元，应调减应纳税所得额 3 400 元。

（2）当月增加的固定资产，当月计提折旧，多列费用，应调增应纳税所得额 3 439 元。

（3）无形资产计提的减值准备税前扣除，多列费用，应调增应纳税所得额 16 500 元。

无形资产会计上摊销 1 968 元，税法可以摊销 2 500 元，应调减应纳税所得额 532 元。

（4）销售白酒包装物未并入销售额征税，应调增应纳税所得额 8 000 元。

（5）多扣除了粮食类白酒广告支出，应调增应纳税所得额 200 000 元。

（6）销售白酒未计入收入账户，应调增应纳税所得额 10 000 元。

（7）无偿赠送白酒未按规定计算纳税，应调增应纳税所得额 1 500 元。

（8）被债权人豁免债务，未按规定将债权人豁免的债务所得计入应纳税所得额，应调增应纳税所得额 50 000 元。

（9）非货币性交易换入的存货，应调增应纳税所得额 9 000 元。

合计应补缴企业所得税 294 507×25%＝73 626.75 元。

（二）处罚依据及处罚决定

根据《中华人民共和国税收征收管理法》第六十三条第一款的规定，对你公司的偷税行为，拟处以少缴税款 1 倍的罚款，即 110 651.75 元。

二、你公司有陈述、申辩的权利。请在我局作出税务行政处罚决定之前，到我局进行陈述、申辩或自行提供陈述、申辩材料；逾期不进行陈述、申辩的，视同放弃权利。

三、拟对你公司罚款 10 000 元以上，你公司有要求听证的权利。若你公司要求举行听证，应当自收到本告知书之日起 5 日内向我局书面提出；逾期不提出，视为放弃听证权利。

××市税务局（章）

2022 年 6 月 26 日

图 6-8　税务行政处罚事项告知书

税务行政处罚决定书

×税稽罚〔2022〕3 号

××大华酒业有限公司：

根据《中华人民共和国税收征收管理法》第五十四条的规定，我局于 2022 年 6 月 18 日至 6 月 21 日，对你公司 2017 年 1 月 1 日至 2017 年 12 月 31 日的纳税情况进行了稽查。现就稽查发现的税务违法行为，依照有关规定对你公司作出如下税务行政处罚：

一、违法事实

（一）增值税

1. 购进原材料发生非正常损失，未转出已抵扣的增值税进项税额，少缴增值税 3 400 元。
2. 销售白酒包装物品未并入销售额征税，少缴增值税 1 700 元。
3. 销售白酒未计入收入账户，少缴增值税 8 500 元。
4. 无偿赠送白酒未按规定计算增值税销项税额，少缴增值税 425 元。

合计应补缴增值税 14 025 元。

（二）消费税

1. 销售白酒包装物未并入销售额征税，少缴消费税 2 000 元。
2. 销售白酒未计入收入账户，少缴消费税 20 000 元。
3. 无偿赠送白酒未按规定缴消费税，少缴消费税 1 000 元。

合计应补消费税 23 000 元。

（三）企业所得税

1. 购进原材料发生非正常损失，未转出已抵扣的增值税进项税额，少缴增值税 3 400 元，应调减应纳税所得额 3 400 元。
2. 当月增加的固定资产，当月计提折旧，多列费用，应调增应纳税所得额 3 439 元。
3. 无形资产计提的减值准备税前扣除，多列费用，应调增应纳税所得额 16 500 元。

无形资产会计上摊销 1 968 元，税法可以摊销 2 500 元，应调减应纳税所得额 532 元。
4. 销售白酒包装物未并入销售额征税，应调增应纳税所得额 8 000 元。
5. 多扣除了粮食类白酒广告支出，应调增应纳税所得额 200 000 元。
6. 销售白酒未计入收入账户，应调增应纳税所得额 10 000 元。
7. 无偿赠送白酒未按规定计算纳税，应调增应纳税所得额 1 500 元。
8. 被债权人豁免债务，未按规定将债权人豁免的债务所得计入应纳税所得额，应调增应纳税所得额 50 000 元。
9. 非货币性交易换入的存货，应调增应纳税所得额 9 000 元。

合计应补缴企业所得税 294 507×25%＝73 626.75 元。

二、处罚依据及处罚决定

根据《中华人民共和国税收征收管理法》第六十三条第一款的规定，对你公司的偷税行为，处以少缴税款 1 倍罚款，即 110 651.75 元。

三、告知事项

1. 以上应缴罚款限你公司自收到本决定之日起 15 日内清缴入库。逾期缴纳罚款的，按《中华人民共和国行政处罚法》第五十一条的规定，每日按罚款数额的 3% 加处罚款。
2. 如你公司对罚款不服，可以在收到本处罚决定之日起 60 日内向××省国家税务局申请复议或在接到本决定之日起 3 个月内直接向人民法院起诉。
3. 如你公司在规定期限内对本决定不申请复议也不向人民法院起诉，又不履行本决定的，我局将按有关规定强制执行。

××市税务局（章）

2022 年 6 月 28 日

图 6-9　税务行政处罚决定书

四、执行

税务检查的执行是指税务机关依照法定程序和权限，督促检查对象履行税务处理决定的过程。检查执行是案件查处必不可少的重要环节，对维护税收法律法规的严肃性、增强打击税收违法活动的力度、挽回国家税款的损失、保护当事人的合法权益、保证税务检查成果的真正实现都有非常重要的作用。

税务检查机构应指定专人负责税务处理决定的执行。

执行环节的主要工作包括两部分：送达文书以及采取执行措施。

(一)送达税务处理相关文书

税务执行人员接到经批准的《税务处理决定书》《税务行政处罚决定书》《不予税务行政处罚决定书》《税务检查结论》等税务文书后，应当依法及时送达被执行人。

1. 送达文书的意义

税收文书是税收管理的纽带，有助于实现税法的有效执行，维护税收秩序，促进公平纳税，也为各方提供了明晰的沟通渠道。税务文书及时送达具有重要的现实意义。

第一，执行国家税收政策和税法。税收执法机关通过税收文书的制定和执行，具体表达了国家税收政策和税法在实际操作中的具体要求和细节。这为税收政策的贯彻提供了具体的执行框架。

第二，纳税人和扣缴义务人行使权利的有效途径。税收文书不仅是执行机关与纳税人、扣缴义务人进行沟通的手段，还是这些群体了解有关纳税事宜和税收管理的重要途径。透过文书，纳税人可以清晰了解涉及其纳税义务的具体要求和税收政策变化。

第三，法律效力的提高。税收文书作为税收管理的基础工作，通过合法程序的制定和送达，确保了文书的法律效力，有助于增强文书的权威性，提高其在法律体系中的可信度。

第四，税收文书的整合作用。税收文书的制定可以整合税收管理的各个方面，形成一个系统而完整的税收管理框架，不仅有助于管理机关更好地执行任务，也使得纳税人和扣缴义务人能够更加清晰地理解其应尽的义务和责任。

2. 送达文书的方式

(1)直接送达

税务文书可以直接送达给相关当事人。对于公民，应当由本人签收，如果本人不在，可以交给同住的成年家属签收。对于法人或其他组织，可以由法定代表人、主要负责人、财务负责人或负责收件的人签收。如果有代理人，也可以由代理人签收。

如果纳税人、扣缴义务人（以下简称"受送达人"）或其代理人拒绝签收税务文书，送达人会在送达回证上记明拒收理由和日期，并由送达人和见证人签名或盖章。文件会留在受送达人处，也视为送达。

(2)邮寄送达

税务文书可以通过邮寄方式送达，通常是采用挂号信寄送，收件人在收到文件后签收，邮戳上的日期通常被认为是送达的日期。

(3)委托其他机关或单位代为送达

如果有难以直接送达的情况，税务机关可以委托其他相关机关或单位代为送达。

(4)公告送达

如果同一送达事项的受送达人众多或者采用其他方式无法送达，税务机关可以通过公告的方式进行送达。自公告之日起，经过一定的期限后（通常是30天），即视为送达。

(5)电子送达

这适用于特定的系统。自2020年4月1日起施行《税务文书电子送达规定（试行）》。

税务文书电子送达,是指税务机关向受送达人送达电子版式税务文书。受送达人选择采用电子送达的,签订《税务文书电子送达确认书》,以电子版式税务文书到达特定系统受送达人端的日期为送达日期,系统自动记录送达情况。税务文书电子送达与其他送达方式具有同等法律效力。受送达人可以据此办理涉税事宜,行使权利、履行义务。

根据相关规定,电子送达税务文书的范围为税务机关税收征收管理中出具的各类文书,暂不包括税务处理决定书、税务行政处罚决定书(不含简易程序处罚)、税收保全措施决定书、税收强制执行决定书、阻止出境决定书以及税务稽查、税务行政复议过程中使用的税务文书。2020年5月新上线税务文书电子送达首页提醒功能,如有新的税务文书送达,登录电子税务局即可见电子送达文书提醒。这些方式的选择通常取决于具体的情况,如案件性质、当事人的位置等。税务机关在选择送达方式时需要确保合法、有效,以维护法律程序的公正性。

3. 送达回证

送达税务文书时,要求回证是为了确保送达的事实,通常回证上应包含受送达人或其代理人的签名、签收日期以及可能的盖章等信息(表6-1)。

(1)直接送达回证

对于直接送达,回证上通常应当有受送达人或代理人的签名、签收日期以及可能的盖章等信息。这是证明文件已被成功送达的一种方式。

(2)邮寄送达回证

通过邮寄方式送达文书,挂号信回执往往被当作送达回证。回执上应包含签收人的签名、签收日期以及邮寄的具体信息。

这些回证的存在和内容有助于确保整个送达过程的合法性和透明性。相关规定通常会详细说明回证的具体要求和格式。

表 6-1　　　　　　　　　　送达回证

送达文书名称	
受送达人	
送达地点	
受送达人签名或盖章	年　月　日　时　分
代收人代收理由、签名或盖章	年　月　日　时　分
受送达人拒收理由	年　月　日　时　分
见证人签名或盖章	年　月　日　时　分
送达人签名或盖章	年　月　日　时　分
填发税务机关	(签章)年　月　日　时　分

案例分析6-3

某税务局稽查局在查处一煤炭企业税收违法中,欲对其做出行政处罚的决定。按照《行政处罚法》的规定,在做出行政处罚决定前,税务机关应当告知当事人做出行政处罚决定的事实、理由和依据。但由于该煤炭企业离市区较远(近150公里的路程),且天气多雨雪,送达《税务行政处罚事项告知书》有一定困难,故稽查局采取了在本市报刊上公告送达《税务行政处罚事项告知书》的办法。一个多月过去后,稽查局便向该煤炭企业下达了《税务行政处罚决定书》,决定对其处以50 000元的罚款。该煤炭企业以未收到《税务行政处罚事项告知书》为由,拒绝执行稽查局的处理决定,并向稽查局的上一级税务机关提出了税务行政复议,要求撤销稽查局的处罚决定。

思考:该企业拒绝执行稽查局的处理决定是否正确?为什么?

分析:该企业拒绝执行稽查局的做法是正确的,稽查局直接采用公告送达的方式是错误的。根据规定,税务机关如果需要采取公告送达税务文书的,必须首先要穷尽其他法定的送达方式,在仍然无法完成送达的情况下方可采取公告送达。该案例中并没有穷尽全部的送达方式便采取了公告送达,导致其送达方式违反法定程序,《税务行政处罚决定书》不能生效。

案例分析6-4

20×3年8月21日,广州市税务局东区稽查局向甲公司作出了《税务处理决定书》,责令甲公司限期补缴税款及滞纳金。

20×3年8月26日,东区稽查局前往甲公司住所地送达《税务处理决定书》,发现甲公司住所地已无人员办公,无法送达。同日,东区稽查局通过邮政特快专递向甲公司邮寄《税务处理决定书》,收件人为"广州市桥澳船舶修造工程有限公司颜通灵"(甲公司的法定代表人名称系"颜建灵",收件人处书写错误),收件地址为"广州市黄埔区长洲金洲北路一街101号",邮件内容未填写,由于收件人手机关机无法送达被退回。

20×3年9月9日,东区稽查局通过在该局网站发布公告以及在广州市黄埔区税务局办税服务厅公告栏张贴公告的方式向桥澳公司公告送达涉案《税务处理决定书》,公告期为30日,至20×3年10月8日期满。20×3年10月9日,黄浦区税务局工作人员在东区稽查局出具的《税务文书送达回证》见证人栏签名,并加盖黄浦区税务局的公章予以确认。

20×3年12月17日,黄埔区税务局根据东区税务局作出的《税务处理决定书》向甲公司作出了《税务事项通知书》,责令甲公司限期缴纳税款及滞纳金。

思考:该处理有没有违反法律法规规定之处?指出并说明理由。

分析:广州市黄埔区人民法院对甲公司不服黄埔区税务局作出的《税务事项通知书》一案作出一审判决,认为黄埔区税务局作出的《税务事项通知书》合法、有效,遂驳回了甲公司的诉讼请求。次年11月13日,广州市中级人民法院对本案进行审理认为,东区税务局在并未穷尽非公告送达方式的情况下径直采用公告送达的方式属于违法,致使涉案《税务处理决定书》不能生效,因此本案的《税务事项通知书》依法应予撤销,遂判决撤销一审判决及黄埔区税务局作出的《税务事项通知书》。

其中关于违反法定程序的分析:《税收征管法实施细则》第八章规定了税务文书的送达方式,包括直接送达、邮寄送达、委托送达及公告送达,且第一百零六条明确规定,"有下列情形之一的,税务机关可以公告送达税务文书,自公告之日起满30日,即视为送达:(一)同一送达事项的受送达人众多;(二)采用本章规定的其他送达方式无法送达。"

根据上述规定,税务机关如果需要采取公告送达税务文书的,必须首先要穷尽其他法定的送达方式,在仍然无法完成送达的情况下方可采取公告送达。在本案中,东区稽查局在送达《税务处理决定书》时只采取了直接送达和邮寄送达方式,且其邮寄送达由于书写错误不能成立,并没有穷尽全部的送达方式便采取了公告送达,导致其送达方式违反法定程序,《税务处决定书》不能生效,从而使得黄埔区税务局作出的《税务事项通知书》无效,依法应予撤销。

(二)税务处理的实际执行

案件执行是税务稽查的最后环节,是稽查职能落地的关键。

1. 自动执行

自动执行是指纳税人在接到税务机关的处理决定书及处罚决定书后,自动到征收部门缴纳税款、滞纳金和罚款。

2. 强制执行

强制执行分为税收强制执行和司法强制执行。

(1)税收强制执行

税收强制执行的情况适用于逾期未缴纳税款的情形,执行主体为税务机关:纳税人未按期缴纳税款、滞纳金,责令限期缴纳逾期仍未缴纳的;担保人未按期缴纳所担保的税款、滞纳金,责令限期缴纳逾期仍未缴纳的;对处罚决定逾期不申请复议,也不起诉,又不履行的;其他可以依法强制执行的。在强制执行前,制作并送达催告文书,催告当事人履行义务,并听取陈述、申辩意见。当事人经济困难,可向稽查局提出申请,经税务局局长批准后,可以暂缓或分期缴纳罚款。

被执行人在限期内缴清税款、滞纳金、罚款或者稽查局依法采取强制执行措施追缴税款、滞纳金、罚款后,执行部门应当制作《税务稽查执行报告》,记明执行过程、结果、采取的执行措施以及使用的税务文书等内容,由执行人员签名并注明日期,连同执行环节的其他税务文书、资料一并移交审理部门整理归档。

(2)司法强制执行

司法强制执行是指法院依法采取措施,通过执行程序迫使被执行人履行法律义务,以实现判决、裁定或其他法律文书的效力。

执行的主体是法院,涉及司法领域,通常是指法院基于判决、裁定或其他法律文书,通过强制手段迫使被执行人履行法律义务。纳税人或扣缴义务人未按照规定期限缴纳或者解缴税款,法院可以通过拍卖或变卖被执行人的财产来弥补债务。法院可以从被执行人的银行账户中扣划相应的款项用于清偿债务。法院发布强制执行决定书,明确执行的内容、理由及依据,并告知被执行人有权提起行政复议或者行政诉讼。

在实践中,税收强制执行和司法强制执行可能会发生交叉。例如,税务机关在强制执行过程中,有时可能需要借助法院的支持,如申请强制执行决定等。

阅读思考6-3

破解税务稽查案件执行中的难点问题

稽查执行部门应主动作为,想方设法充分利用现有的调查取证权限;同时,通过顶层设计,完善相应的执行协作机制。

从第三方数据中寻找案件突破口。执行人员应利用政府平台数据,多方排查寻找线索,对纳税人的房产、车辆、股权等信息进行摸底。同时,利用网络信息寻找案件执行突破口。例如,在某案件执行过程中,税务人员利用网络查询到相关法院判决信息,关注到纳税人应收款项,进而追踪锁定纳税人在收到处理处罚决定书后收到的款项未用于生产经营的线索,经过博弈成功入库税款。应总结利用第三方数据保障案件执行的成功经验并予以推广。

健全协作机制形成执行合力。在税务部门内部建立重大案件执行保障小组,由保障小组对接相关部门进行合作,对案件执行中的疑难杂症通过执行保障小组进行充分研讨,探索相应的执行措施和具体执行细节。同时,与外部门完善执行协作机制,特别是通过七部门联合打击涉税违法犯罪合作机制,提升打击涉税违法犯罪工作成效。例如,与公安部门加强税警协作,设立专门经费预算,抽调专门人员实体化运作,加强涉税案件的查办力度;完善与人民银行的信息互换机制,参考现行工商信息交换模式,将纳税人银行账户信息定期同步比对,增强对纳税人资金信息的掌控力;完善与人民法院的税收司法保障体系,加强人民法院执行与税务稽查执行的协同效应,提升执行质效。

完善制度保障执法权力。通过税收法律、法规、部门规章,进一步明确税务稽查执法中的权利、义务,制度化税务执法权的保障措施。例如,及时更新法律法规,针对"实际控制人"等新兴企业架构造成信息获取难的情况,可参照《最高人民法院关于适用〈中华人民共和国民事诉讼法〉的解释》中"人民法院有权查询被执行人的身份信息与财产信息"等相关规定,通过法律保障税务部门在执行过程中的调查权力。对于法律规定相关自然人在税务检查中应当承担的义务,确定相应的行政责任,并健全相应的行政执法与刑事追缴衔接机制,完善税务稽查执法权落实过程中对逃避、拒绝、阻挠税收检查的行为的惩戒机制。

细化规定统一执法口径。强制执行过程中缺乏相应标准、程序不明确、规范性文件与上位法冲突等问题,是税务稽查执行重要难点痛点。应进一步细化税收规范性文件,指导执行人员实际工作,杜绝执法过程中的随意性,为依法治税创造良好的条件。

(资料来源:秦辉,查李,杨旭.破解税务稽查案件执行中的难点问题.中国税务报,2024-01-26,部分节选)

思考: 在税务稽查执行中,如何充分利用大数据技术分析第三方数据,如政府平台数据、网络信息等,以便更高效地寻找案件突破口和线索?

阅读思考6-3答案

五、监督或者辅导纳税人进行账务调整

账务调整是指要求纳税人对自身财务记录进行修正和整理,以确保财务状况记录的真实性和准确性。税务机关具有监督和辅导纳税人进行账务调整的法定义务。

(一)调账的意义

第一,账务调整有利于实现税收的合规性。对于企业账务的错误,税务机关要求调整可以使企业及时纠正这些错误,防止因此而引发的税收争议。账务的正确调整能够使得企业的财务报表符合会计准则和税收法规,避免因为错误或疏漏而引起的法律问题,确保财务报表真实、准确地反映企业的财务状况和经营绩效,提高信息的可信度。税务机关要求账务调整有助于确保企业遵守国家法规和会计准则,排除错误和不合规因素,维护税收制度的公平性和公正性。

第二,提高税收管理效率。准确的财务信息支持税务机关更高效地进行税收管理,降低税务争议风险,同时有助于政府更好地了解企业状况,支持税收政策的制定和调整。

第三,核实企业实际适用的政策。通过账务调整,企业可以更好地降低税收风险。这包

括避免因为错误报表而引起的税务调查,也包括确保企业享有的各项税收减免和优惠政策。随着税收政策的变化,企业需要调整会计方法以符合新的政策。这有助于确保企业能够充分利用各项税收政策,减轻税收负担。提供准确的财务信息,还能为管理层提供决策支持,帮助其制定战略、规划业务发展方向。

这些方面的综合作用可以使得企业更好地适应税收法规和政策的要求,确保自身的合法权益,同时也有助于税收体制的健康运行。

(二)调账的原则

账务调整是确保企业财务报表真实、准确反映其经济状况和经营成果的关键步骤。账务调整需要遵循以下三个基本原则。

1. 与事实相符原则

与事实相符原则要求企业在会计核算中如实记录经济业务,绝不能虚构或歪曲事实。这意味着企业在记账和报表编制过程中必须保持真实、准确,不得有任何虚假陈述或误导性陈述。这个原则是会计职业伦理的基石,确保了财务信息的可信度和透明度,有助于提高财务报表的质量和对企业经济状况的准确把握。

2. 根据会计准则记账原则

《企业会计准则》、全国统一会计制度或其他法律法规、规章要求企业在采用新的会计政策时,应当根据这些规定调整原有的会计政策,并按照新的政策执行。国家财务制度要求企业在前后各期间保持一致的会计政策,不得随意变更。然而,若因法律、行政法规或经济等原因,变更后的会计政策能够提供更可靠、更准确的会计信息,企业则应该改变原先采用的会计政策。为确保前后期的财务对比,企业需要进行调账,以调整财务数据,维持财务报表的一致性和可比性。

3. 根据税收政策核算准确税收原则

企业在记录核实财务信息时应该遵守税收法规,降低因错误报告而引起的税收风险。首先要合规地处理税务差异。企业在会计利润和税收所得额之间可能存在差异,调账的一个目的是合规地处理这些税务差异,确保企业按照法规报告并缴纳相应的税款。其次是避免潜在的税务风险。调账可以帮助企业识别和纠正可能导致潜在税务风险的问题,减少税务管理的不确定性。

(三)调账的方法

1. 红字冲销法

红字冲销法适用于会计科目用错或者会计科目正确但核算金额错误的情况。操作方法为,先使用红字冲销原错误的会计分录,接着使用蓝字重新编制正确的会计分录,并重新登记账簿。

2. 补充登记法

补充登记法适用于漏计或错账所涉及的会计科目正确,但核算金额小于应计金额的情况。操作方法为,编制转账分录,将调整金额直接入账,以更正错账。

3. 综合账务调整法

综合账务调整法主要用于所得税纳税审查后的账务调整,在会计分录中,借贷方出现错误,其中一方科目用错,而另一方科目无误。如果涉及会计所得,可以直接调整"本年利润"

账户和"以前年度损益调整"的账户。操作方法为,根据实际情况,将红字冲销法与补充登记法综合运用,以确保全面、准确地调整账务。在这种情况下,不对正确的一方进行调整,而是通过使用错误科目进行转账调整,迅速修正错误科目。这种方法主要应用于所得税纳税审查后的账务调整。

第五节 税务稽查实务

本节以我国主要税种增值税、消费税、企业所得税检查为例,介绍税务稽查实务的基本内容。

一、增值税的检查

(一)增值税的基本介绍

1. 增值税的介绍

增值税是我国税收体系中的主要税种,占据着重要地位,其税收收入约占全国税收总收入的30%。国家税务总局负责增值税的征收管理,其中税收收入的一半归属于中央财政,另一半则为地方收入。值得注意的是,进口环节的增值税由海关负责征收,相关税收收入全额纳入中央财政。

增值税是以单位和个人生产经营过程中取得的增值额为课税对象征收的一种税。增值额是指企业在产品或服务的生产、销售过程中所增加的经济价值。尽管增值税在生产过程中多次征收,但最终,它通常由终端消费者承担。企业只需向税务机关缴纳其销售商品或提供服务过程中产生的增值税,由终端消费者支付最终的税款。

2. 增值税的税制要素

(1)纳税人

增值税纳税人分为一般纳税人和小规模纳税人,适用于不同的计税方法与核算方式。2018年5月1日起,判定增值税小规模纳税人的标准统一为年应征增值税销售额500万元及以下。年应征增值税销售额是指纳税人在连续不超过12个月或四个季度的经营期内累计的应征增值税销售额,包括纳税申报销售额、稽核查补销售额、纳税评估调整销售额。

(2)课税对象

增值税的征税范围包括销售(包括进口)货物、提供加工及修理修配劳务和服务。

(3)税率和征收率

2017年4月19日,国务院常务会议决定自7月1日起,将增值税税率由四档减至17%、11%和6%三档,取消13%这一档税率。这是中国第一大税种增值税税率调整的重要一步,旨在简化税制、降低税负。2018年5月1日起将17%税率降为16%,11%税率降为10%。2019年4月1日起又进一步将16%税率降至3%,同时10%税率降为9%。目前,一般纳税人适用的主要税率包括13%、9%、6%和0%。适用13%税率的情形包括:销售货物或者提供加工、修理修配劳务以及进口货物,提供有形动产租赁服务。适用9%税率的情形包括:提供交通运输业服务;一些生活必需品,如农产品(含粮食)、自来水、暖气、石油液化气、天然气、食用植物油等。适用6%税率的情形包括:提供现代服务业服务,但有形动产租赁服务除外。适用0%税率的情形包括:出口货物等特殊业务。小规模纳税人适用的增值税征收率为3%。此外,有一些特殊规定适用于一般纳税人,如销售自用过的固定资产。一般纳税人销售自己使用过的固定资产,按照简易办法依照3%征收率减按2%征收增值税。小规模纳税人销售自用过的固定资产,减按2%征收率征收增值税。

(二)一般纳税人增值税的检查

一般纳税人发生应税行为适用一般的计税方式:一般纳税人增值税应纳税额=销项税额－进项税额。因此检查的时候分别从销项税额和进项税额两个方面进行。

1. 销项税额的检查

(1)一般的销售行为

企业发生一般的销售货物,加工、修理修配劳务,提供劳务,无形资产或不动产,应当按照收取的或者应收取的金额,借记"银行存款""应收账款""应收票据"等科目,按不含税金额贷记"主营业务收入""其他业务收入"等科目,同时应该按照相关法律法规规定的计算税费方式,贷记"应交税费——应交增值税(销项税额)"科目,同时结转成本。

在进行税务检查时应特别注意的是,第一,科目是否使用恰当、正确;第二,销项税额的金额应当按照不含税的销售额与适用的税率计算得出;第三,应准确确定纳税义务发生的时间点。第四,确认收入时,不仅应该注意用不含税的销售价格来计算增值税,而且要特别注意是否收取价外费用。价外费用一般是含税价格,同样要核算对应的增值税税额。不含税的价外费用金额应贷记"其他业务收入",并贷记"应交税费——应交增值税(销项税额)"。这里所谓的价外费用包括价外向购买方收取的手续费、补贴、基金、集资费、返还利润、奖励费、违约金(延期付款利息)、赔偿金、包装费、包装物租金、储备费、优质费、运输装卸费、代收款项、代垫款项及其他各种性质的价外收费。

纳税义务发生的时间第一顺序为先开具发票的,为开具发票的当天(无论采取何种结算方式,在规定的纳税义务发生之前先行开具了发票,纳税人的纳税义务随即产生;如果没有先行开具发票,纳税人纳税义务发生的时间则按不同结算方式规定的时间点确定);进口货物纳税义务发生时间为报关进口的当天。其他顺序:按照销售结算方式的不同,按各自的要求时间纳税。

案例分析6-5

2023年8月14日,增值税一般纳税人A公司向B公司销售打印机一批,开具增值税专用发票,价税合计为151 420元,款项暂未收取。A公司所做的账务为

借:应收账款　　　　　　　　　　　　　　　　　　　　　　　151 420
　　贷:库存商品——打印机　　　　　　　　　　　　　　　　　151 420

思考: 本月被税务机关随机抽查进行税务稽查。请问该企业的账务需要如何调整?

分析: A公司的销售方式为赊销,款项暂未收取,但已经开具增值税专用发票,应该做的正确账务:

借:应收账款　　　　　　　　　　　　　　　　　　　　　　　151 420

贷：主营业务收入——B公司　　　　　　　　　　　　　　　　134 000
　　　　应交税费——应交增值税（销项税额）　　　　　　　　　 17 420
　　该企业未确认销售收入，同时也未计提增值税的销项税额，最终将导致增值税核算以及缴纳的缺失。
　　因此，应该根据调账的基本原则，利用综合调账法调整账务。
　　借：库存商品——打印机　　　　　　　　　　　　　　　　　　151 420
　　　贷：主营业务收入——B公司　　　　　　　　　　　　　　　　134 000
　　　　应交税费——增值税检查调整　　　　　　　　　　　　　　 17 420
　　纳税人采取预收货款方式销售货物，其纳税义务发生时间为货物发出的当天，该时间与会计确认收入的时间一致。

案例分析6-6

　　甲公司系增值税一般纳税人，2023年9月1日销售一批货物给乙公司，合同约定的价格为169 500元。9月2日收到预收款100 000元，9月12日发货，10月12日收到剩余货款共69 500元。税务机关于10月21日进行税务检查，发现甲公司的处理如下：

9月2日收到预收款时：
　　借：银行存款　　　　　　　　　　　　　　　　　　　　　　　100 000
　　　贷：预收账款　　　　　　　　　　　　　　　　　　　　　　100 000
9月12日发货时：
　　借：预收账款　　　　　　　　　　　　　　　　　　　　　　　100 000
　　　应收账款　　　　　　　　　　　　　　　　　　　　　　　　 69 500
　　　贷：主营业务收入　　　　　　　　　　　　　　　　　　　　169 500
10月12日收到剩余货款时：
　　借：银行存款　　　　　　　　　　　　　　　　　　　　　　　 69 500
　　　贷：应收账款　　　　　　　　　　　　　　　　　　　　　　 69 500

分析：该企业采取预收账款的方式进行结算，因此其纳税义务发生的时间应是发货的时间，也就是应在9月12日发出货物时核算增值税的销项税额，贷记"应交税费——应交增值税（销项税额）"共19 500元。甲企业在次月被税务机关检查，应做的账务调整为：
　　借：本年利润　　　　　　　　　　　　　　　　　　　　　　　 19 500
　　　贷：应交税费——增值税检查调整　　　　　　　　　　　　　 19 500

案例分析6-7

　　税务稽查人员于2023年12月检查某企业当年增值税缴纳情况，进行报表检查时，发现该企业"预收账款"账户期末余额565 000元，金额较大。经进一步深入检查"预收账款"明细账和有关记账凭证、原始凭证及产品出库单，查明产品于上月已经出库，企业计入"预收账款"账户的余额全部是企业销售产品收到的货款和税款，而没有及时结转主营业务收入。经核实，该批产品生产成本为300 000元 。

　　思考：（1）税务稽查人员采用的税务检查方法是什么。

(2)分析并做账务调整。

分析:(1)逆查法。

(2)采用预收货款方式销售货物与直接收款销售方式不同,确认应税收入的纳税义务发生时间为货物发出的当天。本企业货已发出,应确认收入实现。

应计应税收入额=565 000÷(1+13%)=500 000(元)

应补增值税额=500 000×13%=65 000(元)

账务调整:

借:预收账款	565 000
贷:本年利润	200 000
库存商品	300 000
应交税费——增值税检查调整	65 000

(2)特殊销售行为

特殊的销售行为包括折扣的销售方式、以旧换新、还本销售、以物易物、包装物押金销售收入等。不同结算方式的税务处理见表6-2。

表6-2　　　　　　　　　　特殊销售方式的税务处理小结

销售情况	税务处理
折扣方式	折扣销售(商业折扣):折扣额可以从销售额中扣减(同一张发票"金额栏"上注明)
	销售折扣(现金折扣):折扣额不得从销售额中减除
	销售折让:折让额可以从销售额中减除(需要开具红字发票)
以旧换新方式	按新货同期销售价格确定销售额,不得扣减旧货收购价格(金银首饰除外)
还本方式	销售额就是货物销售价格,不得扣减还本支出
以物易物方式	双方均做购销处理,以各自发出的货物核算销售额并计算销项税额,以各自收到的货物核算购货额并计算进项税额
使用过固定资产	固定资产视同销售行为(投、分、送),无法确定销售额的,以固定资产净值为销售额 营改增纳税人:销售已使用的未抵扣进项税的固定资产,3%征收率减按2%征增值税 销售已使用的已抵扣进项税的固定资产,按正常销售货物适用税率
包装物押金	一般的货物:因逾期/超过1年,未收回包装物不再退还的押金,应并入销售额征税(逾期包装物押金为含税收入) 啤酒、黄酒以外的其他酒类产品收取的押金,无论是否逾期一律并入销售额征税

案例分析6-8

税务机关检查某百货大楼,发现其在上月销售A牌电视机零售价为每台3 390元(含税),顾客交还同品牌旧电视机作价1 000元,交差价2 390元就可换回全新电视机。上月采用此种方式销售A牌电视机10台,增值税税率13%,会计分录如下:

思考:是否要做纳税调整?

借:银行存款	23 900
贷:主营业务收入——A牌电视机	21 150.4
应交税费——应交增值税(销项税额)	2 749.6

分析:编制的正确会计分录:

借:银行存款		23 900
库存商品——旧电视机		10 000
贷:主营业务收入——A牌电视机		30 000
应交税费—应交增值税(销项税额)		3 900

次月发现,应做的账务调整:

借:库存商品——旧电视机		10 000
贷:本年利润		8 849.6
应交税费——增值税检查调整		1 150.4

案例分析6-9

某生产企业为增值税一般纳税人,上年8月销售一批易碎产品,开具增值税专用发票,取得产品销售额300 000元、增值税39 000元;另外,开具收款收据,取得包装物押金收入11 300元。按照合同规定,包装物的退还时间为3个月,如逾期不退还即没收押金。

业务发生时企业的会计处理:

借:银行存款		350 300
贷:主营业务收入		300 000
应交税费——应交增值税(销项税额)		39 000
其他应付款——押金收入		11 300

3个月后,该项业务的包装物仍未返回,企业将押金没收,会计处理:

借:其他应付款——押金收入		11 300
贷:营业外收入		11 300

思考: 企业的会计处理是否正确?

分析: 该企业销售业务发生时的会计处理正确,但对没收的包装物押金收入的会计处理错误。没收包装物押金虽然计入了营业外收入,但其也是利润总额的组成部分,因而少计了增值税税额。应补缴的增值税为 11 300÷(1+13%)×13%=1 300(元)

账务调整为

借:以前年度损益调整		1 300
贷:应交税费——增值税检查调整		1 300

(3)视同销售行为

视同销售行为是指将货物交付他人代销;销售代销货物;设有两个以上机构并实行统一核算的纳税人,将货物从一个机构移送至其他机构用于销售,但相关机构设在同一县(市)的除外;将自产、委托加工的货物用于集体福利或个人消费;将自产、委托加工或购买的货物作为投资,提供给其他单位或个体经营者;将自产、委托加工或购买的货物分配给股东或投资者;将自产、委托加工或购买的货物无偿赠送给他人;向其他单位或者个人无偿提供交通运输业、邮政业和部分现代服务业服务,但以公益活动为目的或者以社会公众为对象的除外;财政部、国家税务总局规定的其他情形。

案例分析6-10

某服装零售企业为增值税一般纳税人,适用的增值税税率为13%。某月将成本价为

200 000元的服装移送到邻市另一实行统一核算的连锁机构用于销售,该批服装的市场公允价值为220 000元。企业的会计处理:

借:应收账款　　　　　　　　　　　　　　　　　　　　200 000
　　贷:库存商品　　　　　　　　　　　　　　　　　　　　　　200 000

思考:半年后,税务机关检查该企业的税务问题,要求进行账务调整。应如何调整?

分析:借:应收账款　　　　　　　　　　　　　　　　　　　28 600
　　　　　贷:应交税费——增值税检查调整　　　　　　　　　　28 600

2. 进项税额的检查

(1)抵扣凭证的检查。可以抵扣的凭证包括:

①从销售方取得的《增值税专用发票》(含税控《机动车销售统一发票》)上注明的增值税额。

②从海关取得的《海关进口增值税专用缴款书》上注明的增值税额。

③购进农产品,全部取得《增值税专用发票》或《海关进口增值税专用缴款书》,可以按照注明的增值税额进行抵扣。购进农产品,除取得增值税专用发票或者海关进口增值税专用缴款书外,按照《农产品收购发票》或者《农产品销售发票》上注明的农产品买价和9%(或10%)的扣除率计算的进项税额。

④从境外单位或者个人购进服务、无形资产或者不动产,自税务机关或者扣缴义务人取得的解缴税款的完税凭证上注明的增值税额。

⑤过桥过路费的通行费发票(不含财政票据)上的金额以3%、5%征收率来计算进项税额(2018年1月1日起施行通行费电子普通发票),如高速公路通行费可抵扣进项税额 = $\frac{高速公路通行费发票上的金额}{1+3\%} \times 3\%$。

(2)扣除范围的检查。增值税一般纳税人购进货物、应税劳务和应税服务,从销售方取得的增值税专用发票上注明的增值税额可以扣除,但扣除的范围有严格规定,一般情况是直接与应税货物、应税劳务和应税服务相关的进项税额。对增值税一般纳税人外购货物和销售货物所支付的运输费用,取得的运输业开具的增值税专用发票注明的进项税额准予扣除,随同运费支付的装卸费、保险费等其他杂费只要是取得的增值税专用发票注明的进项税额,也准许扣除。无论是运输费用,还是装卸费、保险费等其他杂费,不能取得增值税专用发票的不能抵扣。

案例分析6-11

202×年8月15日,增值税一般纳税人A公司向C公司购入打印机一批,收到增值税专用发票,价税合计为151 420元,款项暂未支付。

A公司所做的账务:

借:库存商品——打印机　　　　　　　　　　　　　　　151 420
　　贷:应付账款　　　　　　　　　　　　　　　　　　　　　151 420

9月份,税务机关通过随机抽查对A公司进行税务稽查。

思考:该企业的账务需要如何调整?

分析：A公司收入一批货物，且收到增值税专用发票，可以进行进项税额的抵扣，正确的账务：

借：库存商品——打印机　　　　　　　　　　　　　　　　　134 000
　　应交税费——应交增值税（进项税额）　　　　　　　　　 17 420
　　贷：应付账款　　　　　　　　　　　　　　　　　　　　151 420

该企业未计提增值税的进项税额，最终将导致增值税核算错误。同时应调减该企业计提的库存商品成本。因此，应该根据调账基本原则，利用综合调账法进行调整账务。

借：应交税费——增值税检查调整　　　　　　　　　　　　　 17 420
　　贷：库存商品——打印机　　　　　　　　　　　　　　　 17 420

自2019年4月1日起，纳税人购买国内旅客运输服务，其进项税额允许从销项税额中抵扣。纳税人未取得增值税专用发票的，暂按照以下规定确定进项税额：

①取得增值税电子普通发票的，为发票上注明的税额。

②取得注明旅客身份信息的航空运输电子客票行程单的，按照下列公式计算进项税额：

　　航空旅客运输进项税额＝（票价＋燃油附加费）÷（1＋9%）×9%

③取得注明旅客身份信息的铁路车票的，按照下列公式计算进项税额：

　　铁路旅客运输进项税额＝票面金额÷（1＋9%）×9%

④取得注明旅客身份信息的公路、水路等其他客票的，按照下列公式计算进项税额：

　　公路、水路等其他旅客运输进项税额＝票面金额÷（1＋3%）×3%

另外，不得抵扣的进项税额应该进行转出处理。根据规定下列项目的进项税额不得从销项税额中抵扣：

①用于简易计税方法计税项目、免征增值税项目、集体福利或者个人消费的购进货物、加工修理修配劳务、服务、无形资产和不动产。其中涉及的固定资产、无形资产、不动产，仅指专用于上述项目的固定资产、无形资产（不包括其他权益性无形资产）、不动产。纳税人的交际应酬消费属于个人消费。

②非正常损失的购进货物以及相关的加工修理修配劳务和交通运输服务。

③非正常损失的在产品、产成品所耗用的购进货物（不包括固定资产）、加工修理修配劳务和交通运输服务。

④非正常损失的不动产以及该不动产所耗用的购进货物、设计服务和建筑服务。

⑤非正常损失的不动产在建工程所耗用的购进货物、设计服务和建筑服务。纳税人新建、改建、扩建、修缮、装饰不动产，均属于不动产在建工程。

⑥购进的贷款服务、餐饮服务、居民日常服务和娱乐服务。

⑦财政部和国家税务总局规定的其他情形。

本条④⑤所称货物，是指构成不动产实体的材料和设备，包括建筑装饰材料和给排水、采暖、卫生、通风、照明、通信、煤气、消防、中央空调、电梯、电气、智能化楼宇设备及配套设施。

3. 应纳税额的检查

（1）凡检查后应调减账面进项税额或调增销项税额和进项税额转出的数额。

借：有关科目
　　贷：应交税费——增值税检查调整

(2)凡检查后应调增账面进项税额或调减销项税额的数额

借:应交税费——增值税检查调整

　　贷:有关科目

(3)全部调账事项入账后,应结出本账户的余额,并对该余额进行处理。

①若存在"应交税费——增值税检查调整"借方余额

借:应交税费——应交增值税

　　贷:应交税费——增值税检查调整

②若存在"应交税费——增值税检查调整"贷方余额

a."应交增值税"借方余额<"增值税检查调整"贷方余额

借:应交税费——增值税检查调整(差额)

　　贷:应交税费——未交增值税(差额)

b."应交增值税"借方余额≥"增值税检查调整"贷方余额

借:应交税费——增值税检查调整

　　贷:应交税费——应交增值税

案例分析6-12

厦门市某汽车销售公司为增值税一般纳税人,主要经营重型汽车、汽车配件、机电产品及配件的销售。税务机关于2022年12月对该汽车销售公司2022年1~11月增值税纳税情况进行检查。

(1)进行报表稽查时,发现该企业"预收账款"账户期末余额565 000元,金额较大。经进一步深入检查"预收账款"明细账和有关记账凭证、原始凭证及产品出库单,查明产品于上月已经出库,企业计入"预收账款"账户的余额全部是企业销售产品收到的货款和税款,而没有及时结转主营业务收入。经核实,该批产品生产成本为300 000元,未结转成本。适用的增值税税率13%。

(2)检查企业账簿时,发现当年8月份"营业外支出"账户借方余额比其他月份大,便抽取了对应的会计凭证,原因是该企业对外单位无偿赠送配件,这批汽车配件的购进成本为50 000元,对外销售价格不含税为80 000元,企业的会计处理:

借:营业外支出　　　　　　　　　　　　　　　　　　　　　　50 000

　　贷:库存商品　　　　　　　　　　　　　　　　　　　　　　　50 000

(3)12月末"应交税费——应交增值税(进项税额)"明细账有借方余额5 400元。

思考:请做出对应的账务调整,若需要补缴税款用银行存款缴清。

分析:(1)业务(1)的账务调整

采用预收货款方式销售货物与直接收款销售方式不同,确认应税收入的纳税义务发生时间为货物发出的当天。本企业货已发出,应确认收入实现。应计应税收入额=565 000÷(1+13%)=500 000(元),应补增值税额=500 000×13%=65 000(元)

账务调整:

借:预收账款　　　　　　　　　　　　　　　　　　　　　　　565 000

　　贷:本年利润　　　　　　　　　　　　　　　　　　　　　　　200 000

　　　　应交税费——增值税检查调整　　　　　　　　　　　　　　　　65 000
　　　　库存商品　　　　　　　　　　　　　　　　　　　　　　　　　300 000

(2)业务(2)的账务调整

企业外购的产品对外无偿捐赠应视同销售处理。应补缴增值税＝80 000×13％＝10 400(元),账务调整：

　　借：本年利润　　　　　　　　　　　　　　　　　　　　　　　　10 400
　　　　贷：应交税费——增值税检查调整　　　　　　　　　　　　　　10 400

(3)应纳税额的调整

根据(3)资料,12月末"应交税费——应交增值税(进项税额)"明细账有借方余额5 400元。税务检查后的"应交税费——增值税检查调整"余额为贷方75 400元,应将差额70 000元计入"应交税费——未交增值税"。

　　借：应交税费——增值税检查调整　　　　　　　　　　　　　　　70 000
　　　　贷：应交税费——未交增值税　　　　　　　　　　　　　　　　70 000
　　借：应交税费——未交增值税　　　　　　　　　　　　　　　　　70 000
　　　　贷：银行存款　　　　　　　　　　　　　　　　　　　　　　　70 000

案例分析6-13

W企业系增值税一般纳税人,增值税税率13％,2023年2月销项税额为370 000元,购进货物的进项税额为377 000元,"应交税费——应交增值税"账户借方余额为7 000元。2023年3月,税务机关对其检查时发现以下业务会计处理有误：

(1)2月4日,将一批自产的甲产品用于对外投资,成本价1 000 000元,无同类产品售价,成本利润率为10％。企业做如下会计分录：

　　借：长期股权投资　　　　　　　　　　　　　　　　　　　　　1 000 000
　　　　贷：库存商品　　　　　　　　　　　　　　　　　　　　　　1 000 000

(2)2月22日,购进一批商品用于职工宿舍,该批商品购进价为400 000元,取得增值税专用发票,进项税额已认证抵扣。企业做如下会计分录：

　　借：应付职工薪酬——非货币性福利　　　　　　　　　　　　　　400 000
　　　　贷：库存商品　　　　　　　　　　　　　　　　　　　　　　　400 000

(3)2月24日,将边角料出售,开具普通发票,取得收入价款158 200元。企业做如下会计分录：

　　借：银行存款　　　　　　　　　　　　　　　　　　　　　　　　158 200
　　　　贷：营业外收入　　　　　　　　　　　　　　　　　　　　　　158 200

(4)2月25日,销售一批货物给某商场,开具增值税专用发票,取得不含税销售收入1 000 000元,另外取得包装物押金收入100 000元(单独记账,未逾期)、优质服务费67 800元。企业做如下会计分录：

　　借：银行存款　　　　　　　　　　　　　　　　　　　　　　　1 297 800
　　　　贷：主营业务收入　　　　　　　　　　　　　　　　　　　　1 000 000
　　　　　　应交税费——应交增值税(销项税额)　　　　　　　　　　　130 000

  其他应付款   100 000
  盈余公积   67 800

(5)2月28日,企业购进的货物因管理员的管理不当发生了非正常损失。该批货物购进价为200 000元,购进时税额已抵扣。企业做如下会计分录：

  借:营业外支出   200 000
    贷:库存商品   200 000

思考：

(1)根据增值税的有关规定,检查该企业会计核算存在的问题,并且做相应的调账处理。

(2)计算税务检查后该企业应补(或退)的增值税税额,用银行存款缴清税款,并做出相应的会计处理。

分析：

(1)根据该企业会计核算中存在的问题,做以下账务处理：

①将自产的甲产品对外投资,应视同销售,核算相应的销项税额。无同类产品售价,则应用组成计税价格。

  组价成计税价格=成本×(1+成本利润率)=1 000 000元×(1+10%)=1 100 000元
      销项税额=1 100 000元×13%=143 000元

正确的会计分录：

  借:长期股权投资   1 243 000
    贷:主营业务收入   1 100 000
      应交税费——应交增值税(销项税额)   143 000

同时结转成本：

  借:主营业务成本   1 000 000
    贷:库存商品   1 000 000

该企业做的会计处理直接冲减库存商品是错误的,并且未核算销项税额,调增销项税额,则应贷记"应交税费——增值税检查调整"。

应做的账务调整：

  借:长期股权投资   243 000
    贷:应交税费——增值税检查调整   143 000
      本年利润   100 000

②购进的商品用于发放职工薪酬福利应做进项税额转出,则应贷记"应交税费——增值税检查调整"。

      400 000×13%=52 000(元)

  借:应付职工薪酬   452 000
    贷:库存商品   400 000
      应交税费——应交增值税(进项税额转出) 52 000

应做的账务调整：

  借:应付职工薪酬   52 000
    贷:应交税费——增值税检查调整   52 000

③将边角料出售应计入其他业务收入,不应计入营业外收入,且应核算销项税额,因此

该企业的会计处理错误。销售收入不含税价＝158 200÷(1＋13％)＝140 000(元)，销项税额＝140 000×13％＝18 200(元)。

应做的账务调整：
借：本年利润　　　　　　　　　　　　　　　　　　　　　　　　　182 00
　　贷：应交税费——增值税检查调整　　　　　　　　　　　　　　18 200

④取得的优质服务费67 800元属于价外费用，应核算销项税额，该企业计入盈余公积是错误的，有逃避税款的嫌疑，应做账务调整。取得的优质服务费不含税收入＝67 800/(1＋13％)＝60 000(元)，销项税额＝60 000×13％＝7 800(元)。

应做的账务调整：
借：盈余公积　　　　　　　　　　　　　　　　　　　　　　　　　67 800
　　贷：本年利润　　　　　　　　　　　　　　　　　　　　　　　60 000
　　　　应交税费——增值税检查调整　　　　　　　　　　　　　　7 800

⑤购进的货物产生了非正常损失，应将进项税额转出。因此，税务机关检查时应调减进项税额，贷记"应交税费——增值税检查调整"。

应做的账务调整：
借：本年利润　　　　　　　　　　　　　　　　　　　　　　　　　26 000
　　贷：应交税费——增值税检查调整　　　　　　　　　　　　　　26 000

(2)2023年3月检查时"应交税费——增值税检查调整"借方发生额为0元，贷方发生额为247 000元，借贷发生额相抵，贷方余额为247 000元。"应交税费——增值税检查调整"余额为贷方247 000元。要求补缴2月247 000元的税。"应交税费——应交增值税"账户有借方余额7 000元，用于抵扣。"应交税费——未交增值税"体现要交的税。实际应交缴纳的增值税＝247 000－7 000＝240 000(元)，2023年2月的"应交税费——应交增值税"账户有借方余额7 000元。"应交税费——增值税检查调整"的贷方余额与"应交税费——应交增值税"的借方余额相抵后，为实际应补缴的增值税税额。会计处理为：

借：应交税费——增值税检查调整　　　　　　　　　　　　　　　247 000
　　贷：应交税费——应交增值税　　　　　　　　　　　　　　　　7 000
　　　　　　　　　——未交增值税　　　　　　　　　　　　　　240 000

增值税入库时，用银行存款缴清税款：
借：应交税费——未交增值税　　　　　　　　　　　　　　　　　240 000
　　贷：银行存款　　　　　　　　　　　　　　　　　　　　　　240 000

(三)小规模纳税人增值税的检查

小规模纳税人发生应税行为适用简易计税方式。简易计税的应纳税额是销售额乘以征收率计算得到的。计算公式为：应纳税额＝销售额×征收率。

销售额是指纳税人发生应税行为取得的全部价款和价外费用，财政部和国家税务总局另有规定的除外。价外费用为收取全部价款以外的各种性质的收费，但不包括以下项目：代为收取并符合规定政府性基金或者行政事业性收费；以委托方名义开具发票，代委托方收取的款项。

案例分析6-14

某商店(小规模纳税人)销售商品一批,适用征收率3%,货款30 900元,购货方尚未支付货款,当月内经税务机关检查发现,商品已经发出,但该商店未做销售处理。

思考:该商店应该如何处理?

分析:发货应该做销售处理。可采用补充调整法做如下账务处理:

借:应收账款		30 900
贷:主营业务收入		30 000
应交税费——应交增值税		900

案例分析6-15

某增值税小规模纳税人,某月取得零售收入总额10 300元,会计处理如下:

借:银行存款	10 300
贷:主营业务收入	10 300

思考:当月,税务机关依法进行日常检查发现该笔处理有误,应如何调整? 政策依据:增值税小规模纳税人月销售额不到10万元(或者季不到30万元)减免增值税。

分析:调账处理:

(1)销售的分录:

借:银行存款	10 300
贷:主营业务收入	10 000
应交税费——应交增值税	300

(2)减免税的分录:

借:应交税费——应交增值税	300
贷:营业外收入/其他收益——减免税款	300

二、消费税的检查

(一)消费税的基本介绍

征收消费税具有调节消费结构,限制消费规模,引导消费方向,及时、足额地保证财政收入以及在一定程度缓解社会分配不公的作用。

(1)纳税人

在中华人民共和国境内生产、委托加工和进口《中华人民共和国消费税暂行条例》(以下简称《消费税暂行条例》)规定的消费品的单位和个人以及国务院确定的销售《消费税暂行条例》规定的消费品的其他单位和个人,为消费税的纳税人。

(2)课税对象和税率

课税范围的检查是消费税检查的首要环节,同时也是最难以判断的环节。消费税的征税税目目前共有15个,包括烟、酒、贵重首饰及珠宝玉石、摩托车、小汽车、高尔夫球及球具、

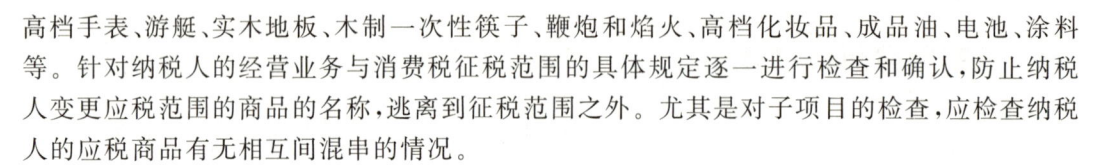

高档手表、游艇、实木地板、木制一次性筷子、鞭炮和焰火、高档化妆品、成品油、电池、涂料等。针对纳税人的经营业务与消费税征税范围的具体规定逐一进行检查和确认,防止纳税人变更应税范围的商品的名称,逃离到征税范围之外。尤其是对子项目的检查,应检查纳税人的应税商品有无相互间混串的情况。

(二)纳税环节的检查

1. 生产销售环节的消费税检查

消费税的计税依据有两种:应税货物的价格和应税货物的实物数量。

$$应税消费品的销售额=含增值税的销售额/(1+增值税税率或征收率)$$

消费税除了5个税目以外,其他都从价课征,因此与增值税的检查方法类似。只是在检查增值税的基础上,考虑是否是消费税征税范围内的特殊消费品,若需要课征消费税再多考虑一步消费税的核算是否准确。

案例分析6-16

某生产企业为增值税一般纳税人,4月零售一批应税消费品给消费者,开具普通发票,价款和增值税税款合并收取,金额为7 910元。假定该产品既征收增值税又征收消费税,增值税税率为13%,消费税税率为10%。

企业该笔业务的会计分录:

借:银行存款　　　　　　　　　　　　　　　　　　　　　　　　　　　　　7 910
　贷:销售费用　　　　　　　　　　　　　　　　　　　　　　　　　　　　　7 910

税务机关于当年8月去检查该企业的增值税与消费税的纳税情况,检查后发现该批消费品已结转成本。

思考:该企业账务应如何调整?

分析:应做的账务调整:

借:本年利润　　　　　　　　　　　　　　　　　　　　　　　　　　　　　1 610
　贷:应交税费——增值税检查调整　　　　　　　　　　　　　　　　　　　　910
　　　　　　——查补的消费税　　　　　　　　　　　　　　　　　　　　　　700

案例分析6-17

某生产企业主要生产销售应纳消费税的应税货物,适用的增值税税率为13%,消费税税率为20%。税务机关于本年度5月对其上年度生产经营情况进行纳税检查时发现:上年度3月发生一次销售业务,向购买方开具增值税专用发票,取得不含税销售额500 000元、增值税销项税额65 000元,同时开具收款收据取得包装物押金收入9 040元。其会计处理:

借:银行存款　　　　　　　　　　　　　　　　　　　　　　　　　　　　574 040
　贷:主营业务收入　　　　　　　　　　　　　　　　　　　　　　　　　500 000
　　　应交税费——应交增值税(销项税额)　　　　　　　　　　　　　　　65 000
　　　其他应付款——包装物押金　　　　　　　　　　　　　　　　　　　　9 040

经过进一步检查确认,发现其发生的收入和增值税销项税额已做了正确的转账核算,而押金收入仍然在"其他应付款——包装物押金"账户中,未做任何处理。

根据销售合同确认,该包装物押金已过了退还的期限,而且在时间上也超过了一年的期限。按照规定,应补缴相关的各种税费。

思考: 该企业应补缴多少增值税、消费税并作出正确的会计分录。

分析:

(1)应补缴的增值税为 9 040÷(1+13%)×13%=1 040(元)。

(2)应补缴的消费税为 9 040÷(1+13%)×20%=1 600(元)。

(3)应做的会计调账分录:

借:其他应付款——包装物押金　　　　　　　　　　　　　　　　9 040
　　贷:应交税费——增值税检查调整　　　　　　　　　　　　　　1 040
　　　　应交税费——查补的消费税　　　　　　　　　　　　　　 1 600
　　　　以前年度损益调整　　　　　　　　　　　　　　　　　　 6 400

纳税人将自产的应税消费品用于连续生产应税消费品的,使用环节不缴纳消费税。

纳税人将自产的应税消费品用于其他方面的应视同销售处理,按其生产的同类消费品的销售额计算纳税;没有同类消费品销售价格的,按照组成计税价格计算纳税。"其他方面"是指为生产非应税消费品;在建工程、管理部门、非生产机构;馈赠、赞助、集资、广告、样品、职工福利、奖励等方面。

纳税人自产的应税消费品用于换取生产资料和消费资料、投资入股和抵偿债务等方面,应当按纳税人同类应税消费品的最高销售价格作为计税依据。

纳税人用外购已缴纳消费税的应税消费品连续生产出来的应税消费品,在对这些连续生产出来的应税消费品计算征税时,除有特殊规定外,可按当期生产领用数量和规定的适用税率计算准予扣除外购的应税消费品已缴纳的消费税税款。

当期准予扣除的外购应税消费品已纳税额=当期准予扣除的外购应税消费品的买价×外购应税消费品适用税率

当期准予扣除的外购应税消费品买价=期初库存的外购应税消费品的买价+当期购进的应税消费品的买价-期末库存的外购应税消费品的买价

扣除的范围包括:

(1)用外购已税烟丝生产的卷烟。

(2)用外购已税高档化妆品生产的高档化妆品。

(3)用外购已税珠宝玉石生产的贵重首饰及珠宝玉石。

(4)用外购已税鞭炮、焰火生产的鞭炮、焰火。

(5)用外购已税汽油、柴油、石脑油、燃料油、润滑油为原料生产的应税成品油。

(6)用外购已税杆头、杆身和握把为原料生产的高尔夫球杆。

(7)用外购已税木制一次性筷子为原料生产的木制一次性筷子。

(8)用外购已税实木地板为原料生产的实木地板。

(9)用外购已税葡萄酒为原料生产的葡萄酒。

2. 委托加工应税消费品的检查

委托加工的应税消费品是指由委托方提供原料和主要材料,受托方只收取加工费和代垫部分辅助材料加工的应税消费品。

以下情况不属于委托加工应税消费品:

(1)由受托方提供原材料生产的应税消费品;

(2)受托方先将原材料卖给委托方,再接受加工的应税消费品;

(3)由受托方以委托方名义购进原材料生产的应税消费品。

受托方代收代缴消费税,若受托方没有代收代缴,则对受托方处以应代收代缴税款50%以上3倍以下的罚款;若受托方采取偷税的手段则应处以50%以上5倍以下的罚款;若受托方没有代收代缴消费税,委托方应补缴税款,补税的计税依据:

(1)已直接销售的,按销售额计税;

(2)未销售或不能直接销售的,按组成计税价格计税(委托加工业务的组成计税价格)。

案例分析6-18

甲企业为增值税一般纳税人,4月接受某烟厂委托加工烟丝,甲企业自行提供烟叶的成本为35 000元,代垫辅助材料2 000元(不含税),发生加工支出4 000元(不含税)。烟丝的消费税税率为30%,烟丝的成本利润率为5%。

思考: 计算甲企业当月应核算的增值税及消费税。

分析: 应税消费品的成计税价格=(35 000+2 000+4 000)×(1+5%)÷(1-30%)=61 500(元)

应核算增值税销项税额=61 500×13%=7 995(元)

应纳消费税=61 500×30%=18 450(元)

委托加工的应税消费品因为已由受托方代收代缴消费税,因此委托方收回货物后用于连续生产应税消费品的,其已缴纳税款准予按照规定从连续生产的应税消费品应纳消费税税额中抵扣。

3. 进口应税消费品的检查

(1)实行从价定率办法的应税消费品的应纳税额(非进口卷烟)

组成计税价格=(关税完税价格+关税)/(1-消费税税率)

应纳税额=组成计税价格×消费税税率

(2)实行从量定额办法的应税消费品的应纳税额

应纳税额=应税消费品数量×消费品单位税额

(3)实行从价定率和从量定额办法的应税消费品的应纳税额

应纳税额=组成计税价格×消费税税率+应税消费品数量×消费税单位税额

(4)进口卷烟应缴纳的消费税税额

组成计税价格=(关税完税价格+关税+定额消费税)/(1-消费税税率)

4. 批发和零售环节消费税的检查

金银首饰零售业务是指将金银首饰销售给中国人民银行批准的金银首饰生产、加工、批发、零售单位以外的单位和个人的业务。

经中国人民银行总行批准经营金银首饰批发业务的单位,将金银首饰销售给同时持有《经营金银制品业务许可证》影印件及《金银首饰购货(加工)管理证明单》的经营单位,不征收消费税,但其必须保留购货方的上述证件,否则一律视同零售征收消费税。

经营单位兼营生产、加工、批发、零售业务的,应分别核算各自的销售额,未分别核算销售额或者划分不清的,一律视同零售征收消费税。

案例分析6-19

某金银首饰零售商店本期采用以旧换新销售方式收回旧金首饰10件,每件作价1 000元,新金首饰零售价20 600元(含税),顾客以现金补齐差额。增值税征收率为3%,消费税税率为5%。税务机关于次月检查后发现,商店做如下的账务处理:

确认收入:

借:原材料——回收旧首饰　　　　　　　　　　　　　　　10 000
　　库存现金　　　　　　　　　　　　　　　　　　　　　　10 600
　　贷:主营业务收入　　　　　　　　　　　　　　　　　　　　　20 000
　　　　应交税费——应交增值税(销项税额)　　　　　　　　　　600

计提消费税:

借:税金及附加　　　　　　　　　　　　　　　　　　　　1 000
　　贷:应交税费——应交消费税　　　　　　　　　　　　　　　　1 000

思考: 该商店应缴纳的增值税和消费税税额是多少?应做怎样的账务调整?

分析:

实际收取的不含税差价＝10 600/(1＋3%)≈10 291(元)

增值税税额＝10 291×3%＝308.73(元)

消费税税额＝10 291×5%＝514.55(元)

账务调整:

借:应交税费——查补的消费税　　　　　　　　　　　　　485.45
　　　　　　——增值税检查调整　　　　　　　　　　　　291.27
　　贷:本年利润　　　　　　　　　　　　　　　　　　　　　　　776.72

三、企业所得税的检查

(一)企业所得税基本介绍

企业所得税的纳税义务人,是指在中华人民共和国境内的企业和其他取得收入的组织。除个人独资企业、合伙企业不适用企业所得税法外,凡在我国境内,企业和其他取得收入的组织均为企业所得税的纳税人。

应纳税所得额＝收入总额－不征税收入－免税收入－各项扣除－以前年度亏损

收入总额:销售货物收入、提供劳务收入、转让财产收入、股息、红利、利息收入、租金收入、特许权使用费收入、接受捐赠收入、其他收入

不征税收入:财政拨款、依法收取并纳入财政管理的行政事业性收费、政府性基金、国务院规定的其他不征税收入

免税收入:国债利息收入,符合条件的居民企业之间的股息、红利等权益性收益,在中国境内设立机构场所的非居民企业从居民企业取得与该机构场所有实际联系的股息红利所得,符合条件的非营利组织收入,企业取得的2009年及以后年度发行的地方政府债券利息收入。

各项扣除:成本、税金、费用、损失和其他。

(二)收入的检查

一般收入包括:销售货物收入;提供劳务收入;转让财产收入;股息、红利等权益性投资收益;利息收入;租金收入;特许权使用费收入;接受捐赠收入等。

特殊收入包括:以分期收款方式销售货物的收入;企业委托加工制造大型机械设备、船舶、飞机以及从事建筑、安装、装配工程业务或者提供其他劳务等,持续时间超过12个月的收入;采取产品分成方式取得的收入;发生非货币性交换及将货物、财产、劳务用于捐赠、偿债、赞助、集资、广告、样品、职工福利、利润分配等用途的,视同销售货物、转让财产或者提供劳务的收入。

对收入的检查自然包括对企业的生产、经营收入的检查,对财产转让收入的检查,对利息收入的检查,对租赁收入的检查,对股息收入的检查,对债务重组收入的检查,对接受捐赠收入的检查等。

其中,生产、经营收入是指纳税人从事生产、经营活动取得的主营业务收入或其他业务收入,是确定应纳税所得额的基础,是企业所得税检查的重点。这里所指的生产、经营收入的检查所包括的范围,要比增值税、消费税检查中的生产、经营收入的范围广泛得多,不仅包括各项应税收入的检查,而且包括各项免税收入的检查。需要注意的是,如果在检查企业所得税之前进行了较全面的流转税的检查,此时对生产、经营收入的检查就不用花费太多时间,可以不检查或少检查,否则就要进行全面检查。

在计算缴纳所得税时,除另有规定外,要以全部收入为依据,计入"主营业务收入""其他业务收入"等账户。重点检查企业是否通过"所有者权益""库存商品""主营业务成本"账户的操作,多列成本费用,少计或不计收入,隐瞒税款的缴纳。在检查方法上,要有目的地对有免税收入的纳税人进行检查,通过其生产计划和其他核算资料,掌握其生产经营的构成情况,明确划分征、免税收入的界限;检查"库存商品"明细账户的贷方发生额,看纳税人有无将免税产品的销售收入直接冲减库存商品的情况。

案例分析6-20

某化工企业为增值税一般纳税人,主要生产化妆品。企业适用增值税税率13%、高档化妆品消费税税率15%、企业所得税税率25%,化妆品全国平均成本利润率为5%。

2023年度税务机关对该企业进行日常检查,发现:

2022年5月10日,销售高档化妆品一批给某单位,开具普通发票,取得收入45 200元存入银行。企业的会计处理:

借:银行存款　　　　　　　　　　　　　　　　　45 200
　　贷:其他应付款　　　　　　　　　　　　　　　　45 200

思考:税务机关对该企业2022年度所涉及的增值税、消费税、企业所得税进行检查,应核定该企业的增值税、消费税、调整企业所得税应纳税所得额为多少?

分析:2022年5月10日,销售化妆品取得收入,按规定应做销售收入处理。企业记入"其他应付款"账户,隐瞒了收入,逃避了税款。

应补缴增值税、消费税及调整应纳税所得额的计算:

应补增值税=45 200/(1+13%)×13%=5 200(元)
应补消费税=45 200/(1+13%)×15%=6 000(元)
应调增应纳税所得额=45 200-5 200-6 000=34 000(元)
会计分录：
借：其他应付款　　　　　　　　　　　　　　　　　　　　45 200
　　贷：应交税费——增值税检查调整　　　　　　　　　　　　5 200
　　　　应交税费——查补消费税　　　　　　　　　　　　　　6 000
　　　　以前年度损益调整　　　　　　　　　　　　　　　　34 000

(三)成本费用的检查

成本，是指纳税人销售商品(产品、材料、下脚料、废料、废旧物资等)、提供劳务、转让固定资产和无形资产(包括技术转让)的成本。纳税人必须将经营活动中发生的成本合理划分为直接成本和间接成本。直接成本指的是可根据有关会计凭证、记录直接计入有关成本计算对象或劳务的经营成本中的直接材料、直接人工等。间接成本指的是多个部门为同一成本对象提供服务的共同成本；同一种投入可以制造、提供两种或两种以上的商品(产品)或劳务的联合成本。

成本的检查，主要是指销售产品成本的检查。销售产品的成本是否正确取决于完工产品成本是否正确，完工产品的成本是否正确需要检查生产成本的正确程度以及在产品与产成品成本的分配。

费用的检查，主要集中于对三项期间费用的核算是否正确的核对。

销售费用，是指应由纳税人负担的为销售商品而发生的费用，包括广告费、运输费、装卸费、包装费、展览费、保险费、销售佣金、代销手续费、经营性租赁费、销售部门发生的差旅费、工资、福利费等费用。销售费用支出频繁、项目众多，全面而细致地检查销售费用的每一个项目是不可能的，因此要有重点地检查有关项目，同时需要掌握销售费用的检查方法。

管理费用，是指纳税人的行政管理部门为管理和组织经营活动提供各项支援性服务而发生的费用。包括由纳税人统一负担的总部(公司)经费、研究开发费(技术开发费)、社会保障性缴款、劳动保护费、业务招待费、工会经费、职工教育经费、股东大会或董事会费、开办费摊销、无形资产摊销(含土地使用费、土地损失补偿费)、矿产资源补偿费、坏账损失、消防费、排污费、绿化费、外事费和法律、财务、资料处理及会计事务方面的成本(咨询费、诉讼费、聘请中介机构费、商标注册费等)以及向总机构(指同一法人的总公司性质的总机构)支付的与本身营利活动有关的合理的管理费用等。重点检查：有无不属于管理费用的支出；有无违反开支标准和发放范围的支出；有无违反财经纪律的支出。检查"管理费用"时注重该账户借方发生额，对发生额偏高的月份重点检查，重点分析原因，找出存在的问题；检查"管理费用"的借方发生额和摘要栏，逐项检查；对有疑问的、支付金额大的，进一步检查；进而检查原始凭证，进一步分析真实性、合理性、合法性。

财务费用是企业为筹集资金而发生的各项费用，包括企业生产经营期间发生的利息支出(减利息收入)、汇兑净损失、调剂外汇手续费、金融机构手续费以及筹资发生的其他财务费用等。检查财务费用的支出范围时要注意查看是否属于建造、购置固定资产在竣工决算投产前后发生的利息费用；开发、购置无形资产交付使用前后发生的利息费用；筹办期间发生的利息费用，并注意资产化和费用化的不同处理。另外，在检查财务费用的支出标准时，要检查支付给非金融机构的费用是否有超过标准的情况。

案例分析6-21

某企业为增值税一般纳税人,2023年度企业自行申报实现销售收入总额22 000 000万元。税务机关实施日常检查发现如下问题:

(1)经过税务机关核定,2023年企业"管理费用"账户中列支业务招待费支出为156 000元。

(2)2023年企业每月已计入成本、费用的实发工资(每月发放工资金额相同)的会计处理:

借:生产成本　　　　　　　　　　　　　　　　225 000
　　管理费用　　　　　　　　　　　　　　　　 45 000
　　贷:应付职工薪酬　　　　　　　　　　　　　　　 270 000

(3)2023年企业每月提取职工工会经费、职工福利费、职工教育经费的会计处理:

借:生产成本　　　　　　　　　　　　　　　　 42 800
　　管理费用　　　　　　　　　　　　　　　　 16 950
　　贷:应付职工薪酬——福利费　　　　　　　　　　45 800
　　　　　　　　　　——职工工会经费　　　　　　　6 200
　　　　　　　　　　——职工教育经费　　　　　　　7 750

思考: 该企业2023年应调增的应纳税所得额为多少?

分析: (1)业务招待费超标准的计算:

2023年应列支的业务招待费标准=156 000×60%=93 600(元),且不得高于营业收入的5‰,22 000 000×5‰=110 000,业务招待费用超标准=156 000−93 600=62 400(元),则应调增应纳税所得额62 400元。

(2)每月已计入成本、费用的实发工资270 000元,准许扣除,不进行纳税调整。

(3)企业实际发生的职工福利费、职工工会经费、职工教育经费,分别不得超过实发工资总额的14%、2%、8%,超过部分应调增当年的应纳税所得额。

职工福利费全年超标准=(45 800−270 000×14%)×12=96 000(元)

职工工会经费全年超标准=(6 200−270 000×2%)×12=9 600(元)

职工教育经费全年超标准=0(元)(7 750<270 000×8%)

职工福利费、职工工会经费、职工教育经费共计应调增企业应纳所得额105 600元。

(4)企业应调增应纳税所得额为62 400+105 600=168 000(元)。

(四)永久性差异的检查

永久性差异,是指企业在一定会计期间,由于会计制度和税法在计算收益、费用或损失时的口径不同而产生的税前会计利润与应税所得额之间的差异。这种差额在本期发生,并不能在以后各期转回。

国债利息收入按会计核算规定作为会计利润,按税法规定不属于纳税所得的范围。

企业实发工资总额,按实发工资总额计提的职工福利费、工会经费、职工教育经费,按会计规定全部作为费用支出。按税法规定,企业实际发生的职工福利费、职工工会经费超过实发工资总额规定比例的,当年不准许在企业所得税前扣除,以后年度也不得扣除。实际发生的职工教育经费超过实发工资总额规定比例的,当年不得扣除,但可结转以后年度扣除。

企业向金融机构和非金融机构借款的利息支出,按会计规定可作为财务费用列支,按税法规定向非金融机构借款的利息费用和向自然人借款的利息费用超过国家规定标准的部分在税前不能扣除。

企业的各种赞助费,对外的直接捐赠,通过非营利部门进行的公益、救济性捐赠超过标准的部分,按会计规定全部作为支出,按税法规定税前不能扣除。

企业以自己生产的产品用于工程项目,会计制度规定按成本结转,不产生利润,不计入当期损益;税法规定,企业自产的产品用于本企业,只要所有权属未发生转移,就不确认收入,也不征收企业所得税。

企业被处以的罚款、罚金、滞纳金等,按会计规定准予在"营业外支出"中列支,按税法规定不能在税前扣除。

企业提取和转回的各项资产减值准备,按会计规定,企业应当定期或至少于每年度终了,对各项资产进行全面检查,并根据谨慎性原则的要求,合理地预计各项资产可能发生的损失,对可能发生的各项资产损失计提资产减值准备;按税法规定,企业所得税前允许扣除的项目,原则上必须遵循真实发生的据实扣除原则。

案例分析6-22

某公司适用企业所得税税率为25%。2023年度内未预缴企业所得税,本年度经营成果的相关信息如下:

利润总额:800 000元

所得税:200 000元

净利润:600 000元

根据税法有关规定进行纳税检查时,税务机关发现其有关财务核算的项目中包括以下核算内容:

管理费用项目中,列支的业务招待费超标准12 000元。

财务费用项目中,列支的借款利息支出超标准50 000元。

投资收益项目的金额:从联营企业分回的税后利润为68 000元(联营企业的所得税税率为25%);购买的国债利息收入为52 000元。

营业外支出项目中,列支有非公益、救济性捐赠支出20 000元,非广告费赞助支出10 000元,缴纳的税收滞纳金5 000元。

各项费用中列支的职工福利费、工会经费超标准34 800元。

思考: 计算该公司应补缴的所得税额并作出相应会计处理。

分析:

纳税调整增加额(永久性差异):131 800(元)

纳税调整减少额(永久性差异):120 000(元)

应纳税所得额＝会计利润±按税法规定调整项目金额＝800 000＋131 800－120 000＝811 800(元)

公司应纳所得税额：811 800×25％＝202 950(元)

公司应补缴所得税额：202 950－200 000＝2 950(元)

会计处理：

补缴企业所得税时：

借：所得税费用　　　　　　　　　2 950

　　贷：应交税费——应交所得税　　　　2 950

转销所得税费用时：

借：本年利润　　　　　　　　　　2 950

　　贷：所得税费用　　　　　　　　　　2 950

上缴企业所得税时：

借：应交税费——应交所得税　　　2 950

　　贷：银行存款　　　　　　　　　　　2 950

第六节　数字化税务稽查

国家税务总局设立"互联网＋税务督查"平台，旨在加强对税费政策和服务管理的监督，使其更加贴近基层、更加高效。"互联网＋税务督查"平台的设立是我国税务体制改革的创新之举。通过充分利用互联网的力量，实现信息的即时传递和广泛收集，为税务工作提供了更为灵活、高效的监督手段，标志着税收管理正在积极探索新的工作模式，力求更好地服务国家的经济建设和纳税人的切身利益。

"互联网＋税务督查"平台的设立侧重于四个主要方面，即党中央、国务院政策的贯彻情况，税务执法规范性，税费政策和服务管理的协调性以及对税务工作的改进建议。

首先，这一平台为社会各界提供了一个畅通的渠道，使他们能够及时反映党中央、国务院重大政策措施在实施层面可能出现的问题。这种信息反馈机制的建立，有助于加速税收政策的实施和服务措施的执行，确保国家的税收政策能够顺利落地，发挥其应有的效果。

其次，对税务部门执法的规范性进行监督是该平台的重要任务之一。通过收集反映税务执法不规范、慢作为、乱作为的问题线索，税务总局能够及时发现问题，并通过合理的整改措施加以解决，提升税务执法水平，确保税收征管的规范性和高效性。

再次，针对税费政策和服务管理措施协调性不足的问题，该平台充分发挥了信息汇总和问题导向的作用。通过收集社会反馈，税务总局能够深入了解税费政策和服务管理在实际执行中可能存在的不协调和不配套之处，为进一步优化相关政策提供参考，从而提高纳税人和缴费人的满意度。

最后，该平台为广大纳税人和缴费人提供了一个直接参与税务工作改进的机会。通过对税务工作的改进意见和建议的征集,国家税务总局能够更好地了解基层的实际情况,调整政策和服务,使其更贴近实际需求,提升税收工作的针对性和有效性。

在税务稽查领域,大数据技术的应用日益凸显其重要性。通过收集、整合和分析海量数据,税务部门能够深入挖掘企业涉税行为的细节,精确识别潜在的税收风险点。在涉税信息海量数据的驱动下,税务机关进行税务稽查的效率和准确性将有所提高,同时也为打击偷逃税行为提供了有力武器。

阅读链接6-2

课后练习题

一、单选题

1. 调取往年账簿及有关资料应当填写调取账簿资料通知书、调取账簿资料清单,并在( )个月内完整退还。

A. 1　　　　B. 2　　　　C. 3　　　　D. 6

2. 对被检查的会计报表、账簿、凭证等纳税资料进行审查分析,以查证落实或确定进一步检查线索的一种检查方法是( )。

A. 详查法　　B. 查账法　　C. 分析法　　D. 逆查法

3. 在进行账证核对时,一般采用( ),即在查阅有关账户记录时,如果发现某笔经济业务发生或记录存在疑问,可以将其与记账凭证及原始凭证进行核对,以求证是否存在问题。

A. 详查法　　B. 逆查法　　C. 分析法　　D. 外调法

4. 通过对被查对象的货币资金、存货及固定资产等实物进行盘点清查,核实其账实是否相符,进而发现税务问题的方法是控制计算法。( )

A. 对　　　　B. 错

5. 稽查局应当在所属税务局的征收管理范围内实施税务检查。若纳税人的税收违法行为发生在税务管辖地以外,由( )查处。

A. 违法行为发生地或者发现地稽查局　　B. 税务登记地税务局
C. 当地人民政府　　　　　　　　　　　D. 当地人民法院

6. ( )是税务检查的第一道程序,是税务检查的起点和基础。

A. 选案　　B. 检查　　C. 审理　　D. 执行

7. ( )是指税务检查人员按照税务检查方案所确定的方式、方法,依照税收法律、法规、规章以及税务部门的权限,有目标、有步骤地进行税务检查活动,是税务检查的核心环节。

A. 选案　　B. 检查　　C. 审理　　D. 执行

8. 税务机关对增值税专用发票的检查属于( )。

A. 日常检查　　B. 专项检查　　C. 专案检查　　D. 特别检查

9. 税务机关对"营改增"试点行业的检查行动属于( )。

A. 日常检查　　B. 专项检查　　C. 专案检查　　D. 特别检查

10.税务人员实施税务检查应当（　　）人及以上,并向被检查人出示税务检查证及税务检查通知书。

　　A.1　　　　　　B.2　　　　　　C.3　　　　　　D.4

11.税务人员征收税款和查处税收违法案件,与纳税人、扣缴义务人或税务违法案件有利害关系的,应当（　　）。

　　A.大义灭亲　　　B.申请回避　　　C.延缓处理　　　D.秉公执法

12.税务机关派出的人员进行税务检查时,因特殊原因未能出示税务检查证和税务检查通知书的,被检查人不得拒绝税务机关的检查。（　　）

　　A.对　　　　　　B.错

13.税务处理文书可采用直接送达、委托送达、邮寄送达和（　　）。

　　A.视同送达　　　B.口头送达　　　C.邮件送达　　　D.公告送达

14.有税收违法行为,进行税务处理补缴税款、滞纳金的,应当拟制（　　）;有税收违法行为,进行行政处罚的,应当拟制（　　）。

　　A.《税务处理决定书》、《税务行政处罚决定书》

　　B.《税务行政处罚决定书》、《税务处理决定书》

　　C.《税务处理决定书》、《税务行政处罚通知书》

　　D.《税务处理事项告知书》、《税务行政处罚决定书》

15.详查法适用的范围不包括（　　）。

　　A.经营规模较大

　　B.会计核算简单、核算对象比较单一

　　C.为了揭露重大问题而进行的专案检查

　　D.对某些(某类)特定项目、事项所进行的检查

16.税务人员实施税务检查应当2人及以上,并向被检查人出示（　　）。

　　A.税务检查证和税务检查通知书

　　B.身份证和税务检查证

　　C.税务检查通知书

　　D.注册税务师证和税务检查证

17.税务稽查的客体包括（　　）。

　　A.代扣代缴义务人和代收代缴义务人

　　B.代收代缴义务人和纳税担保人

　　C.从事生产经营的纳税人、纳税担保人和扣缴义务人

　　D.从事生产经营的纳税人

18.税务机关在税务稽查构成要件中属于（　　）。

　　A.主体　　　　　B.对象　　　　　C.客体　　　　　D.要件

19.下列不属于税务审查环节工作的是（　　）。

　　A.审查被查对象是否正确

　　B.审查税务机关人员是否按照法定程序进行税务检查

C.返回稽查实施环节,限时补充稽查

D.送达税务处理决定书

20.税务检查的实施是稽查人员实际行使稽查权力的工作阶段。检查应当自实施检查之日起( )日内完成;确需延长检查时间的,应当经( )的批准。

A.60,税务局局长   B.60,稽查局局长

C.30,税务局局长   D.30,稽查局局长

21.以下对于税务稽查权限要求的说法错误的是( )。

A.税务机关在调查税务案件时,可以对于案件有关情况和资料进行记录、拍照、录音、录像、复制

B.税务机关派出的检查人员进行检查时,有责任为被检查人保密

C.被检查人要求税务检查人员回避的,税务检查人员可以向税务局局长申请不回避

D.税务检查人员可以到车站检查纳税人托运的应税商品的单据

二、简答题

1.简述税务检查的法律依据。

2.简述税务检查和会计检查的区别。

3.简述税务检查的作用。

三、案例分析题

2023年9月28日,某市税务局稽查局根据专项检查计划,派经验丰富的税务检查人员何某到旺财公司进行检查并立案。检查人员出示了税务检查证之后便进行了检查,发现该公司涉嫌税收问题,考虑到还可能遗漏某些问题,又去了该公司的职工宿舍检查了一番。经稽查局局长批准,将该公司2017年至2020年的账簿、凭证调回稽查局检查。通过检查发现该公司利用虚假的纳税申报未缴税款16 500元。12月13日稽查局作出并直接送达了《税务处理决定书》和《税务行政处罚决定书》,要求该公司于12月31日前补缴税款16 500元,依法加收滞纳金及罚款,并在同日归还了该公司的账簿、凭证。该公司不服该处理决定,认为并未少缴这么多税款并拒不补缴税款。

情形一:税务检查人员经稽查局局长批准,于2024年1月12日向该公司送达了《税收强制执行决定书》,在向银行送达《扣缴税款通知书》后,从该公司的银行存款账户扣缴了相应的存款抵缴税款、滞纳金及罚款。

情形二:12月25日,何某发现该企业将大量的货物由仓库运往企业外,立即赶到该企业的开户银行,出示税务检查证后要求银行提供该企业的账户存款情况,被银行拒绝。何某赶紧将情况向局里做了汇报,经稽查局局长批准,扣押了该企业价值相当于应纳税款的货物,并于事后对该银行作出了处罚决定。

情形三:(接情形二之后)并于12月28日委托拍卖机构对扣押的货物进行了拍卖,用拍卖所得抵缴了该企业应补缴的税款、滞纳金和罚款。

第七章

税务行政处罚

主要内容

税务行政处罚作为税收管理中的重要环节,旨在确保税收法律法规的严格执行,维护税收征管秩序。本章将从三个方面对税务行政处罚进行全面阐述,帮助学生深入理解和掌握相关知识。首先,本章将对税务行政处罚进行基本说明,包括其概念、与税务刑事处罚的区别、原则、设定及种类。通过这一部分的学习,学生将对税务行政处罚有一个整体的认知,为后续的学习奠定基础。其次,本章将介绍税务行政处罚的程序,税务行政处罚必须遵循一定的程序,包括立案、调查、决定、送达等。最后,本章将关注税务行政处罚的执行,帮助学生理解并掌握税务行政处罚的操作规程。

学习重难点

1. 掌握税务行政处罚的种类和适用范围。
2. 熟悉税务行政处罚的适用条件和规范流程。
3. 根据税务行政处罚的基本要求对案件进行深入分析。

思政元素

税务行政处罚作为税收管理的重要手段,体现了税收法治的严肃性和公正性。通过本章的学习,学生应深刻认识到税务行政处罚在维护税收征管秩序、保障国家财政收入方面的重要作用。同时,也应理解税务行政处罚不是目的而是手段,其最终目的是促进纳税人依法纳税、诚信经营。因此,学生在学习和掌握税务行政处罚知识的同时,也应树立诚信纳税、依法经营的价值观,为构建和谐社会和法治国家贡献自己的力量。

第一节 税务行政处罚概述

引入案例

某税务局在稽查的过程中发现,某通信公司在2019—2023年这一时间段中存在个人账户收款的情况,但并没有做任何申报的处理;2020年至2023年个人账户收取的管理费用高达1 824 000元;2019年至2020年,利用个人账户获得工程款回款高达159 600元;2020年11月,通过法定代表人收取现金治安监管工程的费用高达500 000元。这些费用并没有入账,没有做相应的申报,未按照企业所得税相关要求缴纳税款,认定为偷税的行为。因此税务机关责令该通信公司限期补缴税款和滞纳金,除此之外,要求该通信公司缴纳应补缴税款0.5倍的罚款。

思考:该案例中税务机关对于税收违法行为的处罚是什么?

分析:该公司被认定为偷税的行为,但还未构成犯罪,因此应当给予对应的税务行政处罚,该案例中税务机关对该企业责令限期补缴税款,同时给予罚款的行政处罚。此外,税务行政处罚还可能会有财产罚和行为罚等其他类型。

一、税务行政处罚的概念

税务行政处罚是指有违反税收法律法规规定的公民、法人或者其他组织,尚未构成犯罪,依法享有税务行政处罚权的税务机关对其给予的具体行政处罚。

(一)税务行政处罚的主体

税务行政处罚的实施主体是县以上税务机关,包括四级,即国家税务总局,省、自治区、直辖市税务局,地(市、州、盟)税务局,县(市、旗)税务局。

各级税务机关的内设机构、派出机构不具有税务行政处罚机关资格,不能以自己的名义实施税务行政处罚。但是,税务所可以实施罚款在2 000元以下的税务行政处罚。

(二)税务行政处罚的管辖

税务行政处罚的管辖是指税务机关之间在受理、处罚公民、法人或其他组织违反税收征收管理秩序的行为时,所做的分工和权限划分。

1. 职能管辖

职能管辖指国家税务总局、地方税务局只能针对各自所管辖之税种的违法行为实施行政处罚,不得越权管辖。

2. 级别管辖

级别管辖指各级税务机关之间在处罚税务违法行为上有各自分工和权限。

阅读链接7-1

3. 地域管辖

地域管辖指不同地区的同级税务机关之间处理税务违法行为的职权划分。

（1）一般管辖

根据原则，由被处理对象所在地的税务机关负责处理税务违法行为。这意味着如果纳税人或者涉税主体的注册地或主要业务地与特定税务机关的辖区相符，则该税务机关有权处理涉及该纳税人或涉税主体的税务违法行为。

（2）特别管辖

当多个税务机关在不同地区都有管辖权，但同一违法行为被多个税务机关发现时，一般由最先发现违法行为的税务机关管辖。这有助于避免重复处理和确保及时处理税务违法行为。

（3）指定管辖

在某些情况下，上级税务机关或者其他有关部门可能会指定特定的税务机关负责处理特定的税务违法行为，无论该行为发生在何处。这种指定管辖可能基于行政考量、案件性质或其他特定因素。

（4）移送管辖

当一个税务机关发现了涉嫌跨地区或者跨部门的严重税务违法行为时，有权将案件移送给其他税务机关或者有关部门处理。这种移送通常基于案件的复杂性、涉及的范围以及处理能力等因素。

二、税务行政处罚与税务刑事处罚的区别

税务行政处罚和税务刑事处罚在主体、对象、法律依据、目的、程序和手段等方面存在显著区别。

（1）处罚的主体不同

税务行政处罚的主体是税务机关，税务刑事处罚的主体是司法机关。

（2）处罚的对象不同

税务行政处罚的处理对象是尚未构成犯罪的相对人，是对纳税人或其他税务主体违反税收法律法规、规章、制度所作出的行政处罚。税务刑事处罚的对象则是涉嫌犯罪的个人或组织，包括涉嫌逃税、偷税、抗税等税收犯罪行为的犯罪嫌疑人或被告人。

（3）处罚的法律依据不同

税务行政处罚的法律依据是税收征管法和行政处罚法。税务刑事处罚的法律依据为刑法。

（4）处罚的目的不同

税务行政处罚的主要目的是维护税收法律的权威，促使纳税人依法诚信履行纳税义务，保障税收的正常征收和税务秩序的稳定。税务刑事处罚的主要目的是惩治和制裁违法犯罪行为，保护税收法律的尊严和社会公共利益。

（5）处罚的程序不同

税务行政处罚的程序主要由税务机关依法进行，包括调查取证、作出处罚决定、告知当事人等环节，程序相对简化。税务刑事处罚的程序由司法机关依法进行，包括侦查、起诉、审

判等多个环节,程序较为烦琐。

(6)处罚的手段不同

税务行政处罚的手段有两种,一种是财产罚,一种是行为罚。税务刑事处罚的手段为刑罚,包括主刑和附加刑。主刑如死刑、无期徒刑、有期徒刑、拘役、管制等,附加刑如罚金、剥夺政治权利、没收财产等。

近年来,税务稽查与公安经侦支队在打击虚开发票税收违法犯罪方面的合作日益紧密,税警联合办案已成常态。然而,在案件处理过程中,行政与司法在对虚开发票案件事实的认定与处理等方面仍存在差异。这种差异主要源于法律规定的不一致和执法权限的差异。税务机关在移交案件时,司法机关对犯罪事实的认定可能因移交方式的不同而有所差异。此外,税务稽查部门的调查权相对较弱,缺乏强制性,取证效果常受被检查单位配合程度的影响。

三、税务行政处罚的原则

税务行政处罚的原则是指在税务执法活动中,依据法律法规对违反税法规定的行为进行惩罚时应遵循的基本准则。

(一)法定原则

税务行政处罚的法定原则要求税务行政处罚实施主体必须依法行使处罚的权利,不得违法乱纪,不得超越法定权限范围进行处罚,做到有法可依、有法必依、执法必严、违法必究。

(1)对公民和组织实施税务行政处罚必须有法定依据,无明文规定不得处罚。

(2)必须由法定的国家机关在其职权范围内设定。

(3)必须由法定的税务机关在其职权范围内实施。

(4)必须由税务机关依照法定程序实施。

(二)公正、公开原则

公正原则要求行政处罚必须公正、公平,不偏不倚地对待所有当事人,保障当事人的合法权益,维护社会公平正义。公开原则要求行政处罚必须依照法定程序进行,包括听证、申辩、陈述意见等程序,保障当事人的申辩权和辩护权,确保程序的公正公平。

(三)过罚相当原则

过罚相当原则强调税务行政处罚的适度性和针对性。具体来说,它要求税务机关在制定和执行处罚时,要考虑到违法行为的具体情况,包括性质、情节、社会危害性等因素,做到处罚的严重程度与违法行为的性质和情节相匹配,避免出现过轻或过重的处罚以及不同情况下"一刀切"现象,做到罚当其罪、轻重适度。税务机关进行税务行政处罚时应该根据具体情况进行权衡和评估,对于相同或类似的违法行为,采取相对应的处罚措施,避免对当事人造成不必要的不良影响。这样做不仅有助于保护当事人的合法权益,也有利于维护社会秩序和公平正义。

(四)处罚与教育相结合原则

处罚与教育相结合原则是指在行政执法过程中,对违法行为进行处罚的同时,也要注重对当事人进行教育和引导,以达到教育改正的目的,体现了法治理念中的人文关怀和社会效益最大化的理念。

(1)处罚的实际目的是教育改正

处罚的根本目的是通过教育和引导,当事人认识到错误,改正行为,增强法律意识和遵纪守法意识,引导其树立正确的法治观念和行为规范,避免再次违法。

(2)强化宣传教育

除了针对个别当事人的教育外,还应该通过各种形式的宣传教育活动,普及法律知识,提高全社会的法治意识,形成良好的法治氛围。

(五)监督、制约原则

对税务机关实施行政处罚进行监督制约是实现执法公正、规范和有效的重要举措。

(1)内部监督

①实行违法行为调查与处罚决定相分离。执法和裁决职能的部门相对独立,避免决策者直接参与违法行为的调查,以确保处罚决定的客观性。

②决定罚款的机关与收缴的机构分离,避免利益冲突和权力滥用,以保证罚款程序的公正和透明。决定罚款的机关与罚款的收缴机构分离。

③处罚决定的备案。当场作出的处罚决定应当向所属行政机关备案,使处罚决定符合法律规定并得到有效监督。

(2)外部监督

①税务系统上下级之间的监督制约。上级税务机关对下级税务机关实施监督,下级税务机关也可以对上级税务机关的行为提出异议和建议,形成相互制约的监督机制。

②司法监督。纳税人对税务机关的执法行为不满意时,可以通过税务行政复议和诉讼等司法途径进行监督和申诉。

(六)一事不再罚原则

《行政处罚法》第二十四条规定:"对当事人的同一个违法行为,不得给予两次以上罚款的行政处罚。"在税务行政处罚中,一事不再罚原则意味着对于同一纳税人或企业在同一税务事项上的违法行为,税务机关在作出一次行政处罚后,不得再对其进行重复处罚。这样做既可以避免对当事人的双重打击,也体现了行政处罚的稳定性和合理性,有助于提高税收征管的效率和公信力。然而,需要注意的是,如果同一违法行为涉及多个税收主体或涉及不同税务事项,就不属于一事不再罚原则的适用范围。

案例分析7-1

某公司非法占用国有土地,并转让(用非法占用的国有土地所建)房屋而没有进行纳税申报。2024年,当地国土资源管理机关对当事人非法占用国有土地行为处以了罚款。

思考:当地税务机关是否可以再对其进行行政处罚?

分析:当地税务机关可以对其进行行政处罚,国土资源局对当事人进行处罚是因为其非法占用国有土地的行为,而税务机关可以因为当事人没有进行纳税申报进行处罚。

四、税务行政处罚的设定

税务行政处罚的设定是指特定的国家机关通过一定形式首次独立规定公民、法人或其他组织的行为规范,并规定违反该规范的行政制裁措施。在我国税收法制下,税权集中、税法统一,税收的立法权主要集中在中央。

(一)全国人民代表大会及其常务委员会设定税务行政处罚

全国人民代表大会及其常务委员会设定税务行政处罚是指通过法律的形式设定各种税务行政处罚,这些法律具有普遍适用性,适用于全国范围内。

(二)国务院设定税务行政处罚

国务院设定税务行政处罚是指通过行政法规的形式设定除限制人身自由以外的税务行政处罚。该类行政法规是在法律授权的基础上制定的,具有较强的规范性和约束力。

(三)国家税务总局设定税务行政处罚

在尚未制定法律或行政法规的情况下,可以通过规章的形式设定警告、通告批评或处以一定数额罚款的行政处罚。这些规章对纳税人、缴费人的行为进行规范,但处罚数额有一定的限制,并需要按规定报国务院批准。

税务局及其以下各级税务机关制定的税收法律、法规、规章以外的规范性文件,是在税收法律、法规、规章规定的行政处罚的行为、种类和幅度范围内进行具体规定的,是一种执行税收法律的行为,与行政处罚法规定的处罚设定原则并不矛盾,可以得到执行。

五、税务行政处罚的种类

根据目前税法的规定,主要的税务行政处罚种类包括:

(一)财产罚

1. 罚款

对税务违法行为者处以一定金额的罚款,作为对其违法行为的惩罚。这是最主要的税务行政处罚种类。它是对违反税收法律、法规,不履行法定义务的当事人的一种经济上的处罚。罚款既不影响被处罚人的人身自由及其合法活动,又能起到对其违法行为的惩戒作用,因而是税务行政处罚中应用最广泛的一种。

2. 没收违法所得

没收违法所得是指对从事违法活动而获得的财物收入进行没收,以剥夺其违法所得。

(二)行为罚

1. 停止出口退税权

停止出口退税权是税务机关对有骗税或其他税务违法行为的出口企业停止其一定时间出口退税权利的处罚形式。针对从事违法行为的纳税人,税务机关可以停止其享有出口退税的权利。

2. 收缴或停止出售发票

发票作为商品交易、提供劳务以及从事其他经济业务活动中的凭证,对于纳税人或扣缴义务人来说至关重要。收缴或停止出售发票是税务机关针对违反税收法律、法规的纳税人或扣缴义务人采取的一种行政措施。当纳税人或扣缴义务人未按照税务处理、处罚决定书所规定的期限缴清应补缴的税款、滞纳金及罚款时，税务机关有权通知其所属主管机关采取相应措施。

收缴发票是指税务机关将纳税人或扣缴义务人已领但尚未使用的发票强制收回，防止纳税人或扣缴义务人继续利用发票进行违法活动，限制其进一步从事生产、经营活动。

停止出售发票是指税务机关在一定时期内暂停向特定的纳税人或扣缴义务人发售发票。此种做法是为了限制纳税人或扣缴义务人的经济活动，迫使其纠正违法行为，并按时履行纳税义务。

3. 提请工商行政机关吊销其营业执照

提请工商行政机关吊销营业执照是税务机关在纳税人或扣缴义务人严重违反税收法律、法规时，向工商行政管理部门提出的一种行政处罚建议。吊销营业执照意味着企业法人将失去经营资格，无法继续从事生产、经营活动。一旦营业执照被吊销，企业法人需要进行清算，并在完成清算程序后办理工商注销登记，企业法人才会正式消亡。

第二节 税务行政处罚的程序

税务行政处罚的程序可以分为两种不同的情况，一种是简易程序，可以当场作出决定；另一种是一般程序，需要按照规定，按照立案、检查、审理、执行的环节逐步作出最后的决定。

一、税务行政处罚简易程序

简易程序是指当场作出税务行政处罚决定，实施处罚的一种简便程序。

（一）适用条件

采取简易的税务行政处罚适用于违法事实确凿并有法定依据应当给予处罚的违法行为；给予的处罚轻微，仅适用于对公民处以 200 元以下、对法人或者其他组织处以 3 000 元以下罚款的违法案件。

（二）简易处罚的具体程序

第一，出示证件，说明处罚理由。

第二，告知税务管理相对人有陈述和申辩的权利，并认真听取税务管理相对人的陈述和申辩。同时，对当事人提出的理由进行复核。

第三，出具处罚证明。执法人员应当场作出《税务行政处罚决定书（简易版）》，向当事人出示执法证件，在处理决定书上签名或盖章。

第四，执法人员必须及时报所属税务机关备案。

二、税务行政处罚一般程序

对于其他违法案件(一般都是情节比较复杂、处罚比较重的案件),税务机关在作出税务行政处罚决定之前,都要经过立案审查、调查取证(有的案件还需要进行听证)、决定、送达程序。

(一)适用条件

税务行政处罚的一般程序主要适用于税务机关对公民做出 2 000 元以上(含本数)罚款或者对法人或其他组织做出 1 万元以上(含本数)罚款的行政处罚之前,应当向当事人送达《税务行政处罚事项告知书》,告知当事人已经查明的违法事实、依据、行政处罚的法律依据和拟将给予的行政处罚,并告知其有要求举行听证的权利。要求听证的当事人,应当在《税务行政处罚事项告知书》送达后 5 日内向税务机关书面提出听证;逾期不提出的,视为放弃听证权利。

(二)税务行政处罚的一般程序

税务行政处罚的一般程序通常包括以下四个步骤:

(1)立案审查

税务机关接到涉嫌违法的举报或发现违法线索后,首先会进行立案审查。在此阶段,税务机关会对举报材料或线索进行初步核实和评估,确定是否存在涉嫌违法行为,并决定是否立案调查。如果认定需要进一步调查,将开展下一步的调查取证工作。

(2)调查取证

税务机关在立案审查后,将展开调查取证工作,包括收集相关证据和资料,核实案件事实,以便进一步判断是否构成违法行为。调查取证需要在税务检查人员规定的权限范围内进行,包括查账权、调账权、实地检查权、询问权、其他资料提供权、单证检查权以及储蓄存款检查权。

(3)行政处罚决定

在调查取证工作完成后,税务机关将根据法律法规对违法行为作出《行政处罚决定》,通常包括违法事实、适用法律法规、处罚依据、处罚种类和期限等内容。在作出决定前,税务机关可能会向涉案人员告知其享有的听证的权利,并要求其在规定的期限内提出听证。

(4)送达通知

《行政处罚决定书》经过签发后,税务机关将对当事人进行送达通知。通知书会详细说明处罚的事实、依据和期限,要求当事人在规定的期限内履行处罚或提出申诉。送达通知可以通过邮寄、传真、电子邮件等方式进行。

三、听证

税务行政处罚听证是为了充分听取纳税人意见,促进税务行政处罚决定公平公正的法定程序。作出重大的税务行政处罚决定之前要按规定开展听证。

税务行政处罚听证是指,税务机关在作出重大行政处罚决定前,由税务机关组织的一场辩证会,参会人员主要包括主持人、直接参与案件检查的税务检查人员,被认为涉嫌违法的当事人以及有关证人等,由税务人员提出当事人违法的事实、证据和行政处罚建议,当事人进行申辩和质证,以进一步澄清事实,核实证据的法定程序。

税务行政处罚听证是纳税人获得法律救济的重要途径,能够保护纳税人的合法权益,有助于精确执法和优化营商环境。

(一)适用条件

听证的申请人必须符合两方面规定:第一,金额要满足。对个人处罚的金额要在2 000元及以上,对单位罚款的金额应在1万元及以上,属于处罚的金额较大的情况。第二,要在规定的时间内提出。根据《税务行政处罚听证程序实施办法(试行)》的规定,要求听证的当事人,应当在《税务行政处罚事项告知书》送达后3日内向税务机关书面提出听证申请。需要注意的是,行政处罚法规定,当事人要求听证的,应当在行政机关告知后5日内提出,但在实际操作过程中,基本都改为5日内提出。

(二)听证的一般程序

(1)由税务机关负责组织听证。当事人要求听证的,税务机关应当组织听证。对应当进行听证的案件,税务机关不组织听证,行政处罚决定不能成立;当事人放弃听证权利或者被正当取消听证权利的除外。纳税人在规定期限内提出听证申请的,税务机关受理听证申请,在规定时间内组织听证。税务机关应当在收到当事人听证要求后15日内举行听证,并在举行听证的7日前送达《税务行政处罚听证通知书》,通知当事人举行听证的时间、地点、听证主持人的姓名及有关事项。

实际执法过程中要严格按照时限以及规定行动。例如,某市税务局稽查局于2023年9月20日向B公司送达《税务行政处罚听证通知书》,于9月26日举行听证会并作出听证会报告书。10月27日,稽查局对B公司作出《税务处罚决定书》,认定B公司违反税收征管法第六十三条规定,其2021年至2022年少申报缴纳税款属于偷税行为,对其处以应纳税额50%的罚款。B公司不服,提起诉讼。法院认为,稽查局从送达《税务行政处罚听证通知书》到举行听证会,只间隔了6天时间,违反了行政处罚法。

(2)税务行政处罚听证会应当公开进行,但是涉及国家秘密、商业秘密或者个人隐私的除外。

(3)税务行政处罚听证会由税务机关负责人指定的非本案调查机构的人员主持,当事人、本案调查人员及其他人员参加,以此保证听证会的公平公正。

(4)听证的参加。申请听证的申请人和税务机关检查人员共同参加。

(5)听证的回避。会有损本场听证会公平公正开展的相关人员均应该回避。

(6)听证的申辩和质证。听证过程中,由本案调查人员就当事人的违法行为予以指控,并出示事实证据材料,提出行政处罚建议。当事人或者其代理人可以就所指控的事实及相关问题进行申辩和质证。听证主持人可以对本案所及事实进行询问,保障控辩双方充分陈述事实,发表意见,并就各自出示的证据的合法性、真实性进行辩论。

(7)听证的记录。整场听证会的内容应当被如实记录,并形成《听证笔录》。

(8)听证结束。听证结束后,听证主持人应当将听证情况和处理意见报告税务机关负责人。《全国税务稽查规范》规定,听证结束后,听证主持人应当将听证情况和处理意见形成《听证报告》,针对当事人的意见主张提出采纳或者不予采纳的处理意见,连同《听证笔录》等资料向稽查局局长报告。《听证笔录》《听证报告》应作为案卷的构成内容。

(9)听证费用的支付。听证费用由组织听证的税务机关支付,不得由要求申请听证的当事人承担或者变相承担。

案例分析7-2

D县某餐饮部属承包经营,该县税务分局接到群众举报,该餐饮部利用收入不入账的方法偷逃税款。2024年3月24日,税务分局派两名税务干部(李某和赵某)对其实施检查,税务人员在出示税务检查证后,对相关人员进行了询问,但没有线索,于是对餐饮部经理宿舍进行了检查,发现了流水账,经与实际申报纳税情况核对,查出该餐饮部利用收入不入账的方法,偷逃税款50 000元的事实。3月25日,该分局依法下达了《税务行政处罚事项告知书》,拟作出追缴税款、加收滞纳金、并处30 000元罚款的决定。3月26日,税务分局下达了《税务处罚决定书》。3月28日,该餐饮部提出税务行政处罚听证要求。4月5日由李某、赵某二人和其他一名干部共同主持了听证会,经听取意见后,当场作出税务行政处罚决定,要求听证所花费用由餐饮部承担,并将决定书当场交给餐饮部代表。在履行了纳税义务的情况下,该餐饮部于5月5日就30 000元罚款一事向县税务局提出了行政复议申请。

思考:该税务分局在该案处理过程中是否具有违法行为?并请说明理由。

分析:

(1)检查时未履行法定程序。《税收征管法》第五十九条规定,"税务机关派出的人员进行税务检查时,应当出示税务检查证和税务检查通知书。"该案中税务分局既未下达稽查通知书,也未出示税务检查通知书。

(2)税务人员超越权限行使检查权。《税收征管法》规定,税务机关可对纳税人的生产经营场所及货物存放地进行检查,但没有赋予税务人员对纳税人住宅的检查权。

(3)3月26日下达行政处罚决定书不合法。《行政处罚法》规定,当事人可在接到行政处罚告知书后5日内提出听证申请。税务机关不能在法定申请听证的期限内下达《税务处罚决定书》。

(4)对纳税人处30 000元罚款超越职权。《税收征管法》第七十四条只赋予税务分局2 000元以下的行政处罚权。

(5)李某和赵某二人不能主持听证会。《税收征管法》第四十二条规定"听证由行政机关指定的非本案调查人员主持。"

(6)听证结束当场作出税务行政处罚决定属行政越权行为。国家税务总局规定:听证结束后,听证主持人应当将听证情况和处理意见报告税务机关负责人,然后才可作出决定。"

(7)要求该餐饮部承担听证所需费用不合法。《行政处罚法》第四十二条规定"当事人不承担行政机关组织听证的费用。"

案例分析7-3

2023年8月5日,在B县税务局进行的执法检查中,发现该县某酒厂6月份发生了一笔替某医药公司加工药酒的业务,加工费已收取,但没有履行消费税的代收代缴义务,造成少缴税10 000元。县税务局进行了合法的程序以调查取证,对该酒厂作出了罚款20 000元的决定,以示惩戒。8月16日,县税务局执行人员将《税务行政处罚事项告知书》送达该厂并签收,告知了对该酒厂作出处罚建议的事实、理由和依据以及该酒厂依法享有的陈述、申辩和要求听证的权利。该酒厂认为税务机关的处罚过重,于8月18日向县税务局书面提出了听证要求。

思考:根据上述资料,分析并回答下列问题:

(1)县税务局的罚款决定是否正确?说明理由。

(2)县税务局在收到该酒厂的听证要求后,是否应当组织听证?说明理由。

(3)若县税务局决定组织听证,听证应于何时前举行?《税务行政处罚听证通知书》应在何时前送达该酒厂?

分析:

(1)县税务局的罚款决定是正确的。

根据《税收征管法》及其实施细则的规定,扣缴义务人应扣未扣、应收而不收税款的,对扣缴义务人处应扣未扣、应收未收税款50%以上3倍以下的罚款。该酒厂确实未履行法定的税款扣缴义务,因此应该受到处罚。

(2)县税务局应当组织听证。原因是:

①县税务局对该酒厂的罚款数额超过了10 000元,该酒厂依法享有申请听证的权利。

②该听证要求在18日提出,未超出法定期限,收到《税务行政处罚事项告知书》3日内均可提出听证申请。因此在该酒厂要求听证的情况下,县税务局应当组织听证。

(3)听证应当在县税务局收到该酒厂听证要求后15日内举行;《税务行政处罚听证通知书》应当在举行听证的7日前送达该酒厂。

第三节 税务行政处罚的执行

根据《税收征管法》第86条,违反税收法律、行政法规应当给予行政处罚的行为,在五年内被发现的,不再给予行政处罚。即,税务行政处罚的时效为5年。

阅读思考 7-1

在日常税收执法工作中,在违法行为是否超过处罚追责时效上存在一些争议,产生一定的税收执法风险,建议进一步细化税务行政处罚追责时效的适用条件,以保障行政相对人的合法权益。

行政处罚的追责时效指行政主体对有关公民、法人或者其他组织进行行政处罚时应当遵守的法定有效期限,超过这一期限,行政处罚权即归于消灭。追责时效制度一方面有利于督促行政主体集中精力查处案件,提高行政效率;另一方面,一般行政违法行为尚未构成犯罪,超过追责时效,其社会危害性也逐渐消失,不宜再给予行政处罚。《行政处罚法》第三十六条规定,违法行为在 2 年内未被发现的,不再给予行政处罚。《税收征管法》第八十六条规定,违反税收法律、行政法规应当给予行政处罚的行为,在 5 年内未被发现的,不再给予行政处罚。行政处罚的追责时效在适用时存在以下难点。

一是起算时点较难判断。"违法行为发生之日"或"行为终了之日"为追责时效的起算点。"违法行为发生之日"较好理解,一般指违法行为实施之日,"行为终了之日"指违法行为结束连续或继续状态之日。根据国务院法制办公室 2005 年的复函,《行政处罚法》第二十九条中规定的违法行为的连续状态,指当事人基于同一个违法故意,连续实施数个独立的行政违法行为,并触犯同一个行政处罚规定的情形。如何界定违法行为的连续或者继续状态,在运用过程中存在一些争议:一是何为违法行为继续状态;二是数个独立的违法行为相隔多长时间为连续,比如,如何认定逃缴增值税行为有连续状态,是每个月都有逃税行为,还是中间偶尔存在月份中断也为连续,抑或数次违法相隔一两年也可视为连续;三是违法行为所造成的危害后果的持续状态能否视为违法行为的继续状态。

二是执法程序不够规范。在对纳税人未按期办理纳税申报进行行政处罚时,有的纳税人反映未收到《责令限期改正通知书》,不知晓逾期未申报的情况。据了解,少数税务人员联系不上纳税人而又未采用公告送达,导致《责令限期改正通知书》不能有效送达,违反了行政处罚程序法定原则。同时,税务机关若未及时制作《责令限期改正通知书》并送达纳税人,按照《税收征管法》第八十六条的规定,5 年后不得给予行政处罚。

为增强税收执法的刚性,保障行政相对人合法权益,应从以下方面推动完善税务行政处罚追责时效的规定,并规范执法程序。

一是完善立法规定。法律应当具体明确违法行为的连续或继续状态。对于继续状态,参见《刑法》中关于继续犯的解释,继续状态可理解为某种违法行为及其造成的不法状态处于一种不间断的持续状态,与连续状态的区别在于它指一个违法行为一直存在的状态。对于连续状态,建议明确独立的数个违法行为之间存在的时间间隔,在具体间隔时间确定上,应结合主观过错、违法行为性质、情节以及社会危害程度综合考虑。

二是规范执法程序。程序正当是处罚法定原则的重要体现,违反程序的行政处罚将直接影响实体效力。责令限期改正体现了处罚与教育相结合的原则,国家税务总局《税务行政处罚裁量权行使规则》第十一条规定,当事人首次违反且情节轻微,并在税务机关发现前主动改正的或者在税务机关责令限期改正的期限内改正的,不予行政处罚。在纳税申报期限截止日的次日,税务人员对未按期办理纳税申报的当事人,应当及时有效送达《责令限期改正通知书》,启动调查程序,对符合"首违不罚"条件的纳税人,不予处罚;对限期内未申报的纳税人,视情况决定是否予以处罚。有效送达《责令限期改正通知书》后,即视为"发现"。规范税务行政处罚前置的相关执法程序,有利于降低执法风险,从源头上减少复议、诉讼案件。

(资料来源:王光平、李杨,细化税务行政处罚追责时效的规定,中国税务报,2024-02-28)

思考: 在税务执法中,若某企业存在偷逃税行为,2018年3月—2019年5月期间有偷税行为,2023年7月—2024年9月又出现类似的行为,这种情况是否属于连续状态?对税务行政处罚追责时效有何影响?

阅读思考7-1答案

一、税务行政处罚执行的情形

税务机关根据不同情况,分别作出如下决定:

第一,确有应受税务行政处罚的违法行为,根据情节轻重及具体情况,作出处罚决定;

第二,违法行为轻微,依法可以不予行政处罚的,不予处罚;

第三,违法事实不能成立的,不得给予处罚;

第四,违法行为已构成犯罪的,移送司法机关。

《税务行政处罚决定书》应当在宣告后当场交付当事人;当事人不在场的,行政机关应当在7日内依照《民事诉讼法》的有关规定,送达当事人。

二、税务行政处罚的自愿执行

税务行政处罚后,纳税人或其他行政处罚对象自觉遵守税务行政处罚决定,主动履行处罚决定所规定的义务,如缴纳罚款、补缴税款等。在这种情形下,纳税人或其他行政处罚对象能够自觉遵守税法、纳税法规和行政处罚决定,维护了税收秩序的稳定和纳税人的合法权益。税务机关在执行过程中会给予相应的指导和协助,以便纳税人或其他行政处罚对象能够顺利履行处罚义务。

三、税务行政处罚的强制执行

税务行政处罚的强制执行,是指当事人逾期不履行税务行政处罚决定,有关执行机关依法采取强制措施,迫使其履行税务处罚决定的活动,如到期不缴纳罚款的,可每日按罚款数额的3%加以罚款或申请人民法院强制执行。

四、罚收分离

做出罚款决定的税务机关与收缴罚款的机构分离,即税务机关不能自罚自收,要由当事人自收到《税务行政处罚决定书》之日起15日内到指定的银行缴纳罚款。银行应当收受罚款并及时划缴国库,不得以任何理由返还给任何机关或个人。以下情况,税务执法人员在作出税务行政处罚决定后,可以当场收缴罚款:

(1)对当场作出税务罚款决定的,有依法给予罚款额在100元以下的罚款和不当场收缴事后难以执行两种情况之一者,税务执法人员可当场收缴罚款。

(2)对于边远、水上、交通不便地区,税务机关及其执法人员依法作出罚款决定后,当事人向指定的银行缴纳罚款有困难,并经当事人提出,税务机关及其执法人员可以当场收缴罚款。

课后练习题

一、单选题

1.行政处罚由( )地方人民政府具有行政处罚权的行政机关管辖。
　A.违法行为发生地县以上　　　　B.违法行为发生地市以上
　C.违法者机构所在地县以上　　　D.违法者机构所在地市以上

2.对同一违法行为,如果有几个地方的税务机关都有处罚管辖权的,一般应由( )管辖。
　A.最先发现违法行为的税务机关　　B.办理税务登记的所在地税务机关
　C.被处理对象所在地的税务机关　　D.任何一个税务机关

3.下列机构中,有权实施2 000元以上行政处罚的是( )。
　A.省级税务局的所得税管理处　　B.市级税务局的征管处
　C.县级税务机关　　　　　　　　D.税务所

4.税务机关作出( )的税务行政处罚决定前,应当告知纳税人有要求举行听证的权利。
　A.没收违法所得　　　　　　　　B.停止办理出口退税
　C.责令停产停业　　　　　　　　D.对公民罚款10 000元

5.税务行政处罚的法律依据主要是( )。
　A.《税收征管法》《税收征管法实施细则》
　B.《税收征管法》《行政处罚法》
　C.《税法》《行政处罚法》
　D.《税法》《刑法》

6.实施税务行政处罚必须经由(地)市级以上税务局(分局)决定。( )
　A.错　　　　　　　　　　　　　B.对

7.税务行政处罚的对象是违反了税收法律规范但尚未构成犯罪的当事人。(　　)

  A.错   B.对

8.税务机关应当在收到当事人听证要求后7日内举行听证,并在举行听证的15日前送达《税务行政处罚听证通知书》。(　　)

  A.错   B.对

二、多选题

1.下列哪些情形符合适用行政处罚简易程序的条件(　　)。

  A.对公民(包括个体工商户)处以50元以下罚款

  B.对法人或者其他组织处以1 000元以下罚款

  C.对相对人处以警告的行政处罚

  D.违法情节轻微,但执法人员与行政处罚相对人对违法的事实存在争议

2.在违法事实确凿并有法定依据的前提下,下列哪种情形适用税务行政处罚的简易程序(　　)。

  A.对公民处以五十元以下罚款

  B.对公民处以一千元以下罚款

  C.对法人处以一千元以下罚款

  D.对其他组织处以一万元以下罚款

三、简答题

1.简要说明税务行政处罚的种类。

2.简要说明税务行政处罚的程序。

3.简要说明税务行政处罚的依据。

第八章

税务行政救济

主要内容

　　税务行政救济是指在税收征管过程中,纳税人对税务机关的具体行政行为提出异议或申请复议的一种法律救济制度。其主要目的在于保护纳税人的合法权益,纠正税务机关的不当行为,确保税收征管工作的公正、透明和规范进行。税务行政救济的主要形式包括行政复议和税务行政诉讼以及税务行政赔偿。税务行政复议是指纳税人对税务机关的具体行政行为不满意,通过申请向行政复议机关提出复议请求,要求对该行政行为进行重新审查和决定的程序。申请人可以在复议申请中提出自己的意见和陈述,并提交相关证据。行政复议机关应当依法审理申请,对申请人的请求进行审查,并在规定的期限内作出复议决定。复议决定一经送达即生效,具有法律效力。被申请人应当履行复议决定,如不履行可能面临行政强制执行的风险。除了行政复议外,纳税人还可以选择向人民法院提起行政诉讼,要求法院对税务机关的具体行政行为进行审查和裁决。法院将依法进行审理,并根据事实和法律规定作出判决。税务行政诉讼的裁决具有强制执行力,被告方应当按照法院的裁决履行义务。税务行政赔偿是指税务机关违法行使职权侵犯公民、法人或其他组织的合法权益,并造成直接的经济损失的,由税务机关承担赔偿的责任。总体来看,税务行政救济是一项重要的法律制度,为纳税人提供了保护合法权益的有效途径。通过行政复议和行政诉讼等救济渠道,纳税人可以行使其合法权利,维护自身的合法权益,促进税收征管工作的规范化和公正性。

学习重难点

1. 掌握税务行政复议的适用范围和条件。
2. 了解哪些情况下纳税人可以提起税务行政复议。
3. 理解税务行政复议的程序和要求,包括申请材料的准备、提交以及复议机关的审理流程等。
4. 理解税务行政诉讼的受理范围和条件。

5. 掌握纳税人提起行政诉讼的途径和程序。
6. 熟悉税务行政诉讼的审理流程和判决形式。
7. 了解法院如何对税务机关的行政行为进行审查和裁决。
8. 了解税务行政赔偿的适用范围和条件。
9. 掌握纳税人申请赔偿的基本流程和要求。
10. 熟悉税务行政赔偿的计算标准和赔偿方式。

思政元素

本章内容不仅涵盖了税务行政救济的基本知识和程序，更深刻体现了法治精神、公正原则和对公民权益的尊重与保护。例如，税务行政复议强调了公民的权利意识和法治观念。作为纳税人，应积极行使自己的复议权利，维护合法权益；税务行政诉讼体现了法治社会下公民对司法公正的信任和依赖；税务行政赔偿制度强调了国家机关对公民权益的保障责任。一方面，税务机关在行使职权时，应始终坚持以人民为中心的发展思想，尊重和保护纳税人的合法权益；另一方面，纳税人也应了解并善于运用这一制度，维护自己的合法权益。在学习过程中，不仅要掌握相关知识和技能，更要深刻领会其中的思政元素，将其内化于心、外化于行，为构建法治社会、和谐税收环境贡献自己的力量。

第一节 税务行政复议

引入案例

某市F百货公司，主营日用百货的零售业务。该市某区税务局在对其2023年的纳税情况进行检查时发现，其法人代表徐某指使有关人员采取虚开发票的手段进行偷税，偷税数额共计3 196元。检查人员当即作出处罚决定，对法定代表人处以2 000元罚款，追缴该公司所偷税款，并对该公司处以偷税数额1倍的罚款。

当事人不服，于次日向该市税务局申请行政复议。复议机关经审理，作出维持原处罚的复议决定。当事人对行政复议决定不服，以该市税务局为被告向管辖法院提起行政诉讼。

思考： 该公司采取了哪些方式保护自己的权益？

分析： 该公司先是向税务局申请行政复议，随后又提起了行政诉讼，这些都是自我救济的手段。

一、税务行政复议的概念

税务行政复议是指，纳税人和其他税务当事人对税务机关作出的具体行政行为决定不服，认为税务机关的具体行政行为侵犯其合法权益，向税务行政机关提出重新裁决的程序制度。其中，税务行政复议提出的基本前提是纳税人和其他税务当事人"不服"，或者是在征纳双方存在争议的情况下，才会提出税务行政复议的要求。

新修订的《中华人民共和国行政复议法》（以下简称《行政复议法》）自2024年1月1日起施行，这意味着其中有关扩大行政复议范围、增加行政复议申请便民举措、强化行政复议吸纳和化解行政争议能力等一系列重要调整落地，开始指导行政复议实践。

二、税务行政复议的基本要求

行政复议机关在申请人的行政复议请求范围内，不得作出对申请人更为不利的行政复议决定。

一般情况下，申请人对行政复议决定不服的，可以依法向人民法院提起行政诉讼。申请人对税务机关征税行为不服的，必须经过复议程序，对复议不服再向人民法院提起诉讼。

行政复议机关受理行政复议申请，不得向申请人收取任何费用。

各级税务机关应当加大对行政复议工作的基础投入，推进行政复议工作信息化建设，配备调查取证所需的照相、录音、录像设备和办案所需的电脑、扫描、投影、传真、复印等设备，保障办案交通工具和相应经费。

三、税务行政复议的受案范围

行政复议机关受理申请人对税务机关下列具体行政行为不服而提出的行政复议申请：

（1）征税行为。包括确认纳税主体、征税对象、征税范围、减税、免税、退税、抵扣税款、适用税率、计税依据、纳税环节、纳税期限、纳税地点和税款征收方式等具体行政行为，征收税款、加收滞纳金，扣缴义务人、受税务机关委托的单位和个人作出的代扣代缴、代收代缴、代征行为等。

（2）行政许可、行政审批行为。

（3）发票管理行为，包括发售、收缴、代开发票等。

（4）税收保全措施、强制执行措施。

（5）行政处罚行为，包括罚款、没收财物和违法所得、停止出口退税权。

（6）不依法履行下列职责的行为：颁发税务登记，开具、出具完税凭证，外出经营活动税收管理证明，行政赔偿，行政奖励，其他不依法履行职责的行为。

（7）资格认定行为。

（8）不依法确认纳税担保行为。

（9）政府信息公开工作中的具体行政行为。

（10）纳税信用等级评定行为。

(11)通知出入境管理机关阻止出境行为。
(12)其他具体行政行为。

四、税务行政复议机关及人员

(一)税务行政复议机关

税务行政复议机关是指,依法受理行政复议申请、对具体行政行为进行审查并作出行政复议决定的税务机关。税务行政复议机关一般为主管税务机关的上级机关,申请人也可以向所在地的人民政府申请税务行政复议。

各级行政复议机关负责法治工作的机构(以下简称行政复议机构)依法办理行政复议事项,履行下列职责:

(1)受理行政复议申请。
(2)向有关组织和人员调查取证,查阅文件和资料。
(3)审查申请行政复议的具体行政行为是否合法和适当,起草行政复议决定。
(4)处理或者转送有关规定的审查申请。
(5)对被申请人违反行政复议法及其实施条例的行为,依照规定的权限和程序向相关部门提出处理建议。
(6)研究行政复议工作中发现的问题,及时向有关机关或者部门提出改进建议,重大问题及时向行政复议机关报告。
(7)指导和监督下级税务机关的行政复议工作。
(8)办理或者组织办理行政诉讼案件应诉事项。
(9)办理行政复议案件的赔偿事项。
(10)办理行政复议、诉讼、赔偿等案件的统计、报告、归档工作和重大行政复议决定备案事项。
(11)其他与行政复议工作有关的事项。

(二)税务行政复议人员

行政复议工作人员应当具备与履行行政复议职责相适应的品行、专业知识和业务能力。税务机关中初次从事行政复议的人员,应当通过国家统一法律职业资格考试取得法律职业资格。

五、税务行政复议机关的管辖

对各级税务局的具体行政行为不服的,向其上一级税务局申请行政复议。

对计划单列市税务局的具体行政行为不服的,向国家税务总局申请行政复议。

对税务所(分局)、各级税务局的稽查局的具体行政行为不服的,向其所属税务局申请行政复议。

对国家税务总局的具体行政行为不服的,向国家税务总局申请行政复议。对行政复议决定不服的,申请人可以向人民法院提起行政诉讼,也可以向国务院申请裁决。国务院的裁决为最终裁决。

对下列税务机关的具体行政行为不服的,按照下列规定申请行政复议:

(1)对两个以上税务机关以共同的名义作出的具体行政行为不服的,向共同上一级税务机关申请行政复议;对税务机关与其他行政机关以共同的名义作出的具体行政行为不服的,向其共同上一级行政机关申请行政复议。

(2)对被撤销的税务机关在撤销以前所作出的具体行政行为不服的,向继续行使其职权的税务机关的上一级税务机关申请行政复议。

(3)对税务机关作出逾期不缴纳罚款加处罚款的决定不服的,向作出行政处罚决定的税务机关申请行政复议。但是对已处罚款和加处罚款都不服的,一并向作出行政处罚决定的税务机关的上一级税务机关申请行政复议。

申请人向具体行政行为发生地的县级地方人民政府提交行政复议申请的,由接受申请的县级地方人民政府依照《行政复议法》第十五条、第十八条的规定予以转送。

六、税务行政复议申请人、被申请人和第三人

(一)申请人

合伙企业申请行政复议的,应当以核准登记的企业为申请人,由执行合伙事务的合伙人代表该企业参加行政复议;其他合伙组织申请行政复议的,由合伙人共同申请行政复议。

不具备法人资格的其他组织申请行政复议的,由该组织的主要负责人代表该组织参加行政复议;没有主要负责人的,由共同推选的其他成员代表该组织参加行政复议。

股份制企业的股东大会、股东代表大会、董事会认为税务具体行政行为侵犯企业合法权益的,可以以企业的名义申请行政复议。

有权申请行政复议的公民死亡的,其近亲属可以申请行政复议;有权申请行政复议的公民为无行为能力人或者限制行为能力人的,其法定代理人可以代理申请行政复议。

有权申请行政复议的法人或者其他组织发生合并、分立或终止的,承受其权利义务的法人或者其他组织可以申请行政复议。

(二)被申请人

申请人对具体行政行为不服申请行政复议的,作出该具体行政行为的税务机关为被申请人。

申请人对扣缴义务人的扣缴税款行为不服的,主管该扣缴义务人的税务机关为被申请人;对税务机关委托的单位和个人的代征行为不服的,委托税务机关为被申请人。

税务机关与法律、法规授权的组织以共同的名义作出具体行政行为的,税务机关和法律、法规授权的组织为共同被申请人。

税务机关与其他组织以共同名义作出具体行政行为的,税务机关为被申请人。

税务机关依照法律、法规和规章规定,经上级税务机关批准作出具体行政行为的,批准机关为被申请人。

申请人对经重大税务案件审理程序作出的决定不服的,审理委员会所在税务机关为被申请人。

税务机关设立的派出机构、内设机构或者其他组织，未经法律、法规授权，以自己名义对外作出具体行政行为的，税务机关为被申请人。

(三)第三人

行政复议期间，申请人以外的公民、法人或者其他组织与被审查的税务具体行政行为有利害关系的，可以向行政复议机关申请作为第三人参加行政复议。例如，某自然人以企业已承诺代扣代缴劳务报酬所得的个人所得税，税务机关应向扣缴义务人追缴税款为由，申请复议，请求撤销稽查局作出的《税务处理决定书》。由于扣缴义务人与复议结果有利害关系，复议机关可通知扣缴义务人作为第三人参与行政复议，让其对是否承诺代扣代缴个人所得税事实发表质证意见和提供证据，这样更便于查清事实。

第三人不参加行政复议，不影响行政复议案件的审理。

申请人、第三人可以委托1至2名代理人参加行政复议。申请人、第三人委托代理人的，应当向行政复议机关提交授权委托书。授权委托书应当载明委托事项、权限和期限。公民在特殊情况下无法书面委托的，可以口头委托。口头委托的，行政复议机关应当核实并记录在卷。申请人、第三人解除或者变更委托的，应当书面告知行政复议机关。

被申请人不得委托本机关以外人员参加行政复议。

七、税务行政复议申请

(一)税务行政复议申请的时限

申请人可以在知道税务机关作出具体行政行为之日起60日内提出行政复议申请。

因不可抗力或者被申请人设置障碍等原因耽误法定申请期限的，申请期限的计算应当扣除被耽误的时间。

行政复议申请期限的计算，依照下列规定办理：

(1)当场作出具体行政行为的，自具体行政行为作出之日起计算。

(2)载明具体行政行为的法律文书直接送达的，自受送达人签收之日起计算。

(3)载明具体行政行为的法律文书邮寄送达的，自受送达人在邮件签收单上签收之日起计算；没有邮件签收单的，自受送达人在送达回执上签名之日起计算。

(4)具体行政行为依法通过公告形式告知受送达人的，自公告规定的期限届满之日起计算。

(5)税务机关作出具体行政行为时未告知申请人，事后补充告知的，自该申请人收到税务机关补充告知的通知之日起计算。

(6)被申请人能够证明申请人知道具体行政行为的，自证据材料证明其知道具体行政行为之日起计算。

税务机关作出具体行政行为，依法应当向申请人送达法律文书而未送达的，视为申请人不知道该具体行政行为。

税务机关作出的具体行政行为对申请人的权利、义务可能产生不利影响的，应当告知其申请行政复议的权利、行政复议机关和行政复议申请期限。

(二)税务行政复议申请的方式

申请人书面申请行政复议的，可以采取当面递交、邮寄或者传真等方式提出行政复议申请。

申请人书面申请行政复议的,应当在行政复议申请书中载明下列事项:

(1)申请人的基本情况,包括公民的姓名、性别、出生年月、身份证件号码、工作单位、住所、邮政编码、联系电话;法人或者其他组织的名称、住所、邮政编码、联系电话;法定代表人或者主要负责人的姓名、职务。

(2)被申请人的名称。

(3)行政复议请求、申请行政复议的主要事实和理由。

(4)申请人的签名或者盖章。

(5)申请行政复议的日期。

申请人口头申请行政复议的,行政复议机构应当当场制作行政复议申请笔录,交申请人核对或者向申请人宣读,并由申请人确认。

有条件的行政复议机关可以接受以电子邮件形式提出的行政复议申请。

对以传真、电子邮件形式提出行政复议申请的,行政复议机关应当审核确认申请人的身份、复议事项。

(三)税务行政复议申请的特定条件

非具体行政行为的行政管理相对人,但其权利直接被该具体行政行为所剥夺、限制或者被赋予义务的公民、法人或其他组织,在行政管理相对人没有申请行政复议时,可以单独申请行政复议。

同一行政复议案件申请人超过5人的,应当推选1至5名代表参加行政复议。

申请人对征税行为不服的,应当先向行政复议机关申请行政复议;对行政复议决定不服的,可以向人民法院提起行政诉讼。此为复议前置的程序要求。

申请人对除征税行为以外的其他具体行政行为不服的,可以申请行政复议,也可以直接向人民法院提起行政诉讼。此为自由复议的程序要求。

阅读思考8-1

新修订的行政复议法1月1日施行 税务行政复议应注意的几个问题

《税收征管法》第八十八条规定:"纳税人、扣缴义务人、纳税担保人同税务机关在纳税上发生争议时,必须先依照税务机关的纳税决定缴纳或者解缴税款及滞纳金或者提供相应的担保,然后可以依法申请行政复议;对行政复议决定不服的,可以依法向人民法院起诉。"这明确了发生纳税争议后,纳税人不能直接提起行政诉讼,要先申请行政复议。

新修订的《行政复议法》增加了行政复议前置情形,规定有"对当场作出的行政处罚决定不服""认为行政机关存在本法第十一条规定的未履行法定职责情形""申请政府信息公开,行政机关不予公开"等情形之一的,申请人应当先向行政复议机关申请行政复议,对行政复议决定不服的,可以再依法向人民法院提起行政诉讼。上述三类是税务行政领域中常见的争议情形,这使得税务复议前置情形扩大到四类,即纳税争议及上述三类。在处理上述三类事项时,需要注意一些细节问题。

正确理解"当场作出的行政处罚决定"。根据有关规定,对税务部门适用简易程序当场作出的行政处罚,必须复议前置。实务中,税务部门适用简易程序作出的行政处罚决定并不都是当场作出的。例如,对逾期未申报违法行为,目前一些地方是在纳税人补办纳税申报后,由征管系统自动进行处罚。需要注意的是,不能因为有关处罚是以电子方式作出而否认其是当场作出的性质。

区分"未履行法定职责情形"。要仔细把握哪些是税务机关"未履行法定职责情形",以新修订《行政复议法》第十一条增加的"申请行政许可,行政机关拒绝或者在法定期限内不予答复,或者对行政机关作出的有关行政许可的其他决定不服"这一可申请行政复议事项为例,税务机关不依法作出行政许可决定,是未履行法定职责情形。但税务机关根据规定作出不予受理行政许可申请决定,则不属于未履责。

区分哪些是复议前置的"申请政府信息公开,行政机关不予公开"行为。不予公开政府信息行为,是税务机关根据《政府信息公开条例》作出的不予公开决定,即针对依法确定为国家秘密,法律、行政法规禁止公开以及公开后可能危及国家安全、公共安全、经济安全、社会稳定而决定不予公开,或者涉及商业秘密、个人隐私而决定不予公开,或者属于行政机关内部信息而决定不予公开等。税务机关收到有关不宜公开的政府信息公开申请后不予答复,不属于"不予公开政府信息"行为,而是未履行法定职责行为。

(资料来源:张军.新修订的行政复议法1月1日施行 税务行政复议应注意的几个问题,中国税务报,2024-01-05,部分节选)

思考: 目前税务行政复议前置的程序要求包括哪几类情形?

(四)税务行政复议申请的材料

(1)认为被申请人不履行法定职责的,应提供要求被申请人履行法定职责而被申请人未履行的证明材料。

(2)申请人在申请行政复议时一并提出行政赔偿请求的,应提供受具体行政行为侵害而造成损害的证明材料。

(3)法律、法规规定需要申请人提供证据材料的其他情形。

八、税务行政复议受理

行政复议申请符合下列规定的,行政复议机关应当受理:

(1)属于《税务行政复议规则》规定的行政复议范围。
(2)在法定申请期限内提出。
(3)有明确的申请人和符合规定的被申请人。
(4)申请人与具体行政行为有利害关系。
(5)有具体的行政复议请求和理由。
(6)符合税务行政复议规则第三十三条和第三十四条规定的条件。
(7)属于收到行政复议申请的行政复议机关的职责范围。
(8)其他行政复议机关尚未受理同一行政复议申请,人民法院尚未受理同一主体就同一事实提起的行政诉讼。

行政复议机关收到行政复议申请以后,应当在5日内审查,决定是否受理。对不符合规定的行政复议申请,决定不予受理,并书面告知申请人。

对不属于本机关受理的行政复议申请,应当告知申请人向有关行政复议机关提出复议申请。

行政复议机关收到行政复议申请以后未按照规定期限审查并作出不予受理决定的,视为受理。

对符合规定的行政复议申请,自行政复议机关收到之日起即为受理;受理行政复议申请,应当书面告知申请人。

行政复议申请材料不齐全、表述不清楚的,行政复议机关可以自收到该行政复议申请之日起5日内书面通知申请人补正。补正通知应当载明需要补正的事项和合理的补正期限。无正当理由逾期不补正的,视为申请人放弃行政复议申请。补正申请材料所用时间不计入行政复议审理期限。

上级税务机关认为行政复议机关不予受理行政复议申请的理由不成立的,可以督促其受理;经督促仍然不受理的,责令其限期受理。

上级税务机关认为行政复议申请不符合法定受理条件的,应当告知申请人。

上级税务机关认为有必要的,可以直接受理或者提审由下级税务机关管辖的行政复议案件。

对应当先向行政复议机关申请行政复议,对行政复议决定不服再向人民法院提起行政诉讼的具体行政行为,行政复议机关决定不予受理或者受理以后超过行政复议期限不作答复的,申请人可以自收到不予受理决定书之日起或者行政复议期满之日起15日内,依法向人民法院提起行政诉讼。

依照规定延长行政复议期限的,以延长以后的时间为行政复议期满时间。

行政复议期间具体行政行为不停止执行,但是有下列情形之一的,可以停止执行:

(1)被申请人认为需要停止执行的。

(2)行政复议机关认为需要停止执行的。

(3)申请人申请停止执行,行政复议机关认为其要求合理,决定停止执行的。

(4)法律规定停止执行的。

九、税务行政复议的程序

(一)税务行政复议的审查

行政复议机关应当自受理行政复议申请之日起7日内,将行政复议申请书副本或者行政复议申请笔录复印件发送被申请人。被申请人应当自收到申请书副本或者申请笔录复印件之日起10日内作出书面答复,并提交当初作出具体行政行为的证据、依据和其他有关材料。

对国家税务总局的具体行政行为不服申请行政复议的案件,由原承办具体行政行为的相关机构向行政复议机关提出书面答复,并提交当初作出具体行政行为的证据、依据和其他有关材料。

行政复议机关审理行政复议案件,应当由2名以上行政复议工作人员参加。

行政复议原则上采用书面审查的办法,但是申请人提出要求或者行政复议机关认为有必要时,应当听取申请人、被申请人和第三人的意见,并可以向有关组织和人员调查了解情况。

行政复议机关应当全面审查被申请人的具体行政行为所依据的事实证据、法律程序、法律依据和设定的权利义务内容的合法性、适当性。

(二)税务行政复议的听证

对重大、复杂的案件,申请人提出要求或者行政复议机关认为必要时,可以采取听证的方式审理。

行政复议机关决定举行听证的,应当将举行听证的时间、地点和具体要求等事项通知申请人、被申请人和第三人。

第三人不参加听证的,不影响听证的举行。

听证应当公开举行,但是涉及国家秘密、商业秘密或者个人隐私的除外。

行政复议听证人员不得少于2人,听证主持人由行政复议机关指定。

听证应当制作笔录。申请人、被申请人和第三人应当确认听证笔录内容。

行政复议听证笔录应当附卷,作为行政复议机构审理案件的依据之一。

(三)税务行政复议的决定

行政复议机关应当对被申请人的具体行政行为提出审查意见,经行政复议机关负责人批准,按照下列规定作出行政复议决定:

(1)具体行政行为认定事实清楚,证据确凿,适用依据正确,程序合法,内容适当的,决定维持。

(2)被申请人不履行法定职责的,决定其在一定期限内履行。

(3)具体行政行为有下列情形之一的,决定撤销、变更或者确认该具体行政行为违法;决定撤销或者确认该具体行政行为违法的,可以责令被申请人在一定期限内重新作出具体行政行为:①主要事实不清、证据不足的;②适用依据错误的;③违反法定程序的;④超越职权或者滥用职权的;⑤具体行政行为明显不当的。

(4)被申请人不按照《行政复议法》第六十二条的规定提出书面答复,提交当初作出具体行政行为的证据、依据和其他有关材料的,视为该具体行政行为没有证据、依据,决定撤销该具体行政行为。

行政复议机关责令被申请人重新作出具体行政行为的,被申请人不得以同一事实和理由作出与原具体行政行为相同或者基本相同的具体行政行为;但是行政复议机关以原具体行政行为违反法定程序决定撤销的,被申请人重新作出具体行政行为的除外。

行政复议机关责令被申请人重新作出具体行政行为的,被申请人不得作出对申请人更为不利的决定;但是行政复议机关以原具体行政行为主要事实不清、证据不足或适用依据错误决定撤销的,被申请人重新作出具体行政行为的除外。

有下列情形之一的,行政复议机关可以决定变更:①认定事实清楚,证据确凿,程序合法,但是明显不当或者适用依据错误的;②认定事实不清,证据不足,但是经行政复议机关审理查明事实清楚,证据确凿的。

(四)税务行政复议的中止

行政复议期间,有下列情形之一的,行政复议中止:

(1)作为申请人的公民死亡,其近亲属尚未确定参加行政复议的。

(2)作为申请人的公民丧失参加行政复议的能力,尚未确定其法定代理人参加行政复议的。

(3)作为申请人的法人或者其他组织终止,尚未确定权利与义务承受人的。

(4)作为申请人的公民下落不明或者被宣告失踪的。

(5)申请人、被申请人因不可抗力,不能参加行政复议的。

(6)行政复议机关因不可抗力暂时不能履行工作职责的。

(7)案件涉及法律适用问题,需要有关机关作出解释或者确认的。

(8)案件审理需要以其他案件的审理结果为依据,而其他案件尚未审结的。

(9)其他需要中止行政复议的情形。

行政复议中止的原因消除以后,应当及时恢复行政复议案件的审理。

行政复议机关中止、恢复行政复议案件的审理,应当告知申请人、被申请人、第三人。

申请人在申请行政复议时,依据规定一并提出对有关规定的审查申请的,行政复议机关对该规定有权处理的,应当在30日内依法处理;无权处理的,应当在7日内按照法定程序逐级转送有权处理的行政机关依法处理,有权处理的行政机关应当在60日内依法处理。处理期间,中止对具体行政行为的审查。

行政复议机关审查被申请人的具体行政行为时,认为其依据不合法,本机关有权处理的,应当在30日内依法处理;无权处理的,应当在7日内按照法定程序逐级转送有权处理的国家机关依法处理。处理期间,中止对具体行政行为的审查。

(五)税务行政复议的终止

行政复议期间,有下列情形之一的,行政复议终止:

(1)申请人要求撤回行政复议申请,行政复议机构准予撤回的。

(2)作为申请人的公民死亡,没有近亲属或者其近亲属放弃行政复议权利的。

(3)作为申请人的法人或者其他组织终止,其权利与义务的承受人放弃行政复议权利的。

(4)申请人与被申请人依照《税务行政复议规划》第八十七条的规定,经行政复议机关准许达成和解的。

(5)行政复议申请受理以后,发现其他行政复议机关已经先于本机关受理,或者人民法院已经受理的。

依照规定中止行政复议,满60日后行政复议中止的原因未消除的,行政复议终止。

(六)特定情形下的行政复议程序

1. 行政复议的驳回和追诉

行政复议机关应当驳回行政复议申请的情形包括申请人认为税务机关未履行法定职责,但事实不符;行政复议申请不符合受理条件等。

当上级机关认为行政复议机关驳回申请的理由不成立时,有权责令其限期恢复受理。

2. 被申请人重新作出行政行为的期限与程序

行政复议机关责令被申请人重新作出具体行政行为,期限为60日,情况复杂者可申请适当延期,但不得超过30日。被申请人可依法申请行政复议或提起行政诉讼。

3. 行政复议中的赔偿和补救

行政复议申请人有权在申请过程中提出赔偿请求,行政复议机关对符合赔偿条件的请求应当依法予以处理。

行政复议决定涉及撤销或变更行政行为的,应当同时要求被申请人退还相应的税款、滞纳金和罚款,或者解除对财产的强制措施,并赔偿相应的价款。

4. 申请人及第三人不履行决定的后果

未起诉或不履行行政复议决定的申请人及第三人,若维持具体行政行为的决定,由税务机关或法院强制执行;若变更行政行为,由行政复议机关或法院强制执行。

5. 行政复议的特殊情形处理

在特殊案例中,税务行政复议机关应当根据实际情况作出合理处理,并协调上级税务机关或司法机关的参与,保障当事人的合法权益。

十、税务行政复议和解与调解

经行政复议机关准许和解终止行政复议的,申请人不得以同一事实和理由再次申请行政复议。

(一)自愿和解与调解的范围

自愿和解与调解适用于以下行政复议事项:
(1)行使自由裁量权作出的具体行政行为,如行政处罚、核定税额、确定应税所得率等。
(2)行政赔偿。
(3)行政奖励。
(4)其他存在合理性问题的具体行政行为。

(二)和解协议的提交与审批

和解达成后,申请人和被申请人应提交书面和解协议。和解内容不损害社会公共利益和他人合法权益的,行政复议机关应准许。

经行政复议机关准许和解终止行政复议后,申请人不得以同一事实和理由再次申请行政复议。

(三)税务行政复议调解的要求

调解应符合以下要求:
(1)尊重申请人和被申请人的意愿。

(2)在查明案件事实的基础上进行。
(3)遵循客观、公正和合理原则。
(4)不得损害社会公共利益和他人合法权益。

(四)调解的程序

(1)征得申请人和被申请人同意。
(2)听取申请人和被申请人的意见。
(3)提出调解方案。
(4)达成调解协议。
(5)制作行政复议调解书。

(五)调解书的内容与效力

行政复议调解书应明确行政复议请求、事实、理由和调解结果,并加盖行政复议机关印章。

调解书经双方当事人签字即具有法律效力。若调解不成或调解书无效,行政复议机关应及时作出决定。

申请人不履行调解书,由被申请人依法强制执行,或者申请人民法院强制执行。

案例分析8-1

2023年10月10日,某县税务局稽查局查实Y企业9月采取虚假的纳税申报形式偷税50万元,依法定程序分别下达了《税务处理决定书》和《税务行政处罚决定书》,决定追缴其未缴税款及加收滞纳金,并处偷税款一倍的罚款。Y企业不服,在缴纳5万元税款后于10月25日向市税务局申请行政复议,市税务局于收到复议申请书后的第10天以"未缴纳罚款"为由,决定不予受理。Y企业不服,但在规定时间内未向人民法院上诉,又不履行。县税务局在屡催无效的情况下,申请人民法院扣押、依法拍卖了该企业相当于应纳税款、滞纳金和罚款的财产,以拍卖所得抵缴了税款、滞纳金和罚款。

思考:

(1)Y企业的行政复议申请是否符合规定?说明理由。
(2)该案例中县税务局、市税务局的行为是否有不符合规定之处?请一一指出。

分析:

(1)Y企业提出的行政复议申请不符合规定。

纳税人对税务机关作出的补税、加收滞纳金决定有异议的,应先解缴税款及滞纳金或者提供相应的担保,然后可依法申请行政复议;对税务机关的罚款决定不服可直接依法申请行政复议。故该企业应在缴清税款及滞纳金或提供担保后才可申请行政复议,或者单独就行政处罚一事依法申请行政复议。

(2)市税务局、县税务局在案件处理过程中的不符合规定的行为有:

①县税务局申请强制执行有误。对行政处罚税务机关可强制执行,也可申请人民法院强制执行。但税款及滞纳金应按税收征管法有关规定自行采取强制执行措施,而不应申请人民法院强制执行。

②市税务局作出的不予受理决定的理由不能成立。纳税人对税务机关的处罚决定不服

的可以依法申请行政复议。

③市税务局超出法定期限作出不受理复议申请的决定。复议机关收到行政复议申请后,应当在5日内进行审查,对不符合规定的行政复议申请,决定不予受理,并书面告知申请人。第10天才对复议申请作出不予受理的决定是不符合规定的。

第二节 税务行政诉讼

一、税务行政诉讼的概念

税务行政诉讼是行政诉讼的一种,具体是指公民、法人或者其他组织认为税务机关和工作人员的行政行为侵犯其合法权益时,依照《中华人民共和国行政诉讼法》(以下简称《行政诉讼法》)和其他法律法规向人民法院提起诉讼,由人民法院进行审理,并对行政行为的合法性和适当性作出裁决的一种诉讼活动。

二、税务行政诉讼的范围

税务行政诉讼的范围主要涵盖了纳税人或其他纳税当事人认为税务机关的某些具体行政行为侵犯了其合法权益时,可以向人民法院提起诉讼的各类情形。税务行政诉讼案件的受案范围除受《行政诉讼法》有关规定的限制外,也受《税收征管法》及其他相关法律、法规的调整和制约。具体范围包括但不限于以下几个方面:

(1)税务机关作出的征税行为。包括征收税款、加收滞纳金、审批减免税和出口退税、税务机关委托扣缴义务人作出的代扣代收税款行为等。当纳税人认为这些行为存在不合法或不合理之处,且侵犯了其合法权益时,可以提起税务行政诉讼。

(2)税务机关作出的责令纳税人提交纳税保证金或者纳税担保行为。若纳税人对此持有异议,并认为这些行为侵犯了其权益,可以提起税务行政诉讼。

(3)税务机关作出的行政处罚行为,包括罚款、没收违法所得、停止出口退税权。若纳税人认为处罚不当或存在违法行为,可以寻求行政诉讼的途径。

(4)税务机关作出的通知出境管理机关阻止出境行为。

(5)税务机关作出的税收保全措施。税务机关书面通知银行或者其他金融机构暂停支付存款,扣押、查封商品、货物或者其他财产。若纳税人认为这些措施不当或超出了法定范围,可以提起行政诉讼。

(6)税务机关作出的税收强制执行措施。税务机关书面通知银行或者其他金融机构扣缴税款,拍卖所扣押、查封的商品、货物或者其他财产抵缴税款。

(7)纳税人认为其符合法定条件申请税务机关颁发税务登记证和发售发票,但税务机关拒绝颁发、发售或者不予答复的行为。

(8)税务机关的复议行为。例如,复议机关改变了原具体行政行为;期限届满,税务机关不予答复。如果税务机关不依法办理或答复纳税人的申请或请求,或者税务机关作出取消增值税一般纳税人资格的行为,纳税人认为这些行为侵犯了其合法权益,可以提起税务行政诉讼。

需要注意的是,税务行政诉讼的范围与税务行政复议的受案范围基本一致,但具体细节和侧重点可能有所不同。因此,纳税人在选择救济途径时,应根据具体情况和法律规定进行判断和选择。

三、税务行政诉讼的管辖

根据《行政诉讼法》的相关条款,对于税务行政复议的权限与职责进行分工可以让税务行政诉讼更具有公正性。

(一)级别管辖

基层人民法院管辖一般的一审税务行政案件。中级人民法院管辖本辖区内重大、复杂的税务行政案件。高级人民法院管辖本辖区内重大、复杂的第一审税务行政诉讼案件。最高人民法院管辖全国范围内重大、复杂的税务行政案件。

(二)地域管辖

(1)一般地域管辖

一般地域管辖是指按照最初作出具体行政行为的税务机关所在地来确定管辖法院。

(2)特殊地域管辖

特殊地域管辖包括经过复议并改变原行为的案件、对限制人身自由强制措施提起诉讼、对不动产的诉讼等。

(三)裁定管辖

(1)移送管辖

人民法院将已经受理的案件移送给有管辖权的人民法院审理。

(2)指定管辖

上级人民法院以裁定的方式指定某下级人民法院管辖某一案件。

(3)管辖权的转移

上级人民法院有权审理下级人民法院管辖的第一审税务行政案件,也可以将自己管辖的第一审行政案件移交下级人民法院审理。

四、税务行政诉讼的程序

(1)起诉

对"征税行为"提起诉讼,必须先经过行政复议;对行政复议决定不服的,可以在接到复议决定书之日起规定期限向人民法院起诉。对其他具体行政行为不服的,当事人可以在接到通知或者知道之日起规定期限内直接起诉。

（2）受理

案件的受理是指公民、法人或者其他组织对税务机关及其工作人员的行政行为不服,向法院起诉,人民法院在接到起诉后应进行审查,并在7日内决定是否立案。审查的结果有两种:7日内裁定不予受理,对此裁决不服,当事人可以上诉;7日内立案受理,立案后进入审理阶段。

（3）审理

审理是指人民法院对受理后的案件进行开庭审理,除了法律另有规定的以外,法院审理案件要公开进行。在开庭审理期间,通常不停止执行行政行为。法庭审理采取合议庭制度、回避制度。

（4）判决

案件的判决是指人民法院经过开庭审理,根据具体情况作出判决。对于具体行政行为证据确凿,适用法律、法规正确,符合法定程序的案件,驳回诉讼请求。对于有以下情况的,可以撤销判决或者部分撤销,并可以判决被告重新作出行政行为:①主要证据不足的;②适用法律、法规错误的;③违反法定程序的;④超越职权的;⑤滥用职权的;⑥明显不当的。

对于被告不履行法定职责的案件,判定其在一定期限内履行。对于行政处罚明显不当的,可以判决变更。

（5）税务行政诉讼的二审和再审

当纳税人对一审法院的税务行政诉讼判决结果不满时,可以依法向上级人民法院提起上诉,进入二审程序。二审法院将对案件进行全面审查,包括事实认定、法律适用等方面,并作出终审判决。若二审判决仍未能满足纳税人的诉求,且符合法定条件,纳税人还可以申请再审,通过再审程序对案件进行再次审理。再审程序通常更为严格和复杂,旨在纠正可能存在的重大错误或不当判决。

（6）税务行政诉讼的执行

税务行政诉讼的执行是指当法院作出判决或裁定后,税务机关或纳税人应当按照判决或裁定的内容履行相应的义务。若税务机关未按照判决或裁定履行义务,如未退还多征税款、未解除税收保全措施等,纳税人可以向法院申请强制执行。同样地,若纳税人未履行判决或裁定确定的义务,税务机关也可以依法申请强制执行。

案例分析8-2

某县税务局稽查局根据国家税务总局的要求展开对虚开增值税专用发票的税务稽查。2023年10月28日,某县税务局稽查局检查了某公司的纳税情况。在立案及预案后,派经验丰富的税务检查人员黄某到该公司进行检查。黄某出示了《税务检查通知书》之后便要求进入该公司检查,该公司负责人提出要查看税务检查证,黄某以丢失正在补办中为由未能出示。黄某进行检查后发现该公司涉嫌纳税问题。为了更全面的检查,黄某对该公司所有场地均进行了详细检查,包括产品加工厂、货物存放地以及在生产场所内搭设的临时职工宿舍。在注意到仓库里有一箱将要邮寄的货物可能有涉案证据时,黄某打开并搜查到该公司确实存在账外账共 10 本。经稽查局局长批准,将该公司 2022 年至 2023 年的账簿、凭证悉数调回稽查局检查。

通过检查发现该公司存在以下问题:

①利用虚假的纳税申报而未缴税款 15 万元。

②账外销售收入共 40 万元,少缴纳税款 5.2 万元。

③从一些不得开具专票的个体户处取得增值税专用发票 10 份作为进项入账,并已抵扣税款 14 万元。

④未按照规定安装、使用税控装置,同时也有损毁、擅自改动税控装置的痕迹,属于一般情形。

⑤作为公司员工个人所得税的扣缴义务人,未按照规定设置、保管代扣代缴税款账簿及有关资料,属于严重情形。

⑥其他问题。

检查完毕后该公司实际应缴纳税款为 110 万元,少缴纳税款共 35 万元。

当年 12 月 13 日稽查局审核通过后拟制相应文书,当日直接送达了《税务处理决定书》和《税务行政处罚事项告知书》,告知该公司具有陈述申辩权利和听证的权利。要求该公司于 12 月 31 日前补缴税款 11 万元,按日加收 3‰ 的滞纳金,并处 5 万元罚款。并在同日归还了该公司所有的账簿、凭证。12 月 14 日,税务机关直接送达了《税务处罚决定书》。该公司不服处理决定,认为并未少缴这么多税款并拒不缴纳税款、滞纳金及罚款。

12 月 18 日,该公司提出听证的要求。该税务机关接受了该请求,并在 12 月 25 日按规定程序组织了听证会。税务检查人员黄某和另外一名税务机关人员张某共同主持了听证会,进行了申辩与质证。经听取意见后,税务机关认为案件清楚明了,因此当场作出维持原税务行政处罚决定,并要求该公司承担听证会所花费的所有费用,税务处罚决定书也在当场交给该公司的参会代表。

该公司表示不服,不履行税款、滞纳金及罚款的缴纳。县税务局稽查局经稽查局局长批准,于 2024 年 1 月 4 日向该公司送达了《税收强制执行决定书》,在向银行送达《扣缴税款通知书》后,从该公司的银行存款账户扣缴了全部的存款共计 5 万元,同时扣押查封了该公司的一辆经营租赁的生产经营用机动车辆,价值 13 万元,用来抵缴税款、滞纳金及罚款。

该公司对税务机关的具体行政行为表示不服,经过资料的充分收集与整理后,于 2024 年 3 月 8 日向市税务局申请税务行政复议,市税务局于收到复议申请书后,于 2024 年 3 月 16 日以"未缴纳罚款"为由决定不予受理。

思考:

(1)税务稽查的选案包括哪些方式?本案例对该公司的稽查属于哪种类型?

(2)检查后发现该公司的涉税问题,对于涉税违法行为①~⑤应该作出什么税务行政处罚或者刑事处罚?

(3)该县税务局稽查局在税务稽查过程中有哪些做法是不符合规定的?指出并说明理由。

(4)在听证环节有什么错误的地方？指出并说明理由。
(5)该公司的税务行政复议申请是否符合规定？说明理由。
(6)该市税务局在案件处理过程中有哪些做法是不符合规定的？指出并说明理由。
(7)案件的最后该公司还可以怎么进行税务行政救济？

分析：

(1)税务稽查的选案环节包括定向和不定向选案的方式，具体可以分为日常选案、专项选案和专案。本案例的情形属于专项选案。

(2)检查后发现该公司的涉税问题，对于涉税违法行为①～⑤应该作出如下税务行政处罚或者刑事处罚：

①为偷税行为。采用虚假的纳税申报手段是偷税行为的手法之一，应处应缴未缴税款的50%～5倍的罚款；构成犯罪的，依法追究刑事责任。

②为偷税的行为。为少列收入的行为，是偷税行为的手段之一，应处应缴未缴税款的50%～5倍的罚款；构成犯罪的，依法追究刑事责任。

③为偷税行为。为多列支出的行为，是偷税行为的手段之一，应处应缴未缴税款的50%～5倍的罚款；构成犯罪的，依法追究刑事责任。

④由于该企业少缴纳税款共计35万元，占应缴纳税款的31.82%，超过30%的比例，构成犯罪，应移送司法部门，应处3年以上7年以下有期徒刑，并处偷税数额1倍以上5倍以下罚金。

⑤纳税人未按照规定安装、使用税控装置，或者损毁、擅自改动税控装置的，由税务机关责令限期改正，可以处2 000元以下罚款；情节严重的，处2 000元以上10 000元以下罚款。该公司为一般情形，可以处2 000元以下罚款。

⑥扣缴义务人为未按照规定设置、保管代扣代缴、代收代缴税款账簿或者保管代扣代缴、代收代缴记账凭证及有关资料的，由税务机关责令限期改正，可以处2 000元以下的罚款；情节严重的，处2 000元以上5 000元以下罚款。该公司为严重情形，可以处2 000元以上5 000元以下罚款。

(3)某县税务局稽查局在税务稽查过程中不符合规定的行为如下：

①实施税务检查时的税务检查人员应当2人及以上，本案中仅派检查人员黄某一人进行税务检查是不对的。

②实施税务检查时应当出示税务检查证及《税务检查通知书》，二者缺一不可，否则被检查人有权拒绝检查。本案中黄某仅出示了《税务检查通知书》之后便进行了检查是不对的。

③税务机关不具有搜查权，不能够开箱检查。

④必须经(地)市级及以上税务局局长批准才可以调取纳税人当年的账簿，而非经稽查局局长批准。

⑤调取往年账簿应开具清单。

⑥税务机关在12月13日才归还该公司的账簿和凭证，当年的账簿要在30日之内归还，税务机关逾期归还。

⑦要求该公司12月31日前缴纳税款滞纳金及罚款的做法错误。最长期限应为15日，从12月13日送达应责令公司在12月28日之前缴纳。

⑧按日加收3%的滞纳金错误，应该按日加收万分之五的滞纳金。

⑨税务局稽查局仅处 5 万元的罚款过于轻了。首先对于偷税行为应该 50%～5 倍的处罚,再加上第④第⑤点的税收违法行为,罚款应该高于 5 万元。

⑩在 12 月 14 日就送达了《税务处罚决定书》是错误的。纳税人具有 3 天是否申请听证的权利。税务机关应该在 12 月 13 日之后的 3 天后才能下达《税务行政处罚决定书》。

⑪该稽查局经稽查局局长的批准进行强制执行措施是错误的。实施扣缴税款的税收强制执行措施时应该由县级以上税务局(分局)局长批准,而不是由该稽查局局长的批准。

⑫扣押查封了租赁的机动车辆是错误的,属于该公司的产品才能进行扣押,并且扣押要开具收据。

(4)听证环节错误的地方在于:

①12 月 18 日提出听证要求不合理,因为已经超过了听证的时限。12 月 14 日送达的《税务处理决定书》,所以应在 12 月 17 日之前提出听证的要求,否则视同放弃听证的权利。

②黄某不能主持听证会。《税收征管法》中规定听证由行政机关指定非本案调查人员主持。

③听证结束当场作出税务行政处罚决定属行政越权行为。国家税务总局有关规定,听证结束后,听证主持人应当将听证情况和处理意见报告税务机关负责人,然后才可作出决定。

④要求纳税人负担听证所需费用不合法。《行政处罚法》中规定当事人不承担行政机关组织听证的费用。

(5)该公司的税务行政复议申请不符合规定的理由:

①该公司在 3 月 8 日申请行政复议是错误的,应在 60 日内申请复议,否则视同放弃。

②向市税务局申请行政复议是错误的,应向税务局稽查局的所属税务局申请行政复议,也就是该县税务局。

(6)某市税务局在案件处理过程中的错误之处:

①不受理的理由是错误的。不是未缴纳罚款。而是复议的机关不是市税务局。对于罚款可以选择自由复议的形式。不存在先缴纳罚款的问题。

②应在 5 日内决定是否受理。市税务局在 3 月 16 日才回复不受理,超过了 5 日。

(7)案件的最后旺财公司还可以采取向人民法院提起诉讼的方式进行税务行政救济。诉讼采取二审终审制。

阅读链接8-1

第三节 税务行政赔偿

一、税务行政赔偿的概念

税务行政赔偿是指税务机关及其工作人员违反法律法规规定,侵犯公民、法人或其他组织合法权益造成损害的,由国家承担赔偿责任,由导致实际经济损害的税务机关代表国家具体履行赔偿义务的一种救济性法律责任。

二、税务行政赔偿的构成要件

税务行政赔偿的构成要件包括以下几个方面：

(1) 违法行为

税务机关及其工作人员的行为必须是违反法律法规，侵犯公民、法人或其他组织合法权益的行为。

(2) 损害结果

违法行为必须直接导致公民、法人或其他组织的合法权益受到损害，造成了实际的经济损失。根据 2022 年 5 月 1 日起实施的《最高人民法院关于审理行政赔偿案件若干问题的规定》中第二十九条的规定，下列损失属于《中华人民共和国国家赔偿法》第三十六条第八项规定的"直接损失"：存款利息、贷款利息、现金利息；机动车停运期间的营运损失；通过行政补偿程序依法应当获得的奖励、补贴等；对财产造成的其他实际损失。

(3) 因果关系

违法行为与损害结果之间必须存在因果关系，即损害结果是由违法行为直接引起的。

(4) 过错责任

税务机关及其工作人员的违法行为必须是有过错的，即故意或过失行为。

(5) 法定赔偿责任

违法行为必须依法构成行政赔偿责任，即在法律法规中明确规定了税务机关及其工作人员因特定违法行为应承担赔偿责任的情形。

三、税务行政赔偿请求人

税务行政赔偿请求人一般指受到税务机关及其工作人员违法行为侵犯合法权益并造成损害的公民、法人或其他组织。请求人有权依法向行政复议机关或人民法院提出行政赔偿申请，并要求国家承担赔偿责任。

四、赔偿义务机关

赔偿义务机关通常是指导致实际经济损失的具体税务机关及其工作人员，他们在侵犯公民、法人或其他组织合法权益，导致损害的违法行为中具有直接责任，并应承担相应的赔偿责任。

五、税务行政赔偿的请求时效

税务行政赔偿的请求时效一般为 2 年。也就是说，从请求人知道或者应当知道其合法权益受到侵犯并造成损害之日起计算，至向行政复议机关或人民法院提出行政赔偿申请之日止，超过该时限的赔偿请求将被视为时效失效。

六、请求税务行政赔偿的途径

行政复议途径。当纳税人、法人或其他组织认为税务机关及其工作人员的行为侵犯了其合法权益并造成了损害时,可以通过向行政复议机关提出行政复议申请的方式来请求税务行政赔偿。

行政诉讼途径。若经过行政复议后仍未得到合理的赔偿,请求人可以依法向人民法院提起行政诉讼,通过司法程序寻求赔偿。

行政和解途径。在行政复议或诉讼过程中,双方当事人可以自愿达成和解协议,协商解决纠纷,包括赔偿事项。

七、税务行政赔偿的程序

税务行政赔偿的程序一般如下:

(1)申请

请求人向行政复议机关或人民法院提出行政赔偿申请。

(2)受理

行政复议机关或人民法院受理申请,对申请材料进行审查。

(3)调查取证

对请求人提出的赔偿请求进行调查核实,收集证据。

(4)审理

行政复议机关或人民法院根据调查结果对申请进行审理。

(5)裁决

根据法律法规及相关证据,行政复议机关或人民法院作出赔偿决定。

(6)履行

赔偿责任机关根据裁决书履行赔偿义务,向受损失的请求人进行赔偿。

(7)结束

赔偿程序结束,赔偿请求得到满足或否决。

八、税务行政赔偿方式和赔偿标准

税务行政赔偿的方式是指对税务行政侵权行为造成的损害采取何种形式予以赔偿。我国国家赔偿采取的是以金钱赔偿为主,以返还财产、恢复原状为辅的方式。

(1)支付赔偿金

支付赔偿金是指以货币形式支付赔偿金的赔偿方式。这种赔偿方式省时省力,可以使受害人的赔偿请求迅速得以满足,便于税务机关正常开展工作。

(2)返还财产

返还财产是指将纳税人、扣缴义务人或其他当事人已失去控制的财产重新置于其控制之下,比较常见于税务机关违法采取税收保全措施或强制执行措施的情况。

(3) 恢复原状

恢复原状是指对已经受到损害的财产进行恢复，使之恢复到受损害之前的形状或性能。

案例分析 8-3

2023年11月15日，某市税务局在对某食品公司的税务检查尚未结束时，以该公司有重大逃税嫌疑为由，通知银行冻结了该公司为准备春节供应的原材料采购款30万元。2024年1月10日检查结束后，税务局查补该公司税款5.6万元，并从冻结的存款中扣缴查补的税款后才予以解冻，致使该公司无法如期采购原料安排春节食品生产，造成经济损失。

思考： 该案件中税务机关的做法是否正确？是否应就冻结存款导致该企业经济损失进行赔偿？

分析： 本案中，税务局在纳税人并没有明显隐匿、转移财产情况下采取保全措施，违反了《税收征收管理法》的有关规定，导致该公司无法如期安排春节期间生产经营并造成经济损失，应当依法承担赔偿责任。税收行政复议、诉讼与赔偿均是纳税人权利保障的救济途径。行政复议是在行政机关体系内的救济，行政诉讼是在行政机关体系外通过司法机关进行的救济，行政赔偿则是在行政复议和行政诉讼确定了行政机关违法过错的基础上，对合法权益受到损害的纳税人作出的经济补偿。

课后练习题

一、单选题

1. 以下不属于税务行政复议机关所应接受的案件的是（　　）。
   A. 税收保全　　　　　　　　B. 税收滞纳金
   C. 税收罚款　　　　　　　　D. 吊销企业营业执照

2. 纳税人对税务机关（　　）不满，必须采取必经复议形式解决税务争议。
   A. 征税行为　　　　　　　　B. 罚款
   C. 对逾期罚款加收罚款　　　D. 具体的行政行为

3. 纳税人对税务机关征税行为不满，首先要做的是（　　）。
   A. 立即提出税务行政复议申请　　B. 60天内提出税务行政复议申请
   C. 提起诉讼　　　　　　　　　　D. 解缴税款、滞纳金

4. 纳税人对税务机关行政行为不满提起税务行政复议的时限是（　　）内。
   A. 15日　　　　B. 30日　　　　C. 45日　　　　D. 60日

5. 一般情况下，我国实行一级复议制，即税务机关的行政行为由（　　）管辖。
   A. 上一级税务机关　　B. 下一级税务机关　　C. 本级税务机关　　D. 国家税务总局

6. 对计划单列市税务局的具体行政行为不服的，向（　　）申请行政复议。
   A. 国家税务总局　　B. 省税务局　　C. 省人民政府　　D. 国务院

7.对税务所(分局)、各级税务局的稽查局的具体行政行为不服的,向( )申请行政复议。
　　A.其所属税务局的上一级税务机关　　B.其所属税务局的下一级税务部门
　　C.其所属税务局　　　　　　　　　　D.当地人民政府
8.对国家税务总局的行政行为不服的,申请人可以向( )申请行政复议。
　　A.国家税务总局　　　　　　　　　　B.省税务局
　　C.省人民政府　　　　　　　　　　　D.国务院
9.对税务机关作出逾期不缴纳罚款加处罚款的决定不服的,申请人可以( )。
　　A.向税务机关提起行政诉讼　　　　　B.向国务院申请裁决
　　C.向本级税务机关申请复议　　　　　D.向上一级税务机关申请复议
10.厦门市集美区税务局对所管辖的A企业因拖延税款而处以2万元罚款,A企业不服,可以向( )提起行政复议。
　　A.集美区人民政府　　　　　　　　　B.厦门市人民政府
　　C.厦门市税务局　　　　　　　　　　D.厦门市集美区税务局
11.申请人对扣缴义务人的扣缴税款行为不服的,( )是被申请人。
　　A.主管该扣缴义务人的税务机关
　　B.主管该扣缴义务人的税务机关的上一级税务机关
　　C.当地的人民政府
　　D.该扣缴义务人
12.对税务机关委托的单位和个人的代征行为不服的,( )为被申请人。
　　A.委托税务机关　　　　　　　　　　B.代征单位
　　C.当地的人民政府　　　　　　　　　D.委托机关上一级税务机关
13.税务机关设立的派出机构、内设机构或者其他组织,未经法律、法规授权,以自己名义对外作出具体行政行为的,( )为被申请人。
　　A.税务机关
　　B.税务机关设立的派出机构、内设机构或其他组织
　　C.税务机关的上一级税务机关
　　D.税务机关的下一级税务机关
14.税务机关违法作出没收刘某财产的决定,刘某气愤之极而砸毁了自己的财产,为此应( )。
　　A.由税务机关承担赔偿义务
　　B.刘某不能要求行政赔偿
　　C.由税务机关与刘某共同承担责任
　　D.减轻税务机关的赔偿责任

二、多选题
1.下列哪些行为属于税务行政复议的受案范围( )。

A. 行政许可　　　　B. 税收保全措施　　　C. 没收违法所得　　　D. 吊销营业执照

2. 税务机关作出的征税行为包括(　　)。

A. 征收税款　　　　　　　　　　　B. 加收滞纳金

C. 税务机关委托代扣代缴的行为　　D. 税务机关委托代收代缴的行为

3. 纳税人对税务机关罚款不满的税务行政救济手段是(　　)。

A. 提出税务行政赔偿　　　　　　B. 提出税务行政复议

C. 提起税务行政诉讼　　　　　　D. 交完罚款后提起复议

4. 对国家税务总局的行政复议行为不服的，申请人(　　)。

A. 向人民法院提起行政诉讼　　　B. 向国务院申请裁决

C. 以国务院的裁决为最终裁决　　D. 以人民法院的判决为最终结果

5. 对税务机关作出逾期不缴纳罚款加处罚款的决定不服的，申请人可以(　　)。

A. 向人民法院提起行政诉讼　　　B. 向国务院申请裁决

C. 向本级税务机关申请复议　　　D. 向上一级税务机关申请复议

6. 对税务机关作出罚款和按日加处3%罚款的决定不服的，申请人可以(　　)。

A. 向人民法院提起行政诉讼　　　B. 向国务院申请裁决

C. 向本级税务机关申请复议　　　D. 向上一级税务机关申请复议

三、案例分析题

1. 某县税务局稽查局依法定程序对大强公司进行了税务检查，并于3月25日作出了税务处理决定，拟制以及直接送达了《税务行政处罚事项告知书》，对其偷税行为处以40 000元罚款，《税务处理决定书》要求补缴税款共8万元并加收滞纳金，要求大强公司在4月15日之前缴纳上述税款、滞纳金以及罚款。大强公司不服该处理决定，认为并未少缴这么多税款并拒不缴纳税款、滞纳金及罚款。3月28日，大强公司提出税务行政处罚听证要求。4月10日由非税务检查人员李某、赵某二人和其他一名干部共同主持了听证会，经听取意见后，税务机关认为案件清楚明了，因此当场作出维持原税务行政处罚决定，并将《税务行政处罚决定书》当场交给大强公司税务代理人员。大强公司表示不服，经过资料的充分收集与整理后，于8月8日向市税务局申请税务行政复议，8月16日市税务局决定不予以受理。

请问：

(1)在听证环节有什么错误的地方，指出并说明理由。

(2)大强公司的税务行政复议申请是否符合规定？说明理由。

(3)市税务局在案件处理过程中有哪些做法是不符合规定的？指出并说明理由。

(4)大强公司对罚款不服可以采取什么税务行政救济手段？

2. D县某企业属承包经营，税务所接到群众举报，该企业利用收入不入账的方法偷逃税款。2024年3月24日，税务机关派两名税务干部李某和赵某对其实施检查，检查人员出示了《税务检查通知书》和各自的身份证之后便对企业的工厂以及销售场所进行了检查，发现该企业确实存在税收问题，对相关人员进行了询问，但没有线索。紧接着李某和赵某又去了该企业单独建设的职工宿舍进行详细搜查,发现了流水账,经与实际申报纳税情况核对,查出该企业利用收入不入账的方法,偷逃税款 50 000 元的事实。以上所有的检查过程均全程录音录像。3 月 25 日,该税务机关依法下达了《税务行政处罚事项告知书》,拟作出追缴税款、加收滞纳金、并处 20 000 元罚款的决定。3 月 26 日,下达了《税务处罚决定书》。3 月 28 日,该企业提出税务行政处罚听证要求。4 月 5 日由李某、赵某二人和另一名干部共同主持了听证会,经听取意见后,当场作出税务行政处罚决定,要求听证所花费用由该企业承担,并将决定书当场交给该企业的税务代表。该企业对税务机关的处理决定不服,于 5 月 5 日向复议机关提出了行政复议申请。

请问:

(1)该税务机关在该案处理过程中是否有违法行为?请说明理由。

(2)该企业提出听证要求是否符合规定?说明理由。

(3)案例中的税务行政复议机关应该是(　　),被申请人为(　　)。

(4)说明该企业提出复议申请的条件。

第九章

税收大数据管理的国际比较分析

主要内容

本章主要探讨了借助新技术发展,税务管理工作在改善过程中如何实现"以数治税"的新突破。税务管理创新措施即新技术与税务管理各环节的融合运用,由此本章以税源管理、税款征收、税务检查以及纳税服务等税务管理环节展开分析,选取国际上较为发达国家近几年具有代表性的创新措施,梳理并总结出各国较为成熟的数字办税经验。

学习重难点

1. 理解新技术在税务管理中的应用方式和作用。
2. 掌握税源管理、税款征收、税务检查及纳税服务等环节的数字化转型要点。
3. 关注国际先进经验,通过对比分析,了解不同国家在数字办税方面的成功做法和优势。
4. 根据我国的实际国情和税务管理现状,将国际先进经验与本土实践相结合,探索出符合我国特色的税务管理创新路径。

思政元素

本章所探讨的"以数治税"的税务管理创新措施,不仅体现了科技创新在推动社会进步中的重要作用,也展现了税务管理部门在推动税务现代化建设、提升治理效能方面的积极探索和实践。通过学习国际上典型大数据应用于税务管理领域的做法,可以深刻认识到科技创新是推动税务管理现代化的重要动力,也是提升税收征管效率、优化纳税服务的关键手段。此外,学习国际先进经验的过程也是一次拓展国际视野、增强国际竞争力的过程。借鉴他国成功经验,可以更好地推动我国税务管理工作与国际接轨,提升我国在全球税收治理中的话语权和影响力。

第一节 国际税收基础管理的大数据应用

引入案例

经济合作与发展组织(Organization for Economic Co-operation and Development,OECD)于2023年发布《税收征管3.0:税收征管的数字化转型》(以下简称"税收征管3.0"),深入探讨了国际上诸多国家或地区在税收征管中的数字化应用,指出了全球税收征管数字化转型趋势。税收征管1.0时代主要依赖纸质材料和手动流程;税收征管2.0时代,税务机关为提高效率,加强与各方合作,在税收征管1.0的基础上引入数字化数据和分析工具,实现"电子化管理",不过,该阶段虽使纳税人和税务机关普遍获益,却存在明显内在缺陷。税收征管3.0与我国深化税收征管改革的方向基本一致,其主要包含6个核心模块:数字身份系统、征纳双方数据交互、数据管理与标准设定、税务合规的大数据管理、大数据应用的技能培训、数字化转型战略。

思考:分析OECD关于未来税收征管数字化转型发展趋势的研究有何意义?

分析:通过对OECD报告中发达国家税收管理数字化转型经验的比较与分析,我国能够汲取有益经验,结合自身国情,实现税收治理体系和治理能力的现代化。

一、税务登记系统的完善及涉税信息平台的建设

希腊、芬兰、挪威、丹麦等国家90%以上的公民税务登记在册,而希腊甚至超过100%,说明税务登记人员除了本国居民以外,海外纳税人也登记在案。一个能够全面登记纳税人信息并识别纳税人身份的系统对于税务管理的有效运作起着至关重要的作用。这个系统应当具有自我评估、实施扣缴、第三方机构数据共享和信息匹配等功能。国际上大部分国家为提高税务管理效率的首要措施正是进一步改善税务登记的制度。

(一)澳大利亚经验

澳大利亚税务局已经创建了较为完善的税务系统,能为征纳双方提供高质量的征管服务。该税收系统将多种税务征管工作汇总到一起,包括纳税人身份认证、线上退税、更新纳税人信息、余额查询、合并账目等基本功能,基本能在远程满足纳税人的办税需求。为保障系统使用的安全性,澳大利亚税务局采用数字认证的方式,纳税人具有唯一身份码,不得代他人办税。在信息认证方面,税务局开发了一个国家安全级别的文件验证服务(Document Verification Service,DVS)系统,可实时检查和匹配政府所颁发的所有凭证,对纳税人提供的凭证进行24小时确认服务,无须面对面或纸质互动。DVS系统提供了一种快速、安全的

方式来验证纳税人的身份,从而在一定程度上避免纳税人身份信息泄露或信息诈骗情况的发生。

澳大利亚税务局构建了统一的信息管理系统,实现了税务部门与政府其他部门(包括银行、保险公司、海关等)的内部联网与数据共享,在信息收集、数据分析、纳税人风险识别和信息反馈等环节中起到了举足轻重的作用。在信息收集方面,澳大利亚税务局要求涉税第三方机构及时提供相关纳税信息,如领取的社会保障金、车辆注册情况、房产交易等信息。在数据运用方面,澳大利亚税务局在收集涉税信息后进行纳税人信息处理,并将处理后的信息整理成纳税人信用分提供给社会征信机构,以此提高涉税信息的实际运用效率。

(二)荷兰经验

荷兰税务局与海关管理局共同建立了一个信息共享系统,包括多个关键信息的登记,如个人基本信息、财务信息等,极大地提高了涉税信息登记的效率及质量。通过多个政府部门的信息共享,该平台可采集多渠道的数据信息并进行大数据分析,嵌入税收行政处罚及救济等功能,更进一步地增强了数字办税业务的完整性。该共享平台同时能够完成税收风控监管功能,如委托银行监控欠税纳税人的银行账户情况,也可通过交通信息系统扫描车主的缴税情况等。

(三)俄罗斯经验

俄罗斯联邦税务局于2017年初开始强制要求零售商使用在线现金收银机(Online Cash Registers,OCR),可将销售数据自动实时上传至数据处理中心。俄罗斯联邦亚税务局建立了一个强大的税收大数据处理系统,整合涉税数据的收集、分析、整理以及存储功能,为各类税收管理业务提供一个唯一的权威平台,并与俄罗斯联邦海关总署共同打造了数据自动交换系统。

二、纳税申报制度

近几年,关于纳税申报的创新措施主要是预填税制度的广泛运用。如个人所得税的纳税申报,OECD(2019)的税务管理报告中称成员国中有12个国家(澳大利亚、奥地利、比利时、丹麦、芬兰、匈牙利、立陶宛、马来西亚、挪威、葡萄牙、斯洛文尼亚和西班牙)采用了预填税制度,并且努力扩展这个制度的内容,进一步推广预报税功能。在其2023年的税务管理报告显示,采用预填税制度的成员因此例提高至87.9%。

(一)澳大利亚经验

澳大利亚在数字技术支持下,基本实现了涉税信息集中处理、纳税申报电子化和办税场所集中的办税状态。在澳大利亚税务局开发应用程序编程接口(Application Programming Interface,API)中,有一个功能为"我的扣除额",它允许个人和自营商收集、分类和存储全年的某些扣除额,如汽车费用、差旅费、利息扣除额和其他税务相关信息。该工具包括存储相关收据照片的功能。这些信息可直接自动预填纳税申报表并上传到澳大利亚税务局系统。"我的扣除额"功能的有利之处在于:第一,数据记录的全面性。用户可以轻松地在旅途中捕获记录或记录车辆行程。第二,数据填报的便捷性。支持将数据预填到税务系统中,并将此信息提供给涉税代理。第三,数据信息的保存性。用户可以将数据备份到个人云存储,有利于数据的收集整理。除了扣除额外,纳税人还可以记录收入额,但这个功能只适用于个人和有简单税务事务的自营商。

此外,澳大利亚税务局还通过"Business Payroll"软件引入单触式工资单服务。雇主在发薪时即可动态向澳大利亚税务局报告每位员工的工资、预扣税和退休金等详细内容,员工也可以获取与他们相关的报告信息。通过使用数字技术将此税务服务嵌入雇主业务管理软件中的工资单组件,相关企业数据与澳大利亚税务局系统实现了完全自动共享。

(二)墨西哥经验

为了提高个人所得税纳税申报的及时性,墨西哥税务管理局升级了技术"DeclaraSAT",以完善纳税申报表。DeclaraSAT 系统具有以下特点:第一,纳税申报表预先填写了大多数纳税人的收入和个人扣除额信息;第二,自动计算个人所得税;第三,对工资性收入占收入总额 50% 以上的纳税人,实行全额预填纳税申报;第四,如果纳税人对纳税申报表中填写的信息无异议,可以选择自动退税,这整个过程差不多在 5 天内完成。这些改进使 DeclaraSAT 系统成为一个简单、可靠的系统,并使个人所得税申报表的填写量大幅增加,达到每年约 50 万份[1]。

(三)新加坡经验

新加坡税务局推出了应用程序编程接口(API)服务,这些服务嵌入纳税人端的系统中。这套服务的首要功能是允许雇主只需点击他们的工资单软件就可以向税务局提交工资单信息,为纳税人提供便捷的数字服务[2]。

(四)意大利经验

意大利税务局利用税务登记处提供的信息和第三方提供的数据,向职工和养老金领取者提供部分预填纳税申报表的服务。实行预填式纳税申报制度后,传统的职工和退休人员纳税申报制度发生了根本性变化。在采用新制度之前,收入由纳税人直接申报,纳税人需要计算后再缴税,税务局再根据第三方机构提供的数据对纳税申报表进行核对审查。在采用新制度之后,采用预填报税表的用户数量大幅增加,并且预填的纳税申报表中包含了更多与扣除额和支出相关的数据,如家庭的幼儿园支出或对非营利组织的捐赠等信息。

三、电子发票的运用

(一)巴西经验

巴西税务部门通过推行市级的电子发票服务(NFS-e),逐步在全国范围内建立了一个标准化的电子发票系统,形成了一个全国性的公共数字记账系统(Public System of Digital Bookkeeping,SPED),强制经济主体之间的交易必须在该记账系统中开具并使用电子发票,同时给纳税人提供免费的记账与电子纳税申报服务。巴西税务部门的数据中心对发票内容的真实性、有效性进行审核后,将交易信息归入全国电子发票数据库,进行统一管理。在电

---

[1] 资料来源:经济合作与发展组织《税务管理报告》(2019 年)。
[2] 资料来源:经济合作与发展组织的报告《解锁数字经济——解锁政府应用程序编程接口指南》(经合组织,2019)。

子发票管理上,巴西税务部门实行较为强制性的管理措施,如必须随身携带电子发票辅助文件以备检查,否则将受到严重的行政处罚。在电子发票全面推行后,有效降低了纳税成本,同时也较为全面地收集了交易信息,助推信息共享平台的建立。

(二)韩国经验

韩国从2010年开始在全国范围内推行电子发票,采用一系列奖惩措施,提升电子发票的使用频率。主要的特点:第一,开具发票的途径有选择性。可供纳税人选择的电子发票开具系统除了税政系统以外,还可以通过各个民间服务商开具。民间服务商开发的电子发票开具系统其实是将会计软件与电子发票开具系统绑定使用,尽可能减少对纳税人开票习惯的影响。第二,在开票方式上,韩国国税厅允许纳税人通过手机客户端开具增值税电子专用发票,极大地提高了开票的便捷性。

(三)意大利经验

自2019年1月1日起,意大利所有企业,不管是企业对企业或者企业对消费者,只要涉及在意大利境内注册运营的企业或居住的人员之间进行的所有交易,均需使用电子发票。同时,电子发票必须通过税务局管理系统以指定格式进行传输。此举极大地促进了意大利电子发票的使用率,电子发票数据格式的规范性同时也增强了涉税数据价值的可挖掘性。

第二节 国际税款征收的大数据应用

按时申报及缴税率通常被视为衡量税收系统健康状况以及税收管理本身绩效的重要指标。各国政府税务主管部门都在积极拓展纳税人可选择的电子支付方式。电子纳税方式不仅降低了税务管理的成本,而且为纳税人提供了更好的缴税体验,同时也有利于提高按时缴税率,减少拖欠税款的情况。

一、奥地利经验

奥地利税务局提倡"简单、电子、有效"的纳税服务,为缴纳过多所得税的公民发起自动退税,全程无须纳税人参与;符合条件的纳税人不再需要提交纳税申报单,可以选择在"免申请纳税评估"的形式下自动进行。超额缴纳的税款将由财政部门计算,并转入纳税人的银行账户,同时发出相应的税务通知。该项自动退税系统在接受退税的多个部门和财政部门之间建立了自动数据交换,纳税人无须在其纳税申报中提供这些相关数据,由此极大地提高了数字办税效率。

二、加拿大经验

在加拿大,公民有多种可选择的缴税方式,网上银行、使用借记卡或信用卡(通过第三方服务提供商)在线支付、设立预先授权的借记卡、在金融机构支付或邮寄支票以及现金支付等。目前使用现金支付税款的情况较少。2017年5月,加拿大邮政公司与加拿大税务局合作推出了一项试点,允许加拿大人在加拿大各地的邮政公司网点以现金或借记卡的方式,通过扫描一个个人的"快速响应码(QR)"缴纳税款,并收取一定费用。加拿大税务局利用该方式为那些上网受限、离金融机构较远的加拿大人提供便利。

第三节 国际税务检查的大数据应用

税务检查的基本流程包括选案、检查、审理、执行及调账处理,该职能部门人员数量平均占税务管理人员数量的30%。尽管税务检查技术一再发展及精细,但OECD(2019)的调查报告显示仍只有大概一半的成员国采用基于数学建模的预测模型来选择检查的案例以及远程检查,他们的工作主要通过账面或现场的税务检查来完成。随着技术的进步和税务管理部门可使用数据工具的增加,最新的发展趋势是通过预先干预,避免偷逃税款情况的发生。

一、加拿大经验

加拿大税务局重点发展内部和外部信息共享关系,以促进税务检查的高质量进行,并与其他执法组织(如警察组织和其他政府部门)开展合作。加拿大税务局已进行立法修订,以促进税务局与警务机构之间的资料共享。如果有合理理由怀疑纳税人提供的资料涉及所列严重罪行的证据,如贩毒、恐怖主义、儿童色情制品、洗钱、欺诈或腐败等,税务局可以向国内或国际警察组织提供适当的纳税人资料。当然,整个程序必须在立法确定的要求下严格进行。

二、芬兰经验

芬兰行政当局通过立法允许税务部门从芬兰境内的数字平台以批量形式检索税务相关数据,而无须知会个人。相关数据也可以从信用卡公司、ATM、银行(包括跨境交易)、支付服务提供商和加密货币交易所收集。这些数据可用于风险管理、分析和控制,有助于控制与平台经济和加密货币相关的风险。

三、英国经验

英国皇家税务与海关总署拥有一个税收风险评估系统,包括身份认证、风险识别、数据处理三个子系统。这个系统采集涉税数据,经过对纳税人的税收风险进行数理模型统计自动计分并提示风险。英国税务机关根据系统提示的风险进行实地检查。21世纪以来,英国皇家税务与海关总署专门组建过90多个税务检查特别工作组,针对高风险的地区、行业或个案进行面对面检查。此外,英国通过立法,允许英国皇家税务与海关总署掌控一个具有整合性的在线市场,通过该在线市场销售货物的海外企业,将对其未来应付的增值税承担连带责任。

四、俄罗斯经验

俄罗斯联邦税务局于 2017 年初开始强制性要求使用在线现金收银机,并要求所有零售商在 2018 年 7 月前完成过渡,并以法律规定了在线现金收银机和 IT 安全要求以及需要记录和传输给税务机关的细节。这种设备可以立即将销售数据上传到数据处理中心。在线现金收银机产生的数据使电子税务检查形式成为可能,俄罗斯联邦税务局有权根据立法要求自动监测交易数据、分析数据、监测在线现金收银机的使用并对其进行远程检查。在线现金收银机生成的每个收据都有一个二维码,客户可以通过将其与税务局维护的信息进行比较来验证交易。在引入在线现金收银机系统后,零售商的增值税合规率有了相当大的提高。

第四节　国际纳税服务的大数据应用

在新技术发展背景下,以纳税人体验感为核心的纳税服务设计已成为国际上大多数国家关注的焦点。税务登记在册的人数占居民总数比例越高的国家,越注重税务征管的社会服务性。OECD(2019)在税务管理报告中提出,已有 40 多个区域的税务部门在设计和测试可供纳税人共同参与的纳税服务程序,意为与纳税人合作改善纳税服务。

一、澳大利亚经验

澳大利亚税务局在纳税服务方面引入了虚拟助理,名为 Alex,该虚拟助理本质上是一个高度复杂的搜索引擎,它的回答简明扼要,负责让纳税人更快更便捷地得到税务问题的答案以及得到相应的支持。Alex 在税务局网站上提供 24 小时服务,为客户进行税务咨询,它可以随机进行转换语言,客户能够像与真人交谈时一样进行提问。在回答纳税人问题后,若得到不满意的反馈,Alex 会让纳税人选择不满意的原因,以此得到更有针对性的改善意见。

二、奥地利经验

奥地利税务局建立了一个纳税服务试点项目"e3lab",通过一个共同创建的平台来改善纳税服务。这个平台给注册成员提供了及时且方便提出改善纳税服务意见的直接机会。该项目提出"税务简化、税收电子化;用你的想法设计纳税评估"理念等。

三、新加坡经验

新加坡税务局采取的策略是，了解纳税人，与纳税人合作，建立一个对社会负责的纳税社区。另外，新加坡税务局提供的税务智能咨询系统"Ask Jamie"相对于其他国家具有一定的创新性。大部分国家的税务智能咨询系统是独立的税务开发系统，不与其他行政部门的系统关联，而新加坡的"Ask Jamie"系统具有"高度协同""共享融合"的特点，提倡"No Wrong Doors"观念。各行政部门采用统一的"Ask Jamie"系统，数据信息共通，纳税人的问题可以在一个咨询系统中得到解答。实际上，税务部门咨询系统是"Ask Jamie"的一个子系统，新加坡税务局负责对该子系统的维稳工作。

四、加拿大经验

新加坡税务局在纳税服务方面，首次提出并组织了一个由社会成员组织成立的纳税服务首席服务部门（Chief Service Officer，CSO）。该机构负责定期访问纳税人，每两年举行一次与小企业、居民个人的讨论会议，以更好地了解他们的纳税需求，进而指导税务机构的发展和转型。此外，加拿大政府成立了一个外部顾问小组，就税务局纳税服务转型提供意见。

五、法国经验

法国税务局分别于2016年4月和2018年6月组织了两次"黑客大赛"。开发人员、公共部门专家、公司、初创企业和科研人员齐聚一堂，利用税务系统公开的数据库中的数据和算法，通过竞赛方式设计并选取一个更符合征纳双方需求的新系统。2016年"黑客大会"的重点是开发可用于制度评价的计算机程序，如评估法国税收制度及其实施情况；2018年第二届"黑客大会"则聚焦于公共财政数据。这两场大会最终促成了21种新型税务产品的产生与运用。

六、西班牙经验

在技术设计上，西班牙的增值税智能助理系统得到OECD成员国的重视，并在2019年税务管理报告中进行了专题研究。西班牙税务局的虚拟助理是一项跨国供应商开发的人工智能技术，于2017年4月启动，西班牙税务局强烈支持这一新的信息渠道，将征纳双方面对面处理事务转变为自助在线服务，可以将各种要素资源优化配置。开发团队目前由五名程序员和四名专门从事增值税工作的专业人员以及相应的协调员组成。团队的混合组成是项目成功的关键，因为这类技术需要广泛的知识，不仅需要工具，而且需要虚拟助理提供税务领域的专业信息。该虚拟助理具有认知以及高度拟人化的特点。它能理解人们的自然语言，能从捕获的信息中学习。这使得虚拟助理在大量学习和培训之后，能够在用户提出问题时提供关于特定主题的答案。

第五节　国际税务管理的大数据应用

上述国际典型国家在税务管理各流程环节的创新措施给我国提供了多角度的参考价值，本节将从业务范围、技术运用以及平台建设三个方面进行总结归纳。

一、数字办税的覆盖范围广

从国际税务创新经验来看，税务管理各流程基本上能够呈现数字办税形式，包括税源管理、税款征收、电子发票、税务检查以及纳税服务等方面。

（一）涉税信息登记

为更好地进行涉税信息登记，国际上较多国家选择在涉税信息平台上下功夫，尤其是集合多功能的全国统一的税务系统，如澳大利亚构建一个较为完善的集多种功能于一体的税务系统，新加坡的税务系统同样能够涵盖多项税务办理业务。身份的确定性对于建立涉税共享平台也是必要的，这对于提高总体合规性和减少不必要的支出至关重要。纳税人身份有效识别机制能够反映出一个国家税务机关正确处理涉税事件以及成熟的数字办税的能力。例如，俄罗斯联邦税务局为在线现金收银机引入了电子注册要求，这有助于税务系统自动验证身份信息与传输的数据，跟踪和匹配与销售相关的某些信息，并为税务检查提供更好的实时数据。

（二）发票管理

电子发票的大范围使用是国际趋势。在推动电子发票替代纸质发票的过程中，大多数国家选择具有强制性的奖惩措施，如意大利、巴西、韩国等。此外，意大利电子发票传输的特定格式和巴西构建的全国性的 SPED，均强调了电子发票使用的规范性，以此提高发票电子化信息的可运用性。

（三）纳税申报与税款缴纳

预填纳税申报表以及自动退税是近几年大多数国家的创新措施，许多行政当局正在寻求第三方数据来源的广泛性及及时性，以提高制度的覆盖面和预填申报表的质量。为提高纳税申报效率与质量，目前较多国家的税务部门都在内部开发了自己的应用程序，但也有一些国家的税务部门采用相关的应用程序编程接口（API），这在一定程度上控制了系统可能受损的风险。税务机关可以将税务服务与纳税人的财务系统相结合，包括纳税人使用的一系列工具和记录系统，如会计软件、银行服务和支付系统、销售系统、第三方应用程序等信息的整合，可减少账单的重复处理和发票对账，有效提高纳税申报的效率及质量，并改进数据收集方式。

（四）税务检查

现阶段国际上的税务检查相对来说比较倾向于实地检查，但部分国家在数字检查方面也作出了较大努力。例如，加拿大重点发展税务与外部行政信息共享促进税务检查的效率；

芬兰批量审查税务相关数据;英国的税收风险评估系统等。巴西的 SPED 同样强有力地辅助了税务检查,它记录了全国的发票信息,其中包括销售、付款、货物等相关数据,并进行实时上传,以供巴西税务部门即时查看,只要有税务检查的必要,税务部门可以立即利用数据进行评估和处理,并实时发布处罚结果。

(五)纳税服务

为改善纳税服务质量,国际经验提供了多种创新措施,如新加坡建立了纳税服务社区,奥地利开发了一个随时可以收集纳税人意见的平台"e3lab";法国举行"黑客大赛",设计符合征纳双方需求的新系统;澳大利亚、西班牙开发了人工智能的虚拟助理等。

二、将新技术融入税收服务环节

在提供纳税服务方面,在国际上得到较多认可的是开发人工智能咨询助理,将纳税人日常的咨询需求集中在网络咨询中处理,将有限的人工反馈用来提高特殊性纳税服务咨询效率。例如,澳大利亚的 Alex、西班牙的增值税智能助理等,在功能开发上得到纳税人的一致认可,改善智能系统回复的场景,拟人程度较高,尽可能满足纳税人的真实办税体验感。

三、致力于构建涉税数据共享平台

随着信息技术的快速发展,国际上大多数国家正在积极拓展结合大数据技术的数字办税形式,涉税信息共享平台的建设能够推进征纳双方的信息互连,在推进数字办税常态化、提高纳税服务及税务监管效率方面具有根本性作用。在整个税务办理流程中,为能更高效地处理涉税事项,一个具有数据共享共通的平台是不可缺少的。"涉税信息登记—纳税申报—税款缴纳—税务检查—纳税服务"整个办税环节要实现全程电子化,所有涉税数据应在一个统一的平台上安全流动。例如,澳大利亚、荷兰落实的涉税信息共享平台,加拿大税务内部与外部信息共享系统等,不仅方便纳税人信息的登记及收集,而且可以为纳税人提供更便捷的纳税服务,提高纳税申报的质量,同时也减少了偷逃税的可能性,提高了税务检查的数字办税效率。在这方面,国际经验表明,构建一个税务内部与其他行政部门的数据信息共享系统非常有必要。

阅读链接9-1

阅读思考9-1

9月24日下午,第五届"一带一路"税收征管合作论坛在香港亚洲国际博览馆开幕,来自近50个国家和地区的税务部门负责人,经济合作与发展组织、国际货币基金组织等13个国际组织,40余家中外跨国企业代表共500余人出席论坛。与会代表聚焦"深化税收征管合作 服务高质量共建'一带一路'"主题,共商"一带一路"税收合作美好未来。

在"一国两制"的基本原则下,香港同时拥有全球优势和中国优势,在粤港澳大湾区建设和共建"一带一路"中扮演着关键角色。自2003年以来,香港已签订50项全面避免双重课税协定,其中超过60%是与共建"一带一路"经济体签订的。香港将继续致力于扩大税收协定网络,打造透明和公平的税收政策,加强与共建"一带一路"经济体的联系与合作。随着国际社会相互联系日益紧密,通力合作、互惠共赢已经成为各国税务部门应对风险和挑战的时代诉求;"一带一路"税收征管合作论坛作为国际税务领域的一个关键平台,能够帮助合作各方增进联系、交流经验、凝聚共识,并通过协作找到应对风险挑战的有效方案。

就进一步深化"一带一路"税收征管合作提出了三点倡议:一是坚持开放包容,持续强化合作机制建设。不断拓展合作机制"朋友圈",加强税收政策和征管协调对接,将合作机制打造成国际一流的多边税收合作平台。二是坚持交流互鉴,不断提升税收征管能力。加强学习培训、课题研究等方面的交流与合作,助力各方进一步提升税收征管能力,推动全球税收治理更加公正合理。三是坚持合作共赢,携手高质量共建"一带一路"。围绕提高税收确定性、优化税收营商环境等重点,推进更大范围、更宽领域、更深层次的合作,为高质量共建"一带一路"贡献更多更大税务力量。

"一带一路"税收征管合作机制于2019年4月由中国首倡发起成立。随着马尔代夫税务局的最新加入,目前已有37个成员和30个观察员,成为"一带一路"倡议下国际税收领域具有重要影响力的多边税收合作平台。前四届"一带一路"税收征管合作论坛分别在中国、哈萨克斯坦(线上)、阿尔及利亚、格鲁吉亚举办。第五届论坛由中国香港税务局主办,在为期三天的议程中,来自卡塔尔、土耳其、新加坡、荷兰、埃及、哈萨克斯坦等国家和地区税务局局长或高级别税务官员,经济合作与发展组织、国际货币基金组织、国际税收与投资中心、美洲税收管理中心、亚洲-大洋洲税务师协会、荷兰国际财政文献局等国际组织的官员和专家,以及部分跨国企业代表将围绕提高税收确定性、推动税收征管信息化、优化税收营商环境等议题开展深入讨论,促进共建"一带一路"国家和地区税收领域合作持续走深走实。

(资料来源:第五届"一带一路"税收征管合作论坛在中国香港开幕(节选),国家税务总局办公厅,2024-09-24)

思考: 在大数据时代背景下,"一带一路"税收征管合作中如何有效借鉴国际税收大数据应用的前沿经验?

阅读思考9-1答案

课后练习题

一、单选题

1. 澳大利亚的国家安全级别文件验证服务(DVS)系统主要用于( )。
   A. 纳税人信用评分 B. 实时检查和匹配政府凭证
   C. 税务征管工作汇总 D. 税务部门内部联网

2. 澳大利亚税务局开发的"我的扣除额"功能允许个人和企业( )。
   A. 直接缴纳税款 B. 收集、分类和存储全年的某些扣除额
   C. 修改税务法规 D. 访问雇主的工资单信息

3. 墨西哥税务局升级的"DeclaraSAT"技术的主要特点不包括( )。
   A. 纳税申报表预先填写了大多数纳税人的收入和个人扣除额信息
   B. 需要纳税人手动计算个人所得税
   C. 对工资性收入占收入总额50%以上的纳税人,实行全额预填纳税申报

D. 如果纳税人对纳税申报表中填写的信息无异议,可以选择自动退税

4. 新加坡税务局推出的 API 服务主要允许(　　)提交工资单信息。

A. 纳税人　　　　　　　　　　　B. 税务局工作人员

C. 雇主　　　　　　　　　　　　D. 第三方机构

5. 意大利税务局自 2015 年以来,利用(　　)向工人和养老金领取者提供部分预填纳税申报表的服务。

A. 纳税人的自行申报信息

B. 税务登记处提供的信息和第三方提供的数据

C. 社交媒体数据

D. 纳税人的银行账户信息

6. 巴西税务局通过推行(　　)服务,逐步在全国范围内建立一个标准化的电子发票系统。

A. NFS-e(市级电子发票服务)　　　B. SPED(公共数字记账系统)

C. e-Invoice(电子发票通用名称)　　D. Digital Tax Filing(数字税务申报)

7. 新加坡的税务智能咨询系统"Ask Jamie"与其他国家税务智能咨询系统的主要区别是(　　)。

A. 独立运行,不与其他系统关联

B. 仅针对大企业提供服务

C. 与其他行政部门系统关联,数据信息共通

D. 仅限于税务问题咨询,不涉及其他行政服务

8. 加拿大税务局成立的纳税服务首席服务部门(CSO)的主要职责是(　　)。

A. 负责税务法规的制定　　　　　B. 定期咨询纳税人,了解纳税需求

C. 监督税务征收和执法　　　　　D. 处理税务争议和诉讼

9. 芬兰税务局通过(　　),从数字平台检索税务相关数据。

A. 纳税人自愿提交　　　　　　　B. 立法允许批量检索

C. 第三方平台主动提供　　　　　D. 与银行协商获取

10. 新加坡税务局在分析模型中嵌入网络分析模型的目的是(　　)。

A. 提高退税处理速度

B. 减少手动审查的退税数量

C. 自动处理纳税遵从风险较低的纳税人,并标记高风险纳税人

D. 增加 GST 注册申请的数量

二、多选题

1. 一个高效的税务登记系统应具备(　　)功能。

A. 自我评估　　　　　　　　　　B. 实施扣缴

C. 第三方机构数据共享　　　　　D. 信息匹配

E. 面对面办税服务

2. 下列哪些措施有助于提高税务管理效率？(　　)

A. 完善税务登记系统

B. 建立涉税信息平台

C. 使用纸质凭证进行办税

D. 强制要求零售商使用在线现金收银机

E. 实现税务部门与政府其他部门的内部联网

3. 俄罗斯联邦税务局的税收大数据处理系统包括（　　）功能。

A. 涉税数据的收集　　　　　　　　B. 涉税数据的分析

C. 涉税数据的整理　　　　　　　　D. 涉税数据的存储

4. 近几年关于纳税申报的创新措施主要包括（　　）。

A. 预填税制度的广泛运用　　　　　B. 纸质申报表的全面推广

C. 数字化办税服务的提升　　　　　D. 税务代理服务的普及

5. 澳大利亚税务局通过（　　）方式实现了涉税信息的集中处理和纳税申报的电子化。

A. 开发应用程序编程接口（API）　　B. 引入单触式工资单服务

C. 强制纳税人使用纸质申报表　　　D. 与第三方机构建立数据共享平台

6. 意大利税务局在采用预填式纳税申报制度后，发生了哪些变化？（　　）

A. 纳税人需要自行计算收入并申报

B. 税务局根据第三方机构提供的数据对纳税申报表进行核对审查

C. 预填的纳税申报表包含了更多与扣除额和支出相关的数据

D. 传统的职工和退休人员纳税申报制度发生了根本性变化

7. 新加坡税务智能咨询系统"Ask Jamie"的特点包括（　　）。

A. 高度协同　　　　　　　　　　　B. 独立运行

C. 共享融合　　　　　　　　　　　D. 仅限于税务咨询

E. 各行政部门采用统一系统

三、简答题

1. 面对不断变化的税收环境和税收政策，各国如何利用大数据进行税收管理的创新和调整？

2. 随着技术的发展和税收制度的完善，大数据在税收管理中的应用将会有哪些新的发展趋势和变化？

第十章

涉税专业服务

主要内容

本章主要介绍了涉税专业服务的内容,涵盖了涉税专业服务的基本概念、服务范围、业务流程以及相关法律法规等方面。首先,本章对涉税专业服务进行了定义,明确了其在税收管理体系中的地位和作用。其次,详细介绍了涉税专业服务的业务范围,包括税务咨询、税务代理、税务鉴证、税务筹划等多个方面,并阐述了各类服务的具体操作流程。此外,本章还重点介绍了涉税专业服务相关的法律法规。

学习重难点

1. 掌握涉税专业服务的基本概念、服务范围以及业务流程。
2. 理解各类服务的具体操作步骤和要求,能够独立完成基本的涉税专业服务业务。
3. 深入理解涉税专业服务的复杂性和专业性,掌握高级税务筹划和税务鉴证等服务的技能和方法。
4. 持续关注税法动态,确保服务的时效性和准确性。

思政元素

1. 引导学生树立诚信为本、依法纳税的价值观,增强法治意识和职业道德观念。涉税专业服务作为税收管理的重要环节,体现了税收法治和诚信纳税的理念。涉税专业服务人员作为税收领域的专业人士,应具备高度的责任感和使命感,积极为纳税人提供优质的服务,促进税收征管工作的规范化和高效化。
2. 引导学生认识到税收在国家治理中的重要作用,增强对税收制度的认同感和归属感。

3.培养学生的创新意识和实践能力,鼓励他们在涉税专业服务领域不断探索和创新,为税收事业的发展贡献力量。

第一节 涉税专业服务的有关概念

引入案例

某公司是一家中型电子制造企业。税务机关根据税收大数据分析得到的线索对该公司进行税务稽查,主要怀疑该公司在原材料采购环节可能存在虚增成本以减少应纳税所得额的情况。该公司在收到《税务检查通知书》后十分焦虑,因为企业内部的财务人员虽然日常工作能够正常开展,但对于这种较为复杂的税务稽查应对经验不足。而且企业担心一旦被认定存在税务问题,将面临巨额罚款和声誉受损。

于是,该公司聘请了专业的税务师事务所来协助应对稽查。税务师在介入后,首先对企业的采购业务进行了详细梳理。他们发现企业在采购原材料过程中,有部分供应商提供的发票存在一些小瑕疵,如发票开具的货物名称不够准确等。

在税务稽查过程中,稽查人员果然重点关注了采购发票和成本核算问题。税务师代表企业与稽查人员进行沟通,对于发票瑕疵问题,税务师出示了企业与供应商的采购合同、货物运输单、出入库记录等一系列证据,证明业务的真实性,并且解释了发票瑕疵是供应商开票人员的疏忽导致的,企业并无主观故意虚增成本的意图。同时,税务师还帮助企业对成本核算方法进行了详细说明,展示了企业按照会计准则和税法规定进行成本计算的过程。经过税务师的专业协助,税务稽查最终认定该公司虽然在发票管理方面存在一些小问题,但不存在虚增成本偷逃税款的行为。企业仅需要对发票瑕疵问题进行整改,避免以后出现类似情况。

思考:该企业在应对税务稽查的过程中,面对复杂的税务问题和稽查流程,如果没有税务师事务所的介入,可能会面临怎样的风险?

分析:该公司可能面临较大的涉税风险。首先,财务人员对税务稽查流程不熟悉,可能无法充分准备资料,导致稽查过程混乱。对于发票瑕疵问题,公司难以有效解释清楚,易被误判为虚增成本偷逃税款,从而面临巨额罚款、补缴税款,严重损害企业经济利益,还可能影响企业声誉。涉税专业服务是专业机构利用专业知识和技能,就涉税事项向委托人提供的税务代理等服务,包括税务咨询、税务代理、税务筹划、税务鉴证等多种形式,如案例中的税务师事务所为这家公司提供的应对税务稽查服务就是其中之一。

涉税专业服务是指,涉税专业服务机构接受委托,利用专业知识和技能,就涉税事项向委托人提供的税务服务代理等服务。也就是,有资质的相关人员及机构所提供的关于税收方面的专业性服务,这里所谓的有资质的相关人员主要是指税务师,由多个税务师组成的组织是涉税专业服务机构,多个涉税专业服务机构又构成了相关的协会。

一、税务师

税务师是指在我国境内取得税务师职业资格证书,提供涉税专业服务的专业人员。

(一)税务师权利与义务

(1)税务师依法独立、客观、公正执业受法律保护,不受区域限制,任何单位和个人不得违法干预。

(2)依据税收法律法规和相关执业规范、标准,通过执行规定的审核鉴别程序,对委托方涉税事项真实性或合法性进行职业判断,提供具有公信力的专业结论。

(3)在法律法规及相关规定许可的范围内,对委托方的经营、投资和理财活动做出事先筹划和安排,为委托方取得合法的税收经济利益。

(4)向税务机关查询税收法律、法规、规章和其他规范性文件。

(5)参加税务机关组织的培训和税收政策研讨;针对税收政策存在的问题向税务机关提出意见和修改建议;对税务机关和税务人员的违法、违纪行为提出批评或向上级主管部门反映。

(6)要求委托人提供相关会计、经营等涉税资料(包括电子数据)及其他必要的协助。

(7)委托人与税务机关发生涉税争议时,代表委托人与税务机关协商。

(8)法律法规及相关规定确定的其他权利和义务。

(二)税务师职业道德

税务师事务所及其涉税服务人员应当恪守独立、客观、公正、诚信的原则。应具备和保持应有的专业胜任能力和职业判断能力,并履行保密义务。

1.诚信

未经委托人同意,税务师事务所涉税服务人员不得将委托人所托事务转托他人办理。

2.独立性

税务师事务所涉税服务人员从事涉税鉴证、纳税情况审查业务,必须在实质上保持独立性;从事纳税申报代理、一般税务咨询、专业税务顾问、税收策划、其他税务事项代理、其他涉税专业服务业务,应当在形式上保持独立性。

税务师事务所涉税服务人员承办业务,如与委托人存在以下利害关系之一,可能影响业务公正执行的,应主动向所在的税务师事务所说明情况并请求回避:

(1)与委托人存在密切的商业关系或涉及直接的经济利益。

(2)税务师事务所的收入过度依赖于委托人。

(3)承办业务的涉税服务人员受雇于该委托人。

(4)税务师事务所受到解除业务关系的威胁。

(5)与委托人有夫妻关系、直系血亲关系、三代以内旁系血亲关系以及近姻亲关系。

(6)执业相关法律法规规定的利益冲突关系。

(7)其他可能影响业务公正执行的情况。

3. 客观公正

税务师在提供涉税专业服务的过程中,应当保持公正的态度和立场。具体来说,他们需要公平正直地处理涉税事务,遵守国家法律法规,符合社会的基本价值取向,并恪守公认的道德规范。这要求税务师在执业过程中,不受个人意志、利益冲突、个人偏见或其他因素的影响,始终保持客观公正的职业判断。

4. 专业胜任能力

税务师在提供涉税专业服务时,应具备专业知识、技能和职业判断能力。税务师作为专业的涉税服务人员,需要不断学习和更新自己的税务知识,掌握最新的税收政策和法规,以便能够为客户提供准确、专业的服务。此外,他们还需要具备分析、判断和解决涉税问题的能力,能够根据客户的具体情况,提供合理的税务建议和解决方案。

5. 保密义务

(1)税务师事务所涉税服务人员未经委托人允许,不得向税务师事务所以外的第三方泄露其所获取的委托人隐私和商业秘密,国家法律法规另有规定的除外。

(2)税务师事务所涉税服务人员不得利用所获取的涉密信息为自己或任何形式的第三方牟取利益。

二、涉税专业服务机构

(一)涉税专业服务机构的定义

涉税专业服务机构是指税务师事务所和从事涉税专业服务的会计师事务所、律师事务所、代理记账机构、税务代理公司、财税类咨询公司等机构。

(二)涉税专业服务机构的登记

涉税专业服务机构应当于首次提供涉税专业服务前,向主管税务机关报送《涉税专业服务机构(人员)基本信息采集表》;基本信息发生变更的,应当自变更之日起30日内重新报送。税务师事务所应先办理行政登记业务后再进行基本信息采集。

涉税专业服务机构暂时停止提供涉税专业服务的,应当于完成或终止全部涉税专业服务协议后向主管税务机关报送中止服务信息;恢复提供涉税专业服务的,应当于恢复后首次提供涉税专业服务前向主管税务机关报送恢复服务信息。

涉税专业服务机构应当于首次为委托人提供业务委托协议约定的涉税专业服务前,向主管税务机关报送《涉税专业服务协议要素信息采集表》。

(三)涉税专业服务机构的信用评价

(1)涉税专业服务机构信用评价实行信用积分和信用等级相结合的方式。从事涉税服务人员信用记录实行信用积分和执业负面记录相结合的方式。

(2)税务机关依托涉税专业服务管理信息库采集信用指标信息,由全国涉税专业服务信用信息平台对采集的信用信息进行计算处理,自动生成涉税专业服务机构信用积分和从事涉税服务人员信用积分上一评价周期信用情况、委托人纳税信用、纳税人和税务机关评价、实名办税、业务规模、服务质量、业务信息质量、行业自律、人员信用等。

(3)省级税务机关根据信用积分和信用登记标准对管辖的涉税专业服务机构进行信用等级评价。

(4)涉税专业服务机构信用(Tax Service Credit,TSC)按照从高到低顺序分为五级,分别是 TSC5 级、TSC4 级、TSC3 级、TSC2 级和 TSC1 级。

(5)信用失信名录。税务机关对涉税专业服务机构和从事涉税服务人员违反《涉税专业服务监管办法(试行)》规定的情形进行分类处理。属于严重违法违规情形的,纳入涉税服务失信名录,期限为 2 年,到期自动解除。涉税专业服务机构和从事涉税服务人员对税务机关拟将其列入涉税服务失信名录有异议的,应当自收到《税务事项通知书》之日起 10 个工作日内提出申辩,向税务机关申请复核。税务机关应当按照包容审慎原则,于 10 个工作日内完成复核工作,作出复核结论,并提供查询服务。

(6)对信用积分、信用等级和职业负面记录有异议的,可在信用记录产生或结果确定后 12 个月内,向税务机关申请复核。税务机关应当按照包容审慎原则,于 30 个工作日内完成复核工作,作出复核结论,并提供查询服务。

三、涉税专业服务监管机构

关于涉税专业服务的提供,受中国注册税务师协会及税务机关的"双监管"。中国注册税务师协会是由多个税务所形成的组织,为各个税务所提供相关业务的指引,属于涉税专业服务的"软监管",此外涉税服务的提供还必须遵循法律法规的规范,税务机关对此进行严肃的行政监管。

第二节 涉税专业服务的意义

涉税专业服务在优化纳税服务、提高税收征管效能以及帮助纳税人正确履行纳税义务等方面都具有重要意义。因此,税务机关应加强与涉税专业服务机构的合作,充分发挥其在税收改革等税收工作中的重要作用,推动税收事业的健康发展。

(一)有助于优化纳税服务

首先,涉税专业服务机构凭借其专业知识和技能,可以为纳税人提供个性化的纳税咨询和辅导,帮助纳税人更好地理解税收政策,提高纳税遵从度。其次,涉税专业服务机构能够协助纳税人办理税务登记、纳税申报、税款缴纳等事务,减轻纳税人的办税负担,提高办税效率。最后,涉税专业服务机构还可以参与税务机关的纳税服务工作,为税务机关提供专业化的建议和支持,推动纳税服务工作不断完善和提升。

(二)有助于提高税收征管效能

涉税专业服务在提高税收征管效能方面发挥着重要作用。一方面,涉税专业服务机构可以帮助税务机关加强对纳税人的监管和管理,发现纳税人的违法行为时及时采取措施进行纠正和处理,保障税收法律的严格执行。另一方面,涉税专业服务机构可以为税务机关提供税务风险评估、税务筹划等专业服务,帮助税务机关提高税收征管的针对性和有效性,减少税收流失,提高税收征管效率。

(三)有助于纳税人正确履行纳税义务

涉税专业服务机构可以为纳税人提供详细的税收政策和法规解读,帮助纳税人了解自身的纳税义务和权益,避免对税收政策理解不足而产生的纳税风险。此外,涉税专业服务机构可以协助纳税人进行税务规划,制定合理的税务策略,降低税收负担,提高经济效益。不仅如此,涉税专业服务机构还可以代表纳税人进行税务争议解决,维护纳税人的合法权益,促进税收征纳关系的和谐发展。

阅读思考10-1

日前,国家税务总局江苏省税务局联合江苏省数据局举行高效办成一件事"一企来办·苏税援"涉税专业服务平台开通上线仪式。在由试点向全省推开的过程中,目前已有9 038家江苏涉税专业服务机构入驻平台,占全省涉税专业服务机构约六成;完成涉税服务交易2.94万笔,成交金额1.67亿元。"一企来办·苏税援"涉税专业服务平台也是全国首个网上涉税专业服务平台。

2023年8月,江苏开通"一企来办"企业综合服务平台,为经营主体提供政策咨询、政务信息服务、综合业务办理等服务。10月,在江苏省税务局的支持下,南京、无锡、徐州、南通四市税务部门先行在"一企来办"平台试点建设"苏税援"。

2024年,国务院印发的《关于进一步优化政务服务提升行政效能推动"高效办成一件事"的指导意见》明确提出,要探索统筹行业协会、市场化专业服务机构等涉企服务资源,一站式提供政策推荐、咨询、解读、申报等政策服务。江苏省税务局认真落实国务院的部署要求,在试点基础上将"一企来办·苏税援"涉税专业服务平台推广至全省。

据了解,江苏有1.5万余家涉税专业服务机构、4.9万余名涉税专业服务人员。这些服务机构在帮助企业合理规划税务、降低税务风险、促进企业安心经营发展等方面发挥了积极作用,但也存在执业行为不规范、服务质量不高、行业发展良莠不齐等问题。"苏税援"建立标准化服务事项清单,完善常态化服务流程监测,提供透明化服务评价参考,有助于依法规范全流程涉税专业服务,推动涉税专业服务公开透明。

目前,"一企来办·苏税援"平台提供10项主体服务功能,具体包括"我要入驻",涉税专业服务机构申请入驻平台;"我要找服务",经营主体浏览、查询、选取涉税专业服务机构;"我要发公告",经营主体发布需求公告;"我要报名",涉税专业服务机构报名参加需求项目;"中选发布",经营主体发布需求选取结果;"涉税专业服务事项",公示8类法定涉税服务事项及相关涉税专业服务机构;"我要查政策",查询"热线百科""苏税援"涉税专业服务政务信息主题集;"通知公告",动态进展、系统更新、服务指南等信息展示;"我要问",12345、12366热线在线解答咨询;"我要吐槽",企业和服务机构在线提交对平台涉税专业服务的意见建议,平台收到后,将逐件处理答复。

(资料来源:江苏:打造"一企来办·苏税援"涉税专业服务平台(节选),国家税务总局江苏省税务局,2024-03-26)

思考:作为全国首个网上涉税专业服务的平台,"一企来办·苏税援"的作用是什么?

阅读思考10-1答案

第三节　涉税专业服务的原则

(一)公正性

涉税专业服务机构是税务机关以及纳税人的中介，必须持有中立客观的立场，不偏不倚。税务师在接受委托人委托后，应该根据相关法律法规的规定，客观地对涉税事项作出专业的结论以及证明，这是税务师的基本职业道德。此外，公正性还包含涉税服务机构提供服务时具有的独立性，在法律法规保障下，税务师可以独立行使涉税专业服务权，不受其他人的干预。

(二)专业性

税务师通过教育、培训和职业实践获取和掌握财务会计、税收政策等专业知识和实践经验，并持续了解和掌握现行法律、职业技能和实务变化，在应用专业知识和技能时，合理运用职业判断，确保为委托人提供具有专业水准的服务。

(三)自愿性

涉税专业服务的提供遵循市场原则，依照《民法》有关服务活动的基本原则，坚持自愿委托，非强制性的要求。涉税专业服务的委托方和受托方之间通常是基于合同形式达成，双方自愿发起的契约关系。

(四)有偿性

以法律为准绳，以服务为宗旨，在注重社会效益的同时，遵循市场公平交易规则，获取合理报酬，并为委托人提供优质服务。

第四节　涉税专业服务的业务范围

涉税专业服务的业务范围一共有八种：纳税申报代理业务、一般税务咨询业务、专业税务顾问业务、税收策划业务、涉税鉴证业务、纳税情况审查业务、其他税务事项代理业务、其他涉税服务业务。其中专业税务顾问业务、税收策划业务、涉税鉴证业务、纳税情况审查业务被称为"四大类业务"。

(一)专业税务顾问业务

专业税务顾问业务包括专项税务咨询服务和长期税务顾问服务。专业税务咨询服务包括涉税尽职审慎性调查、纳税风险评估、资本市场特殊税务处理合规性审核以及与特别纳税调整事项有关的服务等。长期税务顾问服务相对专项税务咨询服务而言，涉及的内容更广泛、更全面，是一种持续性的税务顾问服务。长期税务顾问服务包括但不限于：税务信息提供、税务政策解释与运用、办税事项提醒和风险提示、涉税措施的评价和建议、代表委托人向税务机关咨询问题和协商税务处理等业务。

(二)税收策划业务

税收策划业务是指涉税专业服务机构接受委托人委托,指派涉税服务人员为满足委托人特定目标,对纳税人、扣缴义务人的经营和投资活动提供符合税收法律法规及相关规定的纳税计划、纳税方案。

(三)涉税鉴证业务

涉税鉴证业务是提供涉税专业服务的机构接受委托后,对税务相对人的纳税情况进行鉴定,并出具证明。包括企业注销登记鉴证、土地增值税清算鉴证、企业资产损失税前扣除鉴证、研发费用税前加计扣除鉴证、高新技术企业专项认定鉴证、企业所得税汇算清缴鉴证、涉税交易事项鉴证、涉税会计事项鉴证、税收权利义务事项鉴证和其他涉税事项鉴证。

(四)纳税情况审查业务

纳税情况审查业务是指接受行政机关、司法机关委托,指派有资质的涉税服务人员,依法对纳税人、扣缴义务人等纳税情况进行审查,作出专业结论。纳税情况审查业务的情况与涉税鉴证业务相似,在对涉税事项有异议之时,需要第三方来进行审查并且出具专业的报告。有可能涉及纳税人、税务机关、涉税专业服务机构、法院等多方机构。

可以实施对应业务的机构有所区分。

(1)纳入实名制管理的税务师事务所、会计师事务所、律师事务所可以从事以下涉税业务:纳税申报代理、一般税务咨询、专业税务顾问、税收策划、涉税鉴证、纳税情况审查、其他税务事项代理、其他涉税服务。其中专业税务顾问、税收策划、涉税鉴证、纳税情况审查的相关文书应由税务师、注册会计师、律师签字,并承担相应的责任。

(2)纳入实名制管理的代理机构、税务代理公司、财税类咨询公司等机构可以从事以下涉税业务:纳税申报代理、一般税务咨询、其他涉税事项代理、其他涉税服务。

第五节 涉税专业服务的法律责任

一、违反涉税专业服务管理制度的责任

(1)税务师事务所应当主动防止有损职业道德的行为发生,发现涉税服务人员存在违规行为应当及时制止,对情节严重者应当上报所在地方注册税务师协会。

(2)对违反税务师职业道德相关规范的行为,中国注册税务师协会和地方注册税务师协会根据情节严重程度,采取相应的自律管理措施。

二、违反税收法律法规的责任

涉税专业服务机构及其涉税服务人员有下列情形之一的,由税务机关责令限期改正或予以约谈;逾期不改正的,由税务机关降低其信用等级或纳入信用记录,暂停受理其所代理

的涉税业务(暂停时间不超过六个月);情节严重的,由税务机关纳入涉税服务失信名录,予以公告并向社会信用平台推送,其所代理的涉税业务,税务机关不予受理:

(1)使用税务师事务所名称未办行政登记的;

(2)未按照办税实名制要求提供涉税专业服务机构和从事涉税服务人员实名信息的;

(3)未按照业务信息采集要求报送从事涉税专业服务有关情况的;

(4)报送信息与实际不符的;

(5)拒不配合税务机关检查、调查的;

(6)其他违反税务机关监管规定的行为。

税务师事务所有前款第一项情形且逾期不改正的,省税务机关应当提请工商管理部门吊销其营业执照。

税务机关纳税服务部门将涉税专业服务机构及委托方纳税人涉嫌偷税(逃避缴纳税款)、逃避追缴欠税、骗取国家退税款、虚开发票等违法信息向税务稽查部门推送。

阅读链接10-1

课后练习题

一、单选题

1. 下列关于税务师提供涉税专业服务的说法错误的是( )。

A. 可以提供研发费用税前加计扣除鉴证

B. 可以开展税收策划业务

C. 可以承办企业所得税汇算清缴申报鉴证

D. 不可以接受委托代理记账

2. 下列涉税专业服务属于税收策划业务的是( )。

A. 涉税尽职审慎性调查　　　　　　B. 税务事项办理辅导业务

C. 特别纳税调整事项有关的服务　　D. 企业重组及投融资事项税收方案

3. 某税务师事务所接受委托人A关于企业所得税汇算清缴的纳税申报业务,但却被税务机关认定为少缴纳税款10万元,并处以罚款。应承担罚款的是( )。

A. 某税务师事务所

B. 委托人A

C. 办理该项纳税申报的税务师

D. 税务师事务所、委托人A、办理该项纳税申报的税务师共同承担

4. 涉税专业服务机构纳入涉税服务失信名录的期限为( ),到期自动解除。

A. 6个月　　　　　B. 1年　　　　　C. 2年　　　　　D. 5年

二、多选题

1. 关于税务师权利与义务的表述,正确的有( )。

A. 税务师依法独立、客观、公正执业受法律保护,不受区域限制,任何单位和个人不得违法干预

B. 参与税务机关组织的培训和税收政策研讨,税务师可以对税收政策存在的问题向税务机关提出意见和修改建议

C.税务师有权向税务机关查询税收法律、法规、规章和其他规范性文件

D.税务师对委托方涉税事项真实性或合法性进行职业判断,提供具有公信力的业务结论

E.委托人与税务机关发生涉税争议时,税务师不能代表委托人与税务机关协商

2.对涉税专业服务机构进行信用评价实行(　　)和(　　)相结合的方式。

A.信用积分　　　　　　　　　　B.信用等级

C.职业负面记录　　　　　　　　D.直接判级

E.扣分评价

3.税务师在税务师事务所执业时,不得(　　)。

A.未经委托人同意,税务师事务所涉税服务人员将委托人所托事务转托他人办理

B.拒绝接受委托人违反税收法律、法规行为的委托

C.对获取的委托人隐私和商业私密保密

D.对税收政策存在的问题向税务机关提出修改建议

E.分别在不同省份的两家以上税务师事务所从事执业活动

4.下列代理记账机构不能承接的涉税业务有(　　)。

A.纳税申报代理业务　　　　　　B.一般税务咨询

C.涉税鉴证业务　　　　　　　　D.纳税情况审查业务

E.税收策划业务

三、简答题

1.涉税专业服务的地位与作用是什么?

2.涉税专业服务的业务范围包括哪些?

参考文献

[1] 陈晋军,张碧云,吴小强,吴伊菲. 企业集团税收大数据的价值与智能化分析——基于征纳主体的双重视角[J]. 税务研究,2023,(11):76-82.

[2] 陈新宇,伍红. 现代信息技术背景下构建新型纳税申报的思考[J]. 税务研究,2021(10):139-143.

[3] 董蕾,先潇潇,王向东. 机构改革背景下税收征管模式转型[J]. 税务与经济,2019(03):91-94.

[4] 樊勇,杜涵. 税收大数据:理论、应用与局限[J]. 税务研究,2021(09):57-62.

[5] 胡立文. 深化以数治税应用 强化税收风险防控[J]. 税务研究,2021,437(06):14-19.

[6] 李平. 运用大数据推动税收监管创新的思考[J]. 国际税收,2020,90(12):56-60.

[7] 李晓曼. 税收大数据分析方法与应用案例[M]. 北京:电子工业出版社,2022.

[8] 卢晓晨,屈震,马泽方,张帆. 论"互联网+大数据算法"在税收工作中的应用[J]. 税务研究,2017(02):108-110.

[9] 廖仕梅. 论税务约谈机制的制度缺失及完善建议[J]. 税务研究,2024,(01):76-82.

[10] 刘和祥,李欣,张纪宇. 税收征管数字化转型实践的国际比较及借鉴[J]. 税务研究,2023,(06):84-90.

[11] 孙存一. 大数据视角下的税收风险管理[J]. 税务研究,2019(07):107-111.

[12] 吴旭东,田雷. 税收管理[M]. 8版. 北京:中国人民大学出版社,2023.

[13] 王长林. 电子税务平台生态系统的构建和治理策略[J]. 税务研究,2020(02):79-84.

[14] 王舰,董灿,赵悦. 数出一门的电子发票云平台构建与应用[J]. 财务与会计,2020(05):55-57.

[15] 谢波峰. 智慧税务建设的若干理论问题——兼谈对深化税收征管改革的认识[J]. 税务研究,2021(09):50-56.

[16] Blair-Stanek A., Durme V. B. AI for Tax Analogies and Code Renumbering[J]. Tax Notes Federal,2021(170):1997-2001.

[17] Faridur R. M., Shamim T., Yang L. Enablers and Inhibitors of E-tax System Use: The Perspective of Dual-Factor Concepts[J]. International Journal of Managing Public Sector Information and Communication Technologies,2021,12(1):1-21.

[18] Hagsten E., Falk M. T. Use and Intensity of Electronic Invoices in Firms: the Example of Sweden[J]. Journal of Cleaner Production, 2020, 262.

[19] Kirchler E. The Economic Psychology of Tax Behaviour[M]. Cambridge: Cambridge University Press, 2007.

[20] OECD. Tax Policy Reforms 2022: OECD and Selected Partner Economies[R]. Paris: OECD Publishing, 2022.

[21] OECD. Tax Policy Reforms 2023: OECD and Selected Partner Economies[R]. Paris: OECD Publishing, 2023.

[22] OECD, Tax Administration 2022: Comparative Information on OECD and other Advanced and Emerging Economies[R], OECD Publishing, Paris, 2022.

[23] OECD, Tax Administration 2023: Comparative Information on OECD and other Advanced and Emerging Economies[R], OECD Publishing, Paris, 2023.